Learning Strategy

한국아동청소년상담학회
상담학시리즈 1

학습전략

증거기반실제 프로그램

김동일

박영story

This work was supported by the Ministry of Education of the Republic of Korea and the National Research Foundation of Korea (NRF−2017S1A3A2066303).

머리말

한국아동청소년
상담학회
상담학시리즈1

학습전략
증거기반실제
프로그램

학습전략은 학습의 성취도와 수월성을 높이기 위한 자기주도적 학습 기술 또는 접근을 의미합니다. 대부분 학습전략은 학습자가 학습의 과정을 통해 자연스럽게 체득하게 됩니다. 그러나 효과적인 학습전략을 완전하게 체득하지 못한 학습자를 위해서 교육 전문가는 학습전략을 습득하도록 안내하고 조력하여 성공적인 학습으로 이끌 필요가 있습니다. 학습전략에 다양한 학자들이 각자의 분류 기준을 제시하였지만 그 중 가장 널리 알려진 것은 McKeachie의 인지전략, 상위인지전략, 자원관리전략, 통합전략의 분류입니다. 인지전략은 학습내용을 읽고 이해하기 위한 전략으로 자료를 부호화하거나 시연하고, 정교화하는 전략이 포함됩니다. 상위인지전략은 학습 내용에 대하여 학습자가 스스로 점검하고 평가하는 것으로 학습을 계획하고, 학습 내용 및 방법을 조정하고 조절하는 전략을 말합니다. 자원관리 학습전략은 학습 환경 자원을 학습자가 조정하거나 학습에 대한 지원을 받을 수 있도록 하는 시간관리, 학습환경 관리, 노력 관리 전략 등이 포함됩니다. 마지막으로, 통합전략은 세 가지 전략을 오랜 기간 동안 복합적으로 사용하는 경우로 정의하였습니다. 이 책에서는 다양한 학습전략을 이러한 기준에 따라 분류하여 소개하고, 교육 전문가들이 여러 학습자들을 효과적으로 조력하는 데 초점을 두고 있습니다.

첫째, 이 책은 총 3부 9장으로 구성되어 있으며, 1부에서는 인지/상위인지 학습전략, 시간관리/공부환경관리전략, 개념도 학습전략, 동기 학습전략의 내용을 소개하였습니다. 2부에서는 협동에 기반한 학습전략에 대한 설명과 함께 STAD 학습전략, TAI 학습전략, Jigsaw 학습전략에 대하여 제시하였습니다. 3부에서는 통합적인 학습전략의 접근으로서 자기조절 학습전략과 학습전략 효과에 대한 메타분석을 담았습니다. 여기 소개된 전략은 우리나라 교육현장에서 실시된 학습전략에 기반하여 제시하고 있습니다. 실제적인 프로그램과 효과 검증을 실시한 여러 연구자들에게 다시 한번 감사드립니다.

둘째, 이 책은 증거기반실제(EBP: Evidence Based Practice)에 기반을 두고 기술되었습니다.

증거기반실제는 1980년대 후반 미국의 복지·의학·사회분야에서 제안된 이후, 2000년대에는 심리·정신·경제·인문·과학 등 전반에 걸쳐 확대되었고(김동일 외, 2012), 상황-중재-효과에 대한 연구물과 임상적 근거가 통합되어 활용되고 있습니다.

셋째, 증거기반실제의 입증에 도움이 되도록, 우리나라 교육현장에서 구현된 실험연구를 종합적으로 분석하고 함의를 도출하는 메타분석 연구를 제시하여, 현장의 적용가능성을 높이고자 하였습니다.

넷째, 이론적 내용 소개에 더불어, 학습전략 프로그램에 대한 예시 프로그램과 지도안, 워크북 내용을 갖추어 독자들이 실제 프로그램을 수행하는 데 용이하도록 하였습니다.

이 책을 내놓기까지 매우 많은 분들의 도움이 있었습니다. 같이 공부해 온 서울대 대학원 전공생들, 특히 오지원, 곽다은, 박새미, 이준원 선생, 그리고 정성어린 손길로 책을 만들어준 박영사 임직원 여러분께 진심으로 고마운 마음을 전합니다. 특히, 'SSK 교육사각지대 학습자 교육지원 연구'를 통하여 우리에게 귀한 배움의 기회를 제공해 준 한국연구재단, 현장교사, 상담자들을 기억하고자 합니다. 마지막으로 지속적으로 지지해 주고 귀한 의견을 나누어준 독자 여러분들께 깊은 감사를 드립니다.

2019년 관악산 연구실에서
오 름 김 동 일

powered by **WITH Lab.** (Widen InTellectual Horizon):
Education and Counseling for Children-Adolescents with Diverse Needs

차례

한국아동청소년
상담학회
상담학시리즈1

학습전략
증거기반실제
프로그램

PART 01 학습전략의 실제 I/II

CHAPTER 04   동기학습전략 ··· 87

PART 02   협동기반 학습전략

CHAPTER 05   STAD 협동학습전략 ··· 115

CHAPTER 06   팀 보조 개별(TAI) 협동학습전략 ··· 153

CHAPTER 07   **Jigsaw 협동학습전략** ··· 209

PART 03   통합적 접근   I/II

CHAPTER 08   **자기조절 학습전략** ··· 231

CHAPTER 09   **학습전략의 효과: 메타분석** ··· 283

한국아동청소년
상담학회
상담학시리즈1

PART 01

학습전략의 실제

인지/메타인지 학습전략

1. 프로그램 이름

학습 효율성 높이기: 인지/메타인지 전략 사용

2. 프로그램 필요성

우수한 학습자일수록 학습에 있어 더 많은 전략을 사용하고 적용하는 경향이 있다 (Nyikos, 1991). 반면에 그렇지 않은 학습자는 적절한 학습전략을 어떻게 선택하는지, 그것을 유용한 다른 전략에 어떻게 연결시키는지 알지 못하는 것으로 보고되었다(Green & Oxford, 1995). Chamot, Barueta, Barnhardt, Küpper(1990)에 의하면 학습전략을 배우는 초보 단계의 학습자들은 학습에서 성취감을 느끼게 되고 그로 인하여 학습을 지속적으로 하려는 동기를 가지게 된다고 하였다. 또한 학습에 어려움이 없는 학습자들은 이미 효과적인 학습전략을 발달시켰다고 볼 수 있는데, 이러한 학습자들 역시도 그들의 학습전략이 어떤 도움이 되는지에 대하여 이야기하고 이해하는 것에 흥미를 느낀다고 했다. 이를 보면 모든 수준의 학습자들에게 학습의 효과를 증대시키기 위하여 자율적이고 성공적인 학습전략의 사용을 위한 훈련이 필요하다는 것을 알 수 있다.

'인지전략'은 학습자들의 상위 인지능력을 증진시켜주는 직접적인 교수법으로 사용할 수 있고, 학습자의 상위 인지적 능력을 지속적으로 유지해주는 바탕이 될 수 있다(정지원, 2011). 상위 인지전략은 고차원적인 생각의 과정이므로 학습하는 데 있어서 인지과정을 능동적으로 조절할 수 있는 능력을 포함하고 있다. 대부분의 학습자들은 인지적인 활동들을 조절하면서 자신만의 사고를 스스로 통제하거나 조정할 수 있는데 이러한 인지적 활동의 조절기능이 원활하게 진행되면 상위 인지능력이 생길 수 있다. 하지만 모든 연령의 학습자들에게 상위 인지전략이 가장 적합한 전략은 아니다.

Lawson(1984)은 상위 인지전략을 아는 것만으로는 충분하지 않으며 이에 의식적으로 접근하고 조절할 수 있어야 한다고 하였는데, 나이가 어린 학습자들이 상위 인지전략을 사용하는 것은 상당히 힘든 일일 것이다. 또한 Pressley(1998)의 연구결과에 의하면 성인 학습자들조차도 상위 인지전략 사용에 어려움을 겪는다고 했다. 이러한 연구들의 결과를 통해 알 수 있듯이, 미숙한 학습자는 상위 인지전략 같은 자발적인 전략을 사용하는 것이 쉽지 않으므로 상위 인지전략을 훈련받기 전에 학습 과제를 수행하는데 필요한 인지전략을 먼저 학습하는 것이 필요하다.

3. 프로그램 목표 및 기대효과

1) 프로그램 목표

① 인지전략을 이해 및 습득하고 실제 학습에 활용할 수 있다.
② 메타인지 전략을 이해 및 습득하고 실제 학습에 활용할 수 있다.

2) 기대효과

인지전략은 기본적으로 시연(rehearsal), 정교화(elaboration), 조직화(organization)로 구성되며(Weinstein & Mayer, 1986), 습득한 정보가 작업기억(working memory)에서 사라지지 않도록 하거나 기존의 정보와 새로운 정보를 연결시켜 장기 기억에 저장하는 전략들을 말한다(이수진, 2012). 인지전략은 학습자의 정보처리에 초점을 맞추고 이를 활성화시키는 과정을 통해 학습자의 이해력에 영향을 미치며(Mayer, 1996), 정보를 처리하는 동안 구성되는 심상에도 영향을 미친다(Leopold & Leutner, 2012). 시연(rehearsal)은 표층적 인지전략으로 암송이나 요약을 통해 작업기억에 도달한 정보가 사라지지 않도록 지속시키는 역할을 하는 전략이다. 정교화(elaboration)는 심층적 인지전략에 해당하는 것으로 새로운 정보와 이전에 지니고 있던 지식 혹은 경험을 연결시키는 전략(Lewalter, 2003)이다. 마지막으로 조직화(organization)는 심층적 인지전략 중 하나이며 학습 내용을 보다 쉽게 이해할 수 있도록 내용들 사이에 위계를 만드는 전략이다. 정리하면, 인지전략은 습득한 정보를 작업기억에 유지하거나 장기 기억에 효과적이고 효율적으로 저장할 수 있도록 하는 전략이라고 할 수 있다.

인지전략과 학업성취에 관한 선행연구를 살펴보면, 일부 연구에서는 인지전략의 사용과 학업성취도는 무관하다는 연구결과도 있으나(Rao, Moely, & Sachs, 2000), 대부분의 연구에서는 인지전략의 사용과 학업성취는 긍정적인 관련이 있는 것으로 보고되고 있다(Patrick, Ryan, & Pintrich, 1999; 김형수, 김동일, & 황애경, 2006). 많은 선행연구에서 인지전략은 학업성취와 정적인 관련을 지니며, 특히 정교화, 조직화와 같은 심층적 인지전략의 사용이 표면적 인지전략인 시연에 비하여 학업성취에 효과적인 것으로 보고되고 있다.

4. 이론적 배경   I/II

1) 인지전략의 개념

인지전략이란, 한 개인이 구체적인 목표를 성취하는 데 도움이 되도록 연습, 요약, 재조직, 정보의 저장 및 산출, 분석 등과 같은 방법을 사용하여 정보를 조작하거나 변형하는 것을 말한다(Oxford & Crookall, 1989; Bacon, 1992; Rubin, 1994).

McKeachie(1986) 등은 학습전략을 '인지적 학습전략'과 '초인지적 학습전략' 및 '자원관리 전략'으로 구분하였다. 인지적 학습전략에는 시연전략, 정교화 전략 및 조직화 전략이 포함되어 있으며 이들은 다시 수행해야 할 과제의 난이도에 따라 기본적인 것과 복잡한 것 등 두 가지로 나누어 진다. 초인지적 학습전략에는 계획, 점검, 규제 전략이, 자원관리 전략에는 시간관리, 공부 환경관리, 노력관리, 타인의 조력 추구가 포함된다.

인지전략의 개념의 정의는 다양하며 체계적 구분보다 연구목적에 따른 구분에 의해 조작적으로 사용되고 있다. 인지전략을 학습자 스스로 부호화 과정에 영향을 미치고자 하는 행동과 생각이라고 정의함으로써 인지전략을 주로 학습의 과정, 즉 부호화 과정에 국한시킬 수도 있다. 또한 학습을 촉진시키기 위하여 학습자가 사용하는 여러 가지의 정신적 조작으로서 의식적이든 무의식적이든 목표지향적인 구체적인 행동으로서 거의 모든 인지적 과정을 포함시켜 광의적 의미로 이해할 수도 있다. 결국 인지전략이란 '학습자가 학습 과제를 보다 효율적으로 해결하기 위하여 사용하는 방법이나 이를 조정하는 일련의 의식 집합체'라고 정의할 수 있다(최경자, 2001).

2) 인지전략의 종류

Weinstein & Mayer(1986)는 학습자의 학습 과정에 영향을 미치는 행동 양식과 사고체계로서 학습자가 새로운 정보를 선택, 획득, 구성, 통합하는 방식에 영향을 미치는 인간의 정보처리 활동이라고 정의하고 [표 1.1]과 같이 여덟 가지 유형을 제시하고 있다(최경자, 2001).

표 1.1 Weinstein & Mayer의 학습전략 유형

회기별 제목	세부 활동 내용
1. 기존적 시연전략 (rehearsal strategies)	− 서열화된 명칭의 목록을 반복적으로 외우는 전략
2. 복합적 시연 전략	− 중요한 개념, 사실, 원리 등에 밑줄을 긋거나 특기할 만한 표시를 해 기억을 촉진하는 전략
3. 기본적 정교화 전략 (elaboration strategies)	− 단어 연쇄 학습에서 두 단어의 관계를 영상이나 문장으로 기억하는 전략
4. 복합적 정교화 전략	− 외부로부터 받아들인 정보를 기존의 지식과 관련지어 재조직하거나 요약 기술하는 전략
5. 기본적 조직화 전략 (organizational strategies)	− 학습해야 할 내용이나 목록들을 유목화하거나 계열화하는 전략
6. 복합적 조직화 전략	− 학습내용을 학습위계에 따라서 상위 개념이나 하위 개념으로 구조화하는 전략
7. 이해 점검 전략 (comprehention strategies)	− 초인지 과정으로 학습내용에 대한 이해 여부를 점검하는 전략
8. 정의적 전략 (affective strategies)	− 학습동기를 활성화시킨다거나 시험불안을 극복하기 위해 긴장을 이완시키는 전략

O'Malley와 Chamot(1990)은 인지전략을 다음의 열한 가지의 세부 활동으로 분류하였다.

표 1.2 O'Malley & Chamot의 인지전략 세부 활동

전략 단계	세부 활동
자료활용(Resourcing)	사전이나 교과서 등을 포함한 목표 언어에 관한 정보 활용
반복(Repetition)	언어 과제를 수행하는 과정에서 단어나 어구를 반복함
집단화(Grouping)	공통 속성을 기반으로 학습할 수 있도록 자료에 순서를 정하여 분류함
노트정리(Note taking)	언어 과제의 수행을 돕기 위하여 중심 단어와 개념을 단축된 언어, 수, 도식적 형태로 작성
연역법/ 귀납법 (Deduction/Induction)	목표 언어를 산출하거나 이해하기 위해 학습하거나 스스로 만든 규칙을 의식적으로 적용
대치(Substitution)	언어 과제를 수행하기 위해 대안적인 접근을 하거나 계획을 수정, 혹은 다른 단어나 구를 선택
상세한 실행(Elaboration)	새로운 전략을 선험 지식에 연관시키고 새로운 정보의 부분들을 서로 연결, 주어진 정보에 의미있게 연관 시킴
요약(Summarization)	과제에 제시된 언어와 정보에 대해 심적이거나 문자화된 요약
번역(Translation)	한 언어에서 다른 언어로 축어적 방식으로 번역
전이(Transfer)	언어 과제를 수행하기 위하여 이미 습득한 언어적 지식을 사용함
추론(Inferencing)	부족한 정보를 보충하거나 의미를 추측하기 위하여 이용 가능한 정보를 사용함

① 기간: 5주간 주 1회(1시간)

② 대상자: 초등학교 고학년

③ 진행자: 교사

④ 진행방법: 집단

⑤ 실시상의 유의점

초기 단계에서 학생들의 흥미를 유발해야 하며, 학생들의 쉬운 이해와 동기 유발을 위해 전략의 개념을 설명할 때 학생들의 실제 학습 경험에 비교하며 설명할 필요가 있다.

학생들의 전략에 대한 완전한 이해가 필요하다. 이를 위해 진행자는 필수적으로 전략에 대한 지식적, 이론적, 실제적 근거 및 이해가 필요하다.

학생들이 흥미를 잃지 않게 하는 것이 중요하며, 필요하다면 활동을 게임의 형태로 만드는 방법을 사용하는 방법 또한 존재한다.

마무리 활동에서 평가 활동은 꼭 실행하여야 한다.

⑥ 프로그램 내용

회기	회기별 제목	세부 활동 내용
1회기	단어지도 활용(인지)	– 들어가기 – 단어지도 알아보기 – 단어지도 만들어 보기 – 마무리
2회기	반복하기(인지)	– 들어가기 – 반복하기 알아보기 – 반복하기 실행해 보기 – 마무리
3회기	요약하기(인지)	– 들어가기 – 요약하기 알아보기 – 요약하기 실행해 보기 – 마무리
4회기	자기조절 학습(메타인지)	– 들어가기 – 자신의 조절학습태도 알아보기 – 자기조절 전략 알아보기 – 정리하기
5회기	집중력 높이기(메타인지)	– 들어가기 – 집중하기 전략 알아보기 – 집중력 높이기 연습하기 – 정리하기

6회기	논술쓰기(메타인지)	– 들어가기 – 논술쓰기 전략 알아보기 – 실습해보기 – 정리하기

참조: 김동일, 김애화, 손승현, 정광조(2009). 학습장애학생 학습기술 습득프로그램.

6. 프로그램 지도안 및 워크북[회기별]

회기	1회기		주제	단어지도 활용-(인지)	
목표	· 단어지도를 만드는 방법을 이해하고 활용할 수 있다. · 단어지도 만들기를 다른 단어에 적용할 수 있다.				
준비물	필기구			시간	40
과정	내용			유의점	
도입	○ 활동 명: 학습내용 소개 ○ 활동 목표 1) 단어지도를 만드는 방법에 대해 알고, 활용의 이점을 이해한다. ○ 활동 내용 1) 단어지도의 여러 예시를 보여주고 시범으로 단어지도를 만드는 모습을 보여준다.				
전개	○ 활동 명: 단어지도 작성하기 ○ 활동 목표 1) 주어진 예시에 맞게 단어지도를 만들어 본다. 2) 다른 단어를 활용하여 단어지도를 만들어 본다. ○ 활동 내용 1) 예시 단어를 주고 그와 관련된 단어지도를 작성한다. 2) 모둠을 편성하여 예시 단어를 주고 협동하여 단어지도를 완성한다.				
정리	○ 활동 명: 마무리 활동 ○ 활동 목표 1) 오늘 배운 내용에 대해서 복습하고, 다음에 배울 내용에 대해 안내한다. ○ 활동 내용 1) 오늘 배운 내용에 대해 복습한다. 2) 다음에 배울 내용에 대해 안내한다.				

다음 그림에 알맞은 단어를 쓰고 단어지도를 완성해봅시다.

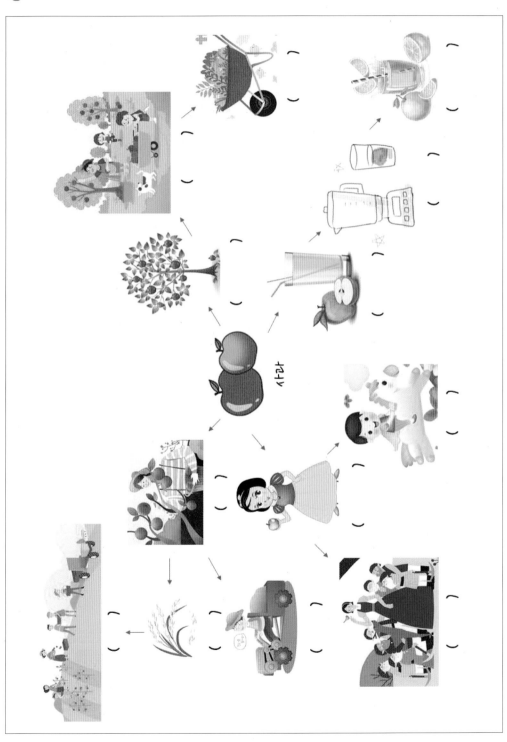

단어지도 만들기

 다음 그림에 알맞은 단어를 쓰고 단어지도를 완성해봅시다.

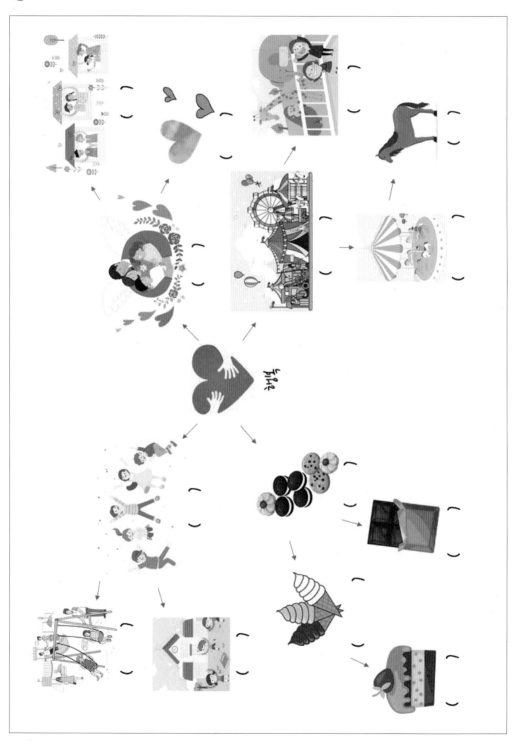

회기	2회기	주제	반복하기(인지)
목표	· 반복 학습의 중요성을 이해한다. · 반복 학습 계획을 세우고 점검표에 따라 반복 학습의 실천 여부 및 횟수를 체크한다.		
준비물	필기구	시간	40
과정	내용		유의점
도입	○ 활동 명: 학습내용 소개 ○ 활동 목표 　1) 반복 학습의 중요성을 이해한다. ○ 활동 내용 　1) 반복 학습의 원리 및 효과를 설명하고 반복 학습이 중요함 　　을 강조한다.		
전개	○ 활동 명: 반복 학습 점검표 작성하기 ○ 활동 목표 　1) 반복 학습 계획을 세우고 실천 여부를 확인하고 반복 학습 　　의 상태를 점검한다. ○ 활동 내용 　1) 학습한 내용에 대하여 반복 학습 목표를 작성한다. 　2) 계획한 목표의 실천 여부를 기록한다.		
정리	○ 활동 명: 마무리 활동 ○ 활동 목표 　1) 오늘 배운 내용에 대해서 복습하고, 다음에 배울 내용에 대 　　해 안내한다. ○ 활동 내용 　1) 오늘 배운 내용에 대해 복습한다. 　2) 다음에 배울 내용에 대해 안내한다.		

반복 학습 점검표

 반복 학습 계획을 세우고 실천 여부를 체크 해봅시다.

	1주차						2주차						3주차						4주차					
	예습		수업 후 복습		자습		예습		수업 후 복습		자습		예습		수업 후 복습		자습		예습		수업 후 복습		자습	
	목표	실천	목표	실천	목표	실천	목표	실천	목표	실천	목표	실천	목표	실천	목표	실천	목표	실천	목표	실천	목표	실천	목표	실천
일																								
토																								
금																								
목																								
수																								
화																								
월																								

회기	3회기	주제	요약하기(인지)

목표	· 학습에 있어 요약의 중요성과 요약하여 정리하는 방법에 대해 이해한다.		

준비물	필기구	시간	40

과정	내용	유의점
도입	○ 활동 명: 학습내용 소개 ○ 활동 목표 　1) 요약의 중요성과 요약하여 정리하는 방법에 대해 이해한다. ○ 활동 내용 　1) 효율적인 학습을 위해서 요약을 잘 하는 것이 중요함을 이해하고 요약의 중요 요소들을 이해한다.	
전개	○ 활동 명: 요약 활동하기 ○ 활동 목표 　1) 요약을 하는 데 중요한 요소들을 이해한다. 　2) 요약을 하는 데 중요한 요소들을 확인하여 기준요소에 따라 요약한다. ○ 활동 내용 　1) 요약에 있어 중요한 요소들과 질문들을 생각해본다. 　2) 이야기를 읽고 기준에 따라 중요 내용을 요약하여 정리한다.	
정리	○ 활동 명: 마무리 활동 ○ 활동 목표 　1) 오늘 배운 내용에 대해서 복습하고, 다음에 배울 내용에 대해 안내한다. ○ 활동 내용 　1) 오늘 배운 내용에 대해 복습한다. 　2) 다음에 배울 내용에 대해 안내한다.	

 **요약하기**

 다음 글을 읽고 요약문의 빈칸을 완성하시오.

Summary

A summary is a shortened version of the story. It retells all the important parts of the story.

A Summary

· is told in sequence

· can include the main idea, supporting details, and theme of the story

· can be written in 3-5 sentences

To help write a summary think:

B Beginning	
M Middle	
E End	

Read the text below. It is of The Wind in the Willows, written by Kenneth Grahame in 1908. The book tells about the adventures of Mole and Rat. Then, use the graphic organizer to create a summary of the text.

Writing a Fiction Summary: The Wind in the Willows

A summary is a "short and sweet" recount of a story.
Use this strategy to remember to include the important parts of a fiction summary:
★ Somebody − Main Character　★ Wanted − Goal　★ But − Problem
★ So − Major Event　★ Then − Resolution

He thought it was only falling leaves at first, so slight and delicate was the sound of it. Then as it grew it took a regular rhythm, and he knew it for nothing else but the pat−pat−pat of little feet still a very long way off. Was it in front or behind? It seemed to be first one, and then the other, then both. It grew, and it multiplied, till from every quarter as he listened anxiously, leaning this way and that, it seemed to be closing in on him. As he stood still to hearken, a rabbit came running hard towards him through the trees. He waited, expecting it to slacken pace, or to swerve from him into a different course. Instead, the animal almost brushed him as it dashed past, his face set and hard, his eyes staring, "Get out of this, you fool, get out!" the Mole heard him mutter as he swung round a stump and disappeared down a friendly burrow.

The pattering increased till it sounded like sudden hail on the dry leaf−carpet spread around him. The whole wood seemed running now, running hard, hunting, chasing, closing in round something or − somebody? In panic, he began to run too, aimlessly, he knew not whither. He ran up against things, he fell over things and into things, he darted under things and dodged round things. At last he took refuge in the deep dark hollow of an old beech tree, which offered shelter, concealment − perhaps even safety, but who could tell? Anyhow, he was too tired to run any further, and could only snuggle down into the dry leaves which had drifted into the hollow and hope he was safe for a time. And as he lay there panting and trembling, and listened to the whistlings and the patterings outside, he knew it at last, in all its fullness, that dread thing which other little dwellers in field and hedgerow had encountered here, and known as their darkest moment − that thing which the Rat had vainly tried to shield him from − the Terror of the Wild Wood!

Somebody	
Wanted	
But	
So	
Then	

source: https://www.education.com/worksheet/article/writing−a−fiction−summary−the−wind−in−the−willows/

회기	4회기	주제	자기조절 학습(메타인지)
목표	· 자기조절 학습의 개념을 이해한다. · 자신의 조절학습태도를 확인한다.		
준비물	필기구	시간	40
과정	내용		유의점
도입	○ 활동 명: 학습내용 소개 ○ 활동 목표 1) 자기조절 학습을 간단히 소개 후 자신의 조절학습태도를 확 인한 후 비슷한 경험이 있는지 나눠본다. 2) 단어지도를 만드는 방법에 대해 알고 활용의 이점을 이해한다. ○ 활동 내용 1) 자기조절 학습의 개념을 간단히 소개한다. 2) 자기조절 학습태도 검사지로 자신의 자기조절 학습태도를 확인한다. 3) 최근 자기조절 학습 활동을 한 경험을 서로 나눈다.		
전개	○ 활동 명: 자기학습태도 구성요소 알기 ○ 활동 목표 1) 자기학습태도의 구성요소를 이해한다. 2) 자기학습태도의 구성요소의 구체적 예시를 들어본다. ○ 활동 내용 1) 각 구성요소의 내용과 구체적인 예시를 들어 설명한다. 2) 배운 내용을 선 긋기 활동을 통해 확인한다. 3) 각 구성요소의 내용에 맞는 구체적인 예시를 작성해 본다.		
정리	○ 활동 명: 마무리 활동 ○ 활동 목표 1) 오늘 배운 내용에 대해서 복습하고, 다음에 배울 내용에 대 해 안내한다. ○ 활동 내용 1) 오늘 배운 내용에 대해 복습한다. 2) 다음에 배울 내용에 대해 안내한다.		

자기조절 학습태도 검사지

다음의 자기조절 학습을 했던 경험이 있는지 확인해 봅시다.

과정	세부활동	O, X
	자기조절 학습태도 OX	
1	공부시간을 정하고 공부를 한다.	
2	TV나 컴퓨터를 끄고 조용한 환경에서 공부를 한다.	
3	공부 중 모르는 내용은 꼭 알고 넘어간다.	
4	공부한 내용을 공책에 정리한다.	
5	공부 중 중요한 내용은 표시를 한다(밑줄 치기 등).	
6	중요한 내용은 암기하려 한다.	
7	부모님이나 선생님에게 모르는 내용을 잘 묻는다.	
8	공부한 내용을 한 번 더 복습하려 한다.	
9	공부를 마친 후 공부를 잘 했는지 스스로 평가한다.	
10	공부를 마친 후 공부를 잘 했다고 생각하면 하고 싶은 것을 한다.	

O의 개수	나의 자기조절 학습태도	나의 위치는?
9~10	매우 우수합니다.	
7~8	우수합니다.	
5~6	보통입니다.	
3~4	조금 부족합니다.	
0~2	많이 부족합니다.	

참조: 김동일, 김애화, 손승현, 정광조(2009). 학습장애학생 학습기술 습득프로그램.

자기조절 학습 구성요소

다음의 자기조절 학습의 구체적인 예를 들어봅시다.

구성요소	내용	구체적 예
학습목표와 학습계획 세우기		
좋은 학습 환경 만들기		
도움 되는 내용찾기		
학습 내용 정리하기		
중요내용 표시하기		
중요내용 기억하기		
확인 및 공부 더 하기		
도움 요청하기		
자기평가하기		
상 주기		

참조: 김동일, 김애화, 손승현, 정광조(2009). 학습장애학생 학습기술 습득프로그램.

자기조절 학습 구성요소

👓 맞는 자기조절 학습 구성요소끼리 선 연결하기

1. 학습목표와 학습계획 세우기	•	•	ㄱ. 공부내용과 공부시간 정하기
2. 좋은 학습환경 만들기	•	•	ㄴ. 도움 되는 정보 찾기
3. 도움 되는 내용 찾기	•	•	ㄷ. 공부에 방해되는 환경 제거하기

1. 학습내용 정리하기	•	•	ㄱ. 중요내용 밑줄 긋기
2. 중요내용 표시하기	•	•	ㄴ. 중요내용 정리하기
3. 중요내용 기억하기	•	•	ㄷ. 중요내용 암기하기

1. 확인 및 공부 더 하기	•	•	ㄱ. 자기조절 학습 스스로 평가하기
2. 도움 요청하기	•	•	ㄴ. 공부한 내용 확인하기 및 심화 보충하기
3. 자기평가하기	•	•	ㄷ. 자신에게 상 주기
4. 상 주기	•	•	ㄹ. 도움이 되는 필요한 내용을 주위 사람에게 묻기

참조: 김동일, 김애화, 손승현, 정광조(2009). 학습장애학생 학습기술 습득프로그램.

회기	5회기		주제	집중력 높이기(메타인지)	
목표	· 집중력 높이기의 단계를 이해한다. · 집중력 높이기 전략을 시행할 수 있다.				
준비물	필기구, 핸드폰, 20분 가량 공부할 내용의 교과서 혹은 문제집			시간	40
과정	내용			유의점	
도입	○ 활동 명: 학습내용 소개 ○ 활동 목표 　1) 공부 중 집중하기의 어려움을 나눈다. 　2) 집중하기 전략의 단계를 이해한다. ○ 활동 내용 　1) 공부하는 중에 집중하기 어려웠던 경험을 서로 나눠본다. 　2) 집중하기 전략의 단계를 이해한다. 　3) 집중하기 전략을 짧게 시연한다.				
전개	○ 활동 명: 집중하기 전략 실행해 보기 ○ 활동 목표 　1) 집중하기 전략의 목적을 이해한다. 　2) 집중하기 전략의 각 단계를 실행할 수 있다. ○ 활동 내용 　1) 각자 준비한 내용을 공부하며 집중하기 전략을 사용해 본다. 　2) 각자 집중하기 전략을 사용해 본 느낌을 나눈다.				
정리	○ 활동 명: 마무리 활동 ○ 활동 목표 　1) 오늘 배운 내용에 대해서 복습하고, 다음에 배울 내용에 대 　　해 안내한다. ○ 활동 내용 　1) 오늘 배운 내용에 대해 복습한다. 　2) 다음에 배울 내용에 대해 안내한다.				

5회기 집중하기 전략

단계	단계 내용
1단계	– 공부시간을 정하고 공부 중 학생에게 시간적 단서를 줄 수 있는 알람시계 기능이 있는 휴대폰을 준비한다.
2단계	– 휴대폰에 5분 간격으로 알람을 울리게 한다(예: 5시 5분, 5시 10분...).
3단계	– 학습을 시작하고 알림이 울리면 자신에게 '나는 지금 집중하고 있는가?'라는 질문을 한다.
4단계	– 질문에 대한 답에 빨리 ∨ 표시를 하고 다시 공부에 집중한다.
5단계	– 공부가 끝나면 자신의 ∨ 표시를 확인한다.

나의 공부 시간은 (시 분 ~ 시 분)입니다.		
	나는 지금 집중을 하고 있는가?	
알람시간	예	아니요
시 분		
시 분		
시 분		
시 분		
시 분		
시 분		
시 분		
시 분		
시 분		
합계		

참조: 김동일, 김애화, 손승현, 정광조(2009). 학습장애학생 학습기술 습득프로그램.

교사용

1회기   단어지도 만들기

다음 그림에 알맞은 단어를 쓰고 단어지도를 완성해봅시다.

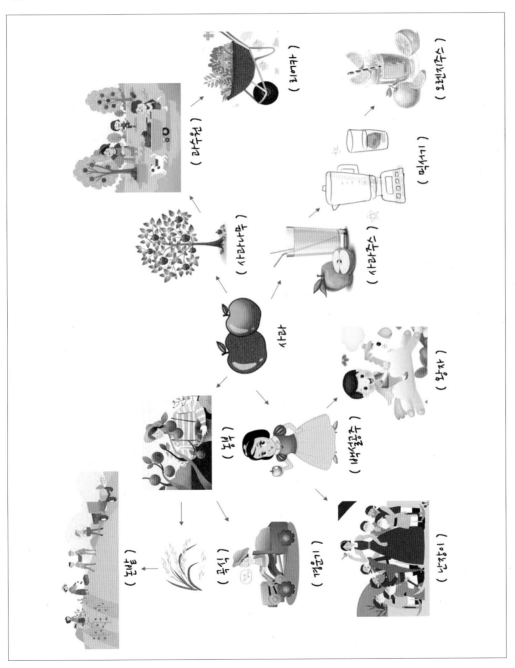

1회기 단어지도 만들기

 다음 그림에 알맞은 단어를 쓰고 단어지도를 완성해봅시다.

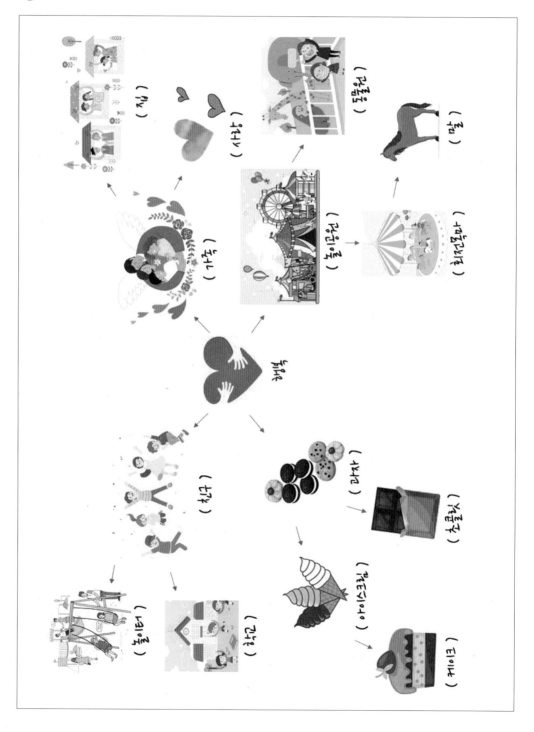

2회기　반복 학습 점검표

반복 학습 계획을 세우고 실천 여부를 체크 해봅시다.

	예시) (단원 교과서 개념학습	○	형성평가 10문제 풀기	△(5문제)	심화학습 5문제 풀기	×	영어 의문문 어순 개념 학습	○	의문문 10문장 만들기	○	평서문을 의문문으로 5문장 바꾸기	○
일												
토												
금												
목												
수												
화												
월	목표	실천	목표	실천	목표	실천	목표	실천	목표	실천	목표	실천
	예습		수업 후 복습		자습		예습		수업 후 복습		자습	
	1주차						2주차					

3회기 요약하기

 다음 글을 읽고 요약문의 빈칸을 완성하시오.

Summary

A summary is a shortened version of the story. It retells all the important parts of the story.

A Summary

· is told in sequence

· can include the main idea, supporting details, and theme of the story

· can be written in 3—5 sentences

To help write a summary think:

B Beginning	— Who are the characters? — What is the setting? — What is the problem?
M Middle	— What events happen to the characters? — What is the climax of the story?
E End	— How is the problem resolved? — How have the characters changed?

3회기 요약하기

Read the text below. It is of The Wind in the Willows, written by Kenneth Grahame in 1908. The book tells about the adventures of Mole and Rat. Then, use the graphic organizer to create a summary of the text.

Writing a Fiction Summary: The Wind in the Willows

A summary is a "short and sweet" recount of a story.
Use this strategy to remember to include the important parts of a fiction summary:
★ Somebody — Main Character ★ Wanted — Goal ★ But — Problem
★ So — Major Event ★ Then — Resolution

He thought it was only falling leaves at first, so slight and delicate was the sound of it. Then as it grew it took a regular rhythm, and he knew it for nothing else but the pat—pat—pat of little feet still a very long way off. Was it in front or behind? It seemed to be first one, and then the other, then both. It grew, and it multiplied, till from every quarter as he listened anxiously, leaning this way and that, it seemed to be closing in on him. As he stood still to hearken, a rabbit came running hard towards him through the trees. He waited, expecting it to slacken pace, or to swerve from him into a different course. Instead, the animal almost brushed him as it dashed past, his face set and hard, his eyes staring, "Get out of this, you fool, get out!" the Mole heard him mutter as he swung round a stump and disappeared down a friendly burrow.

The pattering increased till it sounded like sudden hail on the dry leaf—carpet spread around him. The whole wood seemed running now, running hard, hunting, chasing, closing in round something or — somebody? In panic, he began to run too, aimlessly, he knew not whither. He ran up against things, he fell over things and into things, he darted under things and dodged round things. At last he took refuge in the deep dark hollow of an old beech tree, which offered shelter, concealment — perhaps even safety, but who could tell? Anyhow, he was too tired to run any further, and could only snuggle down into the dry leaves which had drifted into the hollow and hope he was safe for a time. And as he lay there panting and trembling, and listened to the whistlings and the patterings outside, he knew it at last, in all its fullness, that dread thing which other little dwellers in field and hedgerow had encountered here, and known as their darkest moment — that thing which the Rat had vainly tried to shield him from — the Terror of the Wild Wood!

Somebody	He
Wanted	run away
But	was too tired to run
So	snuggle down into the dry leaves
Then	knew the terror of the wild wood

source: https://www.education.com/worksheet/article/writing—a—fiction—summary—the—wind—in—the—willows/

4회기 자기조절 학습태도 검사지

 다음의 자기조절 학습을 했던 경험이 있는지 확인해 봅시다.

과정	세부활동	O, X
자기조절 학습태도 OX		
1	공부시간을 정하고 공부를 한다.	×
2	TV나 컴퓨터를 끄고 조용한 환경에서 공부를 한다.	×
3	공부 중 모르는 내용은 꼭 알고 넘어간다.	○
4	공부한 내용을 공책에 정리한다.	○
5	공부 중 중요한 내용은 표시를 한다(밑줄 치기 등).	○
6	중요한 내용은 암기하려 한다.	○
7	부모님이나 선생님에게 모르는 내용을 잘 묻는다.	×
8	공부한 내용을 한 번 더 복습하려 한다.	○
9	공부를 마친 후 공부를 잘 했는지 스스로 평가한다.	○
10	공부를 마친 후 공부를 잘 했다고 생각하면 하고 싶은 것을 한다.	○

O의 개수	나의 자기조절 학습태도	나의 위치는?
9-10	매우 우수합니다.	
7-8	우수합니다.	○
5-6	보통입니다.	
3-4	조금 부족합니다.	
0-2	많이 부족합니다.	

참조: 김동일, 김애화, 손승현, 정광조(2009). 학습장애학생 학습기술 습득프로그램.

4회기 자기조절 학습 구성요소

 다음의 자기조절 학습의 구체적인 예를 들어봅시다.

구성요소	내용	구체적 예
학습목표와 학습계획 세우기	– 공부를 시작하기에 앞서 어떤 과목의 어떤 내용을 언제 공부할지 시간을 정하는 활동	– 영어과목 6단원에 나오는 단어를 4시부터 5시까지 외우기
좋은 학습 환경 만들기	– 공부를 잘하기 위해서 공부에 방해되는 환경을 제거하는 활동	– TV 끄기, 컴퓨터 끄기, 스마트폰 닫아두기
도움 되는 내용 찾기	– 공부에 도움이 되는 지식을 찾는 활동	– 여행에 대한 단원을 배울 때 다른 나라의 이름을 영어로 알아보기
학습 내용 정리하기	– 공부 중 중요한 내용이나 기억할 내용을 공책에 정리하는 활동	– 주어가 '단수와 복수일 경우 동사의 형태가 변한다'라는 내용을 공책에 정리하기

중요내용 표시하기	− 공책에 정리한 내용 중에 중요한 내용에 밑줄을 긋거나 표시하는 활동	− I was hungry. − They were hungry too.
중요내용 기억하기	− 중요한 내용을 기억하기 위해 암기하는 활동	− 주어가 단수인지 복수인지에 따라 동사가 변하는 것을 암기한다.
확인 및 공부 더 하기	− 공부한 내용을 문제집을 풀어 확인해 보거나 공부한 내용 중 더 알고 싶은 내용 또는 부족한 내용을 더 공부하는 행동	− 불규칙한 동사 변화는 없는지 확인해 보기
도움 요청하기	− 공부 중 알고싶은 내용을 주위의 친구나 선생님 또는 부모님에게 묻는 행동	− 이해가 안 되는 문제를 친구와 상의해 보기
자기평가하기	− 자기조절 학습을 잘 했는지 평가하기	− 자기조절 학습 구성요소 가운데 몇 개나 실행했나 확인하기
상 주기	− 평가 결과에 따라 자신에게 상 주기	− 자기조절 학습을 잘한 경우 30분 동안 스마트폰 하기

참조: 김동일, 김애화, 손승현, 정광조(2009). 학습장애학생 학습기술 습득프로그램.

4회기 자기조절 학습 구성요소

맞는 자기조절 학습 구성요소끼리 선 연결하기

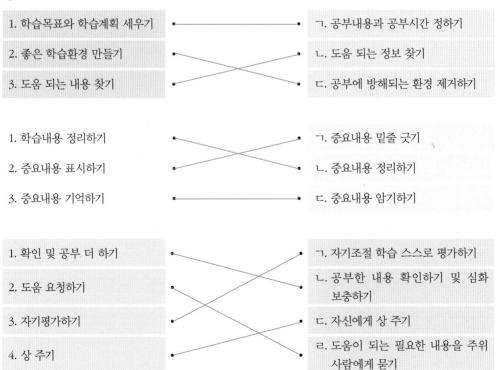

참조: 김동일, 김애화, 손승현, 정광조(2009). 학습장애학생 학습기술 습득프로그램.

집중하기 전략

단계	단계 내용
1단계	– 공부시간을 정하고 공부 중 학생에게 시간적 단서를 줄 수 있는 알람시계 기능이 있는 휴대폰을 준비한다.
2단계	– 휴대폰에 5분 간격으로 알람을 울리게 한다(예: 5시 5분, 5시 10분...).
3단계	– 학습을 시작하고 알림이 울리면 자신에게 '나는 지금 집중하고 있는가?'라는 질문을 한다.
4단계	– 질문에 대한 답에 빨리 ∨ 표시를 하고 다시 공부에 집중한다.
5단계	– 공부가 끝나면 자신의 ∨ 표시를 확인한다.

나의 공부 시간은 (40분)입니다.		
	나는 지금 집중을 하고 있는가?	
알람시간	예	아니요
7:00		O
7:05		O
7:10		O
7:15	O	
7:20	O	
7:25	O	
7:30	O	
7:35		O
7:40	O	
7:45	O	
7:50	O	
7:55		O
8:00	O	
합계	8	5

참조: 김동일, 김애화, 손승현, 정광조(2009). 학습장애학생 학습기술 습득프로그램.

자원관리 학습전략

1. 프로그램 이름

시간 및 학습환경 관리하기

2. 프로그램 필요성

자원관리 학습전략은 학습자가 스스로를 점검하고 관리하는 학습 기술에 해당한다. 여기에서 자기관리기술은 효과적이고 효율적인 학습을 위하여 시간이나 학습공간 및 자료, 불안과 같은 정서적 스트레스와 같이 학습과 관련된 자기 및 외부의 학습 환경을 관리하고, 학습적 효율을 높이기 위하여 학습을 수행하는 데 필요한 도움을 타인에게 요청하는 기술을 의미한다(Gall 외, 1990). 즉, 학습 자료와 학습공간의 조직, 시간 관리, 학습 태도와 동기, 학습에 필요한 도움을 구하기 등이 포함된다(변영계, 강태용, 2003). 이러한 학습에 관련된 중요한 하위기술을 효과적으로 관리하지 않으면 우수한 학업성취를 기대할 수 없다는 점에서 자기관리기술은 학습에서 중요한 의미가 있다고 볼 수 있다(전화춘, 1998).

Zimmerman(1986)은 아동이 학습할 때 스스로 동기를 가지고, 행동을 조절하며, 메타인지를 활용하여 적극적이고 능동적으로 학습에 참여하는 것을 자기조절 학습이라고 하였다. 메타인지 또는 초인지 학습은 학습자가 학습 계획을 세우고, 학습 목표를 설정하며, 스스로 점검하고 평가하는 것을 의미한다. 학습자는 메타인지를 활용하여 자신의 학습에 대하여 확신을 갖게 되고 점차 통찰력을 얻게 된다. 동기측면에서 자기조절을 할 수 있는 학습자는 자기효능감이 높고 자발적으로 흥미를 갖는다. 행동적인 측면에서 학습자가 학습에 적극적으로 참여하는 것은 학습자 스스로 성공적인 학습을 위하여 가장 적절한 환경을 선택하고, 자신의 학습에 도움이 되는 정보를 얻기 위하여 조언을 구하고, 학습에 최적화된 장소를 만들고 찾는 것이라 할 수 있다. Zimmerman(1986)은 최적의 환경이 아닌 환경에서 학습자가 성취를 이루고자 하는 학습자의 특성에 대해 주목하였고 이럴 때에 학습자가 스스로 자기조절 학습을 형성한다고 믿었다. 따라서 자기조절 학습의 인지적 측면만을 다루었던 연구와는 달리, 학습에서 학습자가 가지는 책임감을 강조하였고, 학습자가 행동, 동기, 초인지적인 측면에서 적극적으로 학습에 참여할 때 자기조절 학습이 이루어진다고 하였다. 자기조절 학습자는 자신의 학업 성취 향상을 위해 학습 시 인지적, 동기적, 행동적 전략을 체계적으로 사용한다(봉갑요, 2004).

자기조절 학습을 행동조절의 차원으로 설명하려는 연구에서는 행동통제와 도움 구하기, 그리고 학습시간 관리와의 관계를 밝히면서 그 사이에서 영향력을 발휘하는 자기조절 학습을 연구하였다. 행동통제는 학습과정에서 장애 또는 어려움에 직면하였을 경우 그 어려움에도 불구하고 학습을 계속할 수 있는 능력으로 설명된다. Zimmerman은 자기조절 기능이 높은 학습자가 낮은 학습자보다 행동통제에서 뛰어나다고 주장하였다(양용칠, 2004 재인용). 도움 구하기는 자신의 힘으로 해결할 수 없다고 판단되는 난관에 봉착했을 때 도움을 요청하는 것으로 이 역시 적극적인 학습 행동이라 볼 수 있다(이규녀, 최완식, 2007). 시간관리 전략도 자기조절 학습의 행동차원 전략으로 학습능력에 큰 영향을 줄 수 있음이 보고되어 왔다(이인숙, 2005). 시간 관리는 목표를 성취하기 위해서 활동의 우선순위를 설정하고 우선 순위대로 실천을 행할 수 있도록 자신과 환경을 조절하고 관리하는 것이다(김동일, 박경애, 김택호, 1995).

Mckeachie(1986)은 학습전략을 인지전략, 상위인지전략, 자원관리전략, 세 가지로 나누었는데 인지전략에는 시연, 정교화 및 조직화 전략이 있고 상위 인지전략에는 계획, 점검 및 조절 전략이 있으며 자원관리 전략에 시간 관리, 공부환경관리, 노력관리 및 타인의 조력 추구가 있다.

시간 관리 훈련은 목표를 정하고 이를 달성하기 위한 활동을 적절하게 수행하는 것이다. 넓은 의미에서 보면, 활동관리, 생활 관리 등을 통하여 학습자가 자신의 삶을 적극적으로 통제하고자 하는 자원관리 전략에 해당한다고 볼 수 있다. 효과적인 시간 관리를 위해서는 개인의 주의집중능력, 이전의 목표 성취 여부, 실행능력이나 동기 수준 등 자신의 인지적, 정서적인 측면에 대한 정보를 인식하고 있어야 한다. 즉, 시간 관리는 자신을 관리하는 데 있어 인지적 측면과 활동 주체의 성취동기나 의욕, 목표에 대한 희망 등이 포함된 정서적인 측면의 상호작용을 통하여 이룰 수 있다(김동일, 2005). 따라서 자기조절 학습 전략을 중심으로 한 시간관리 및 자기관리의 중요성을 인식하고 방법들을 훈련해서 실천하는 것이 매우 중요하다고 할 수 있다.

1) 프로그램 목표

Mckeachie(1986)의 자원관리 전략 분류에 따른 학습목표는 다음과 같다.

첫째, 학습과 관련된 목표를 세우고 이를 효과적이고 효율적으로 실천할 수 있는 시간관리 전략을 사용할 수 있다.

둘째, 학습을 방해하는 환경 요인을 제거하고 학습효율을 높일 수 있도록 학습환경을 재구성하고 조성할 수 있다.

셋째, 학습의 과정에서 도움이 필요할 시, 적절한 대상이나 방법을 찾아 필요한 도움을 구할 수 있다.

2) 기대효과

자기조절에 익숙한 학습자는 인지적, 동기적, 행동적으로 학습에 적극적으로 참여하여 학습 도중 자기평가, 조직화, 목표설정과 계획수립, 자기보상, 시연과 기억, 도움 요청 등을 자발적으로 수행할 수 있다. 그리고 환경의 영향을 이해하고 다양한 전략들을 사용하여 학습을 증진시키는 방법을 알고 있다. 따라서 자기조절에 익숙한 학습자는 그렇지 않은 학생들보다 학습기술 측면에서 발전된 상태가 되며, 더욱 학습동기가 높아지고, 자신에 대한 조절을 잘 할 수 있게 되며, 학습에 대한 의지도 강한 특성을 보인다(김아영 등, 2000; 이명규, 2001). 몇몇 연구들에서는 시간 및 공부환경 관리와 노력 관리는 학업성취에 가장 크게 기여하는 변인들이며(김영채, 1991; 변창진, 1998; 김소영, 2006), 시간 자원과 학습 환경관리를 잘하는 학습자가 학업성취도가 높음을 알 수 있었다.

시간관리는 학업성취와 밀접한 관련이 있다. 학업에 실패한 학생들을 조사한 연구를 보면, 학업 실패의 원인은 학습이 일어나지 않는 것, 목표를 불분명하게 설정하는 것, 시간을 제대로 관리하지 못하는 것이며(Schmelzeretal, 1987), 학습에 있어의 문제가 잘못된 학습습관, 진로에 대한 불확실, 잘못된 시간관리 등이 주된 원인인 것으로 나타났다(Thombs, 1995).

최근에 학습자의 시간 자원의 중요성이 부각되면서 시간의 효율적 관리가 필요하다는 인식이 자연스럽게 부각되고 있다. 두경자(2002)는 대학에서 시간관리 교육을 한 이후 학생들이 시간관리 방법에 대한 이해도가 증가하는 점을 밝혔다. 최수임(1993)은 누구든 시간 제한이 있는 상황에서 목표를 높게 설정하면 시간 갈등(time-based conflict)을 경험하는데, 이는 업무 수행과 직무 만족에 부정적인 영향을 미치며, 생활의 질이 전반적으로 저하되게 하는 주요한 요인이라고 하였다.

많은 사람들이 효과적인 시간관리의 요소와 방법들을 다양하게 언급하고 있다. 하지만 주입식 혹은 암기식 지식의 전달은 자칫 시간 관리를 수동적이고 기계적으로 실천하게 하고, 계획된 스케줄에 생활이 얽매이게 하며, 중도에 실천을 포기하거나 지속적인 성과를 거두기 어렵게 만들 수 있음을 고려해야 한다. 이러한 현상에 있어서의 문제는 학습자의 능력부족이 아니라 학습기술이나 학습습관이 잘못되었기 때문이다(Prather, 1983). 학습 기술 중에 시간관리 기술은 학업에 대해 학습자가 노력하는 정도를 가장 잘 예측하게 해주며(Bowman, 1981), 짧은 기간의 훈련만으로도 시간을 효율적으로 사용할 수 있도록 하고, 학업성적이나 학습습관의 향상 뿐 아니라 나아가서는 학습에 대한 동기형성에도 효과가 있다(Cranney & Kirby, 1980; Mussano, 1977; Walter & Sbert, 1981). 시간관리 프로그램을 이수한 청소년들은 그렇지 않은 학생에 비하여 자신의 생활을 적극적이고 능동적으로 분석하며, 목표를 세울 때 의미있는 내용을 포함시키며, 목표를 실천할 때보다 자기 생활을 잘 통제하고 관리하는 경향이 있다.

이러한 자원관리 전략을 잘 사용하는 것은 자기 주도적 학습전략에 있어 매우 중요하며 학습동기를 올릴 수 있는 기반을 제공하고, 더 나아가 자기효능감과 자아개념을 높여 긍정적인 삶의 태도와 자신감을 갖게 한다.

4. 이론적 배경   I/II

1) 자원관리전략의 정의

자원관리기술은 학습공간, 시간, 자료 등의 관리와 학습 관련 도움을 구하는 기술이며, 이에 따라 학습자료 및 학습공간 조직, 시간관리, 학습태도 및 동기 관리, 도움 구하기 등으로 구성되어 있다(Gall 외, 1990; 변영계, 강태용, 2003). 학습자료 자료 및 공간 조직 기술은 학습 환경과 공간을 체계적으로 조직하기 위한 기술이며, 시간관리 기술은 학습 시간 및 다른 시간계획과 관리를 하기 위한 기술이며, 학습도움 구하기 기술은 학습 관련 불안감 해소 및 자신감 증진을 통한 학습 효율성을 높이고 이해가 어려울 경우 도움을 체계적으로 요청하는 기술이다. 이러한 기술들은 우수한 학업성취를 위해 효과적으로 관리가 필요하며 평생교육적 측면에서도 그 중요성이 알려져 있다(변영계, 강태용, 2003).

2) 자기관리기술의 구성요소

자기관리기술 향상 프로그램은 위와 같은 구성요소로 구성되어 있으며, 이하선(2011)은 학습부진아에 필요한 기술을 추출하여 학습환경의 조직, 시간관리, 학습에 필요한 도움 구하기, 세 가지 구성요소로 재구성하였다.

(1) 학습환경의 조직

학습환경은 학습의 효과성과 효율성에 큰 영향을 미친다. 학습은 공부하는 환경의 소음 및 주변환경 등에 영향을 받으며, 이러한 환경을 물리적으로 조직하고 구성함으로써 학습의 효과성을 늘리고자 하는 것이 학습환경 관리기술이다(이하선, 2011). 이러한 기술에는 학습자료 조직, 공간의 조직 등의 세부 기술들이 존재한다(이하선, 2011). 예를 들면, 매일 사용하는 교과서, 노트, 필기구 등을 조직화하는 것이 학습자료 조직의 예시이며, 학습하는 공간을 스스로 조직화 하는 (도구의 구비 및 장소 결정) 활동이 공간 조직의 예로 들 수 있다.

(2) 시간관리

시간관리는 학습의 효율성을 높이기 위해 학습 시간 계획을 조직, 실행 및 평가하는 기술이다(변영계, 강태용, 2003). 시간관리 기술은 학년이 올라갈수록 필요한 학습 시간이 증가한다는 점에서 높은 학년일수록 그 중요성이 증가한다고 할 수 있다(이하선, 2011). 시간관리 기술은 시간 사용 실태 평가와 시간 사용 계획, 계획 지키기와 유연성 가지기 등으로 나눌 수 있다. 시간 사용 실태는 시간관리 기술의 첫 단계로써 학습에 사용하는 시간을 파악하고 진단하는 단계이며, 시간 계획 사용하기 단계에서는 목표 달성에 필요한 시간 설정, 과제 우선순위 결정 등을 수행한다(변영계, 강태용, 2003). 마지막으로 부담을 줄이고 동기를 높이기 위해서는 급하고 중요한 과제를 먼저 수행하고 유연성을 가지는 것이 필요하다(이하선, 2011).

(3) 학습에 필요한 도움 구하기

학습에 필요한 도움 구하기는 학습 중 이해가 어렵거나 이해가 안 되는 부분에 있어 체계적으로 도움을 구하는 기술을 의미한다. 구체적인 기술로는 도움이 필요한 부분 판단, 도움을 받을 수 있는 자원 검색, 적극적인 도움 요청 등으로 구성되어 있으며, 학생이 잘 도움을 청할 수 있도록 학생과의 신뢰형성이 우선되어야 한다(이하선, 2011).

3) 자원관리전략 예시프로그램

이하선(2003)은 자원관리전략 프로그램을 집단상담 프로그램을 통해 적용하였다. 경기도 평택의 Y초등학교 5학년 8개 학급에서 학습부진학생 중 지원자를 대상으로 통제집단 10명, 실험집단 10명인 2집단을 구성하였으며 자기주도적 학습능력 검사와 학습습관 검사를 사전 사후 실시하였다. 실험집단에는 8회기의 자기관리기술향상 집단상담 프로그램을 8주 동안 주당 40분씩 방과후 시간에 실시하였다. 연구결과 실험집단에서 자기주도적 학습능력 점수와 학습습관 점수 모두 통제집단에 비해 유의미하게 향상된 것으로 나타났다. 이러한 결과를 통해 학습 부진아에 대한 자원관리 전략의 필요성을 서술하였다.

① 기간: 4주간 주 1회(회당 40분)

② 대상자: 초등학교 5학년 중 학습 부진 학생

③ 진행자: 교사

④ 진행방법: 집단상담

⑤ 프로그램 내용

회기	회기별 제목	세부 활동 내용
1회기	학습공간 조직	− 책상, 사물함, 파일상자 상태 파악 − 학습환경 점검 − 나에게 맞는 학습환경 조직
2회기	시간의 소중함	− '24시간' 시간 사용 확인 − 자투리 시간 활용법 생각하기 − 일의 우선순위 정하기
3회기	도움의 필요성	− 혼자 해결하기 어려웠던 경험 재연 및 느낌 공유 − 학습 중 어려웠을 때 어떻게 해결했는지 공유 − 학습 중 어려움을 느낄 때 왜 도움을 청해야 하는지 토의
4회기	도움 구하는 방법 모색	− 여러 구체적인 도움이 필요한 상황 듣기 − 상황에 맞는 역할극 꾸며보고 발표하기 − 역할극 후 느낀 점 나누기

참조: 이하선(2011). 자기관리기술향상 집단상담 프로그램이 초등학교 학습부진아의 자기주도적 학습능력 및 학습습관에 미치는 영향. 한국교원대학교 석사학위논문.

회기	1회기	주제	학습공간 조직
목표	· 학습을 하는 데 있어 학습환경 관리의 중요성을 이해한다. · 학습하는 공간을 파악하고 학습에 방해가 되는 요소와 이를 극복할 수 있는 방안을 찾는다. · 학습공간에서 학습에 방해가 되는 요소를 제거하고 새로운 학습환경을 재구성한다.		

준비물	필기구	시간	40

과정	내용	유의점
도입	○ 활동 명: 학습내용 소개 ○ 활동 목표 　1) 학습을 하는 데 있어 학습환경 관리의 중요성을 이해한다. ○ 활동 내용 　1) 수업의 목표를 이야기하고 학습환경 관리의 중요성에 대해 이야기 나눈다.	
전개	○ 활동 명: 학습환경 재구성하기 ○ 활동 목표 　1) 학습하는 공간을 파악하고 학습에 방해가 되는 요소와 이를 극복할 수 있는 방안을 찾는다. 　2) 학습공간에서 학습에 방해가 되는 요소를 제거하고 새로운 학습환경을 재구성한다. ○ 활동 내용 　1) 책상, 사물함, 파일상자 등이 포함된 자신의 학습환경을 그려본다. 　2) 자신의 학습환경에서 학습에 방해가 되는 요소와 이를 극복할 수 있는 방안을 찾는다. 　3) 학습에 방해가 되는 요소를 극복할 수 있도록 학습환경을 재구성하여 그린다. 　4) 무엇이 바뀌었는지, 바뀐 학습환경에서 무엇이 달라질지 이야기 나눈다.	
정리	○ 활동 명: 마무리 활동 ○ 활동 목표 　1) 오늘 배운 내용에 대해서 복습하고, 다음에 배울 내용에 대해 안내한다. ○ 활동 내용 　1) 오늘 배운 내용에 대해 복습한다. 　2) 다음에 배울 내용에 대해 안내한다.	

내가 학습하는 공간을 그려봅시다.

위 공간에서 학습에 방해가 되는 요소와 이를 해결하기 위한 방안을 찾아봅시다.

학습에 방해가 되는 요소	해결 방안
·	·
·	·
·	·

해결 방안을 적용하여 내가 학습하는 공간을 재구성하여 그려봅시다.

▶ 무엇이 달라졌을까요? 학습공간이 이렇게 바뀐다면 무엇이 달라질까요?

회기	2회기	주제	시간의 소중함

목표	· 하루의 시간을 어떻게 보내고 있는지 기록한다. · 자신의 활동 중 도움이 되지 않는 활동을 찾고 이를 대체하기 위한 방안을 찾는다. · 일의 우선순위를 정하여 실행한다.		

준비물	필기구	시간	40

과정	내용	유의점
도입	○ 활동 명: 학습내용 소개 ○ 활동 목표 　1) 학습을 하는 데 있어 학습환경 관리의 중요성을 이해한다. ○ 활동 내용 　1) 수업의 목표를 이야기하고 학습환경 관리의 중요성에 대해 　　이야기 나눈다.	
전개	○ 활동 명: 학습환경 재구성하기 ○ 활동 목표 　1) 학습하는 공간을 파악하고 학습에 방해가 되는 요소와 이 　　를 극복할 수 있는 방안을 찾는다. 　2) 학습공간에서 학습에 방해가 되는 요소를 제거하고 새로운 　　학습환경을 재구성한다. ○ 활동 내용 　1) 자신이 하루의 시간을 어떻게 보내고 있는지 기록한다. 　2) 자신이 한 활동 중 플러스 활동과 마이너스 활동, 어디에도 　　속하지 않는 활동을 구분하고 이를 플러스 활동으로 바꾸 　　어 본다. 　3) 자신이 해야 할 일을 우선순위에 따라 배열한다.	
정리	○ 활동 명: 마무리 활동 ○ 활동 목표 　1) 오늘 배운 내용에 대해서 복습하고, 다음에 배울 내용에 대 　　해 안내한다. ○ 활동 내용 　1) 오늘 배운 내용에 대해 복습한다. 　2) 다음에 배울 내용에 대해 안내한다.	

2회기 낭비되는 시간 알아보기

다음의 시간기록부에 자신의 활동을 기록하고 평가해봅시다.

+: 나에게 플러스가 되는(도움이 되는) 활동   −: 나에게 마이너스가 되는(도움이 되지 않는) 활동

+/−: 나에게 플러스, 마이너스가 함께 되거나 어디에도 속하지 않는 활동

대체 활동		+/−	−	+	활동	
	08:00					
	09:00					
	09:00					
	10:00					
	10:00					
	11:00					
	11:00					
	12:00					
	12:00					
	13:00					
	13:00					
	14:00					
	14:00					
	15:00					
	15:00					
	16:00					
	16:00					
	17:00					
	17:00					
	18:00					
	18:00					
	19:00					
	19:00					
	20:00					
	20:00					
	21:00					
	21:00					
	22:00					

회기	3회기	주제	도움의 필요성
목표	· 하루의 시간을 어떻게 보내고 있는지 기록한다. · 자신의 활동 중 도움이 되지 않는 활동을 찾고 이를 대체하기 위한 방안을 찾는다. · 일의 우선순위를 정하여 실행한다.		

준비물	필기구	시간	40

과정	내용	유의점
도입	○ 활동 명: 공부할 때 혼자 해결하기 어려웠던 경험 나누기 ○ 활동 목표 1) 다른 친구들도 공부하며 혼자 해결하기 어려운 경험이 있었다는 것을 깨닫는다. ○ 활동 내용 1) 각자 공부하며 이해하기 어려웠던 경우나 문제가 너무 어려워 혼자서 문제를 풀 수 없던 경험을 나누고 그 상황을 재현해 본다. 2) 재현한 당사자의 느낌과 재현을 본 집단원들이 느끼는 감정과 생각을 나눈다.	
전개	○ 활동 명: 도움을 청하는 것의 중요성 알기 ○ 활동 목표 1) 학습 도중 혼자 해결이 어려웠던 경우 여러 해결방법을 알 수 있다. 2) 학습 도중 혼자 해결이 어려웠던 경우 도움을 요청하는 것이 왜 필요한지 이해한다. ○ 활동 내용 1) 도입부분에서 이야기를 나누었던 어려운 상황에서 어떤 행동을 했는지, 어떻게 해결했는지, 그리고 그 방법이 얼마나 효과적이었는지 서로 논의해 본다. 2) 여러 해결방법 중에서 왜 도움을 요청하는 것이 중요한지 논의해 본다.	
정리	○ 활동 명: 마무리 활동 ○ 활동 목표 1) 오늘 배운 내용에 대해서 복습하고, 다음에 배울 내용에 대해 안내한다. ○ 활동 내용 1) 오늘 배운 내용에 대해 복습한다. 2) 다음에 배울 내용에 대해 안내한다.	

혼자 공부하다 어려움을 겪었던 경험을 나눠봅시다.

▶ 혼자 공부하기 어려웠던 상황을 생각해 봅시다.

• 언제, 어디서 였나요?

• 어떤 공부를 하고 있었나요?

• 어떤 이유로 혼자 공부하기 어려웠나요?

• 그때 어떤 생각이 들었나요?

• 그때 어떤 감정이 들었나요?

• 어떤 방식으로 해결했나요?

• 혼자 공부하다 어려움이 있을 때 도움을 요청하는 것이 왜 중요할까요?

회기	4회기		주제	도움을 구하는 방법 모색
목표	· 하루의 시간을 어떻게 보내고 있는지 기록한다. · 자신의 활동 중 도움이 되지 않는 활동을 찾고 이를 대체하기 위한 방안을 찾는다. · 일의 우선순위를 정하여 실행한다.			
준비물	필기구		시간	40
과정	내용			유의점
도입	○ 활동 명: 도움이 필요한 상황 생각해 보기 ○ 활동 목표 　1) 도움이 필요한 상황을 이해한다. ○ 활동 내용 　1) 각자 공부를 하다 도움을 요청하는 것이 필요한 상황을 생각해 보고 도움이 필요한 이유를 나눠본다. 　2) 도움을 받지 않는 경우와 도움을 받았을 경우 어떤 차이가 있을지 논의해 본다.			
전개	○ 활동 명: 역할극에서 도움 청해보기 ○ 활동 목표 　1) 역할극에서 도움을 받는 사람과 도움을 주는 사람의 느낌과 생각을 확인한다. 　2) 역할극에서 도움을 받는 사람과 도움을 주는 사람이 얻을 수 있는 이익을 생각한다. 　3) 역할극을 통해 실제 상황에서 도움을 요청하는 거부감을 줄인다. ○ 활동 내용 　1) 도입 과정에서 나왔던 상황 중 몇가지를 골라 역할극을 실행한다. 　2) 역할극에서 도움을 청하는 사람은 도움을 청할 때, 도움을 받고 나서 어떤 생각과 느낌이 들었는지 나눈다. 　3) 역할극에서 도움을 주는 사람은 도움 요청을 받았을 때, 도움을 주고 나서 어떤 생각과 느낌이 들었는지 나눈다. 　4) 역할극을 관찰한 사람들은 어떤 생각과 느낌이 들었는지 나눈다. 　5) 역할극과 역할을 바꾸며 몇 번 반복한다.			－ 여러 구체적인 도움이 필요한 상황 듣기 － 상황에 맞는 역할극 꾸며보고 발표하기 － 역할극 후 느낀 점 나누기
정리	○ 활동 명: 마무리 활동 ○ 활동 목표 　1) 오늘 배운 내용에 대해서 복습하고, 지금까지 배운 내용을 간단히 복습해 본다. ○ 활동 내용 　1) 오늘 배운 내용에 대해 복습한다. 　2) 지금까지 배운 내용에 대한 복습한다.			

도움 청하기

혼자 공부하다 어떤 경우에 도움을 청해야 할지 이야기 해 봅시다.

▶ 혼자 공부하기 어려웠던 상황을 생각해 봅시다.

• 혼자 공부하다 언제 도움을 청해야 할까요?

• 도움을 청했을 때와 청하지 않았을 때 어떤 차이점이 있을까요?

혼자 공부하기 어려웠을 때 도움을 요청하는 상황을 재연해 봅시다.

▶ 혼자 공부하기 어려웠지만 도움을 요청했던 상황을 재연해 봅시다.

• 친구들이 경험했던 상황에서 재연할 상황을 골라봅시다.

• 누가 어려움을 겪는 친구를 연기할지, 누가 돕는 사람을 연기할지, 누가 그 상황을 관찰할지 정합니다.

• 재연을 해 보고 각자 역할을 맡은 사람들은 어떤 생각이 들었고 어떤 감정이 들었는지 이야기 해 봅시다.

• 다른 상황으로 다시 재연해 봅시다.

교사용

💬 1회기 **나의 학습공간은?**

😊 내가 학습하는 공간을 그려봅시다.

😊 위 공간에서 학습에 방해가 되는 요소와 이를 해결하기 위한 방안을 찾아봅시다.

학습에 방해가 되는 요소	해결 방안
• 휴대폰	• 학습과 관련없는 물건 치우기
• 시계	• 필기구 가까이에 두기
• 카메라	• 공책 필기하기 좋은 위치에 두기

해결 방안을 적용하여 내가 학습하는 공간을 재구성하여 그려봅시다.

▶ 무엇이 달라졌을까요? 학습공간이 이렇게 바뀐다면 무엇이 달라질까요?

교사용

2회기 낭비되는 시간 알아보기

다음의 시간기록부에 자신의 활동을 기록하고 평가해봅시다.

+: 나에게 플러스가 되는(도움이 되는) 활동　　−: 나에게 마이너스가 되는(도움이 되지 않는) 활동

+/−: 나에게 플러스, 마이너스가 함께 되거나 어디에도 속하지 않는 활동

시간	활동	+	−	+/−	대체 활동
08:00	누워서 일어나기 싫고 가만히 있음		✓		일어나서 5분 이상 누워있지 않기, 미션있는 알람으로 바꾸기
09:00					
09:00					
10:00	수업시간 휴대폰 확인		✓		수업시간 전에 휴대폰 제출하기
10:00					
11:00					
11:00					
12:00	친구와 휴대폰으로 채팅		✓		음악 듣기 혹은 산책하기
12:00	책 읽기	✓			
13:00					
13:00					
14:00	교실에 낙서하기		✓		수업시간에 집중하기, 쉬는 시간에 낙서하는 칸을 줄여 만들기
14:00					
15:00	모바일 게임		✓		수업시간 전에 휴대폰 제출하기
15:00					
16:00	TV 시청		✓		수업 복습하기
16:00					
17:00					
17:00	인터넷 게임		✓		숙제 하기
18:00					
18:00					
19:00	음악듣기		✓		운동하기
19:00					
20:00	휴대폰으로 동영상보기		✓		다음 날 수업 예습하기
20:00					
21:00					
21:00	친구와 통화			✓	다음날 준비 및 자리순으로 정리하기
22:00					

3회기 낭비되는 시간 알아보기

 혼자 공부하다 어려움을 겪었던 경험을 나눠봅시다.

▶ 혼자 공부하기 어려웠던 상황을 생각해 봅시다.

• 언제, 어디서였나요?
− 어제 저녁 집에서 공부하는 도중

• 어떤 공부를 하고 있었나요?
− 수학. 분수의 덧셈과 뺄셈

• 어떤 이유로 혼자 공부하기 어려웠나요?
− 선생님이 푸는 방법을 설명해 주셨는데 잘 이해가 안되서 집에 와서 다시 문제를 풀어보려 했는데 아무리 해도 문제를 풀기가 어려웠다.

• 그때 어떤 생각이 들었나요?
− 내가 머리가 나빠서 수학을 못하는 거라는 생각이 듦.

• 그때 어떤 감정이 들었나요?
− 짜증나고 화남. 공부하기 싫어짐.

• 어떤 방식으로 해결했나요?
− 다음날 선생님께 가서 질문했음. 선생님이 해 주시는 설명을 다시 들어보니 이해가 잘 됐음.

• 혼자 공부하다 어려움이 있을 때 도움을 요청하는 것이 왜 중요할까요?
− 더 정확하게 이해할 수 있다.
− 잘못 알고 있던 내용을 고칠 수 있다.
− 도움을 받으며 내 실력을 향상시킬 수 있다.

4회기   도움 청하기

 혼자 공부하다 어떤 경우에 도움을 청해야 할지 이야기 해 봅시다.

▶ 혼자 공부하기 어려웠던 상황을 생각해 봅시다.

• 혼자 공부하다 언제 도움을 청해야 할까요?
– 혼자 노력을 해 봤지만 이해가 되지 않을 때

• 도움을 청했을 때와 청하지 않았을 때 어떤 차이점이 있을까요?
– 청하지 않을 경우 부정적인 기분이 들고 모르는 내용을 계속 모르게 된다.
– 도움을 청하면 모르는 내용을 알게 되고 기분이 좋아진다.

 혼자 공부하기 어려웠을 때 도움을 요청하는 상황을 재연해 봅시다.

▶ 혼자 공부하기 어려웠지만 도움을 요청했던 상황을 재연해 봅시다.

• 친구들이 경험했던 상황에서 재연할 상황을 골라봅시다.
– 혼자 수학문제를 풀다 이해가 안 되어 친구에게 물어보는 상황

• 누가 어려움을 겪는 친구를 연기할지, 누가 돕는 사람을 연기할지, 누가 그 상황을 관찰할지 정합니다.
– 도움을 청하는 역할, 도움을 주는 역할, 두 사람의 도움을 주고 받는 것을 관찰하는 역할

• 재연을 해 보고 각자 역할을 맡은 사람들은 어떤 생각이 들었고 어떤 감정이 들었는지 이야기 해 봅시다.
– 도움을 청하는 역할: 문제가 안풀릴땐 짜증나고 답답. 도움을 청해야 되는지, 청해도 되는지 잘 모르겠고 물어볼까 말까 고민 많이 함. 물어보고 나니 잘 알게 되어 좋고 기분도 좋아졌음. 친구와도 사이가 더 좋아진 것 같음.
– 도움을 주는 역할: 친구에게 설명해주면서 내용이 정리가 되고 내용을 더 잘 이해할 수 있게 됨. 친구를 도울 수 있어 뿌듯하고 친구와 더 사이가 가깝게 된 것 같음.

• 다른 상황으로 다시 재연해 봅시다.

개념도 학습전략

1. 프로그램 이름

개념도 학습전략 프로그램: 알고 있는 내용 연결하기

2. 프로그램 필요성

유의미한 학습은 교육현장에서 학습한 지식과 기술을 현실상황적 문제해결(Authentic Problem—Solving)을 위한 지식과 기술로 전환시킬 수 있는 중요한 교육목표 중 하나이다. Ausubel이 제시한 유의미 학습은 새로 학습할 내용이 학습자의 인지구조 속에 존재하고 있는 기존의 개념과 어떤 연관을 지음으로써 학습에 의해 어떤 의미를 갖게 되는 것이다(Ausubel, 1968). 유의미한 학습과정은 학습자가 새로운 개념을 더 일반적인 개념이나 학습자의 인지구조의 기반이 되는 이전 학습 개념과 연결시키는 것을 필요로 한다(Jonassen et al., 1997).

개념도는 학습하고자 하는 특정 주제와 관련된 개념틀을 표현하는 한 방법으로 표현하는 개념들과 그들의 관계를 도식화하는 기술이다(Beyerbach, 1986; Novak & Gowin, 1984). 즉, 개념도는 개별 학습자가 그들의 기억 속에 가지고 있는 인지적 구조를 외부적으로 표현하기 위해 개념과 그들의 관계를 공간적으로 제시하는 것이라고 정의될 수 있다(Jonassen, Beissner, & Yacci, 1993).

일상에서 과제는 분리된 일련의 지식과 기술로 제시되기보다는 상황과 밀접히 통합된 상황적 문제로서 직면하게 된다. 따라서 상황적 문제는 학교에서 학습한 지식과 기술을 일상의 작업현장에서 적용할 수 있도록 제시하는 가장 현실적인 방법 중의 하나가 된다. 학습자는 그들에게 주어진 상황적 문제를 더 명확하게 이해하면 할수록 그들이 직면한 문제를 더 구체적으로 외현화시켜 표현할 수 있게 된다. 또한, 학습자가 문제를 더 정교하게 제시하면 할수록 문제를 더 잘 해결할 수 있게 된다.

Ploetzner 등(1999)의 연구에서는 학습자가 문제를 제시할 수 있는 방법을 더 다양하게 가지고 있을 때, 그들의 문제해결 능력을 새로운 상황에 더 잘 전이시킬 수 있음을 제시했다. 문제의 이해내용을 시각적인 형태로 제시하는 도구 중의 하나로서 '개념도'를 활용할 수 있다. 개념도는 개별 개념들 사이의 관계를 표현하기 위해 연결어를 사용함으로써 명제를 만들어 내며 (Jonassen et al., 1997), 학습내용과 관련된 개념적 이해를 도식화하여 보여준다(안부금, 2003; 이효숙, 2004). 개념도 작성 시 주어진 개념이 다른 개념들 사이에서 더 많은 연관성이 있는 경우, 그 개념은 더 정교화시켜 표현해야 하며, 주어진 개념에 대해 가능한 많은 개념을 다각적으로 연결함으로써 다수의 명제가 생성될 수 있다(Jonassen et al., 1997). 명제에 의해 수반된 개념은 개념들 사이에서의 논리적인 연결을 제시해 주며, 그들은 궁극적으로 하나의 독립된 인지구조를 생성하게 된다(Novak & Gowin, 1984). 또한, 개념도는 문제를 해결하기 위해 요구되는 필요한 개념틀을 조직화시켜 줄 수 있다.

집단 학습상황에서 개념도 활용 시, 학습자들이 지식구조를 시각적으로 서로 쉽게 확인할 수 있었기 때문에 학습해야 할 개념 간의 관련성을 파악하는 데 긍정적인 도움이 되었으며 보다 정교한 지식구조를 갖고 있는 다른 학습자의 개념도를 참조함으로써 자신의 지식구조를 더욱 정교화시키고 협력학습과정을 촉진시킬 수 있었다(Boxtel, 2002). 또한, 학습자가 협동적으로 개념도를 작성했을 때 개별적으로 개념도를 작성했을 때보다 더 월등한 학습성취를 보였다(Okebukola & Jegede, 1989). 개념도 작성은 구체적인 학습상황에서 개념적 틀을 구성하거나 재구성하게 해주고, 학습자가 의식적으로 사전지식과 통합하게 함으로써 새로운 지식을 획득하도록 했으며, 학습과정을 성찰하는 데도 도움을 줌으로써 구성주의적인 접근을 촉진하였다 (Roth & Roychoudhury, 1993).

학습자의 이해 능력이 증가하고 새로운 지식이 습득됨에 따라 그 학습자의 인지 속에 저장되어 있는 개념들의 구조도 변하며 그 과정에서 학습이 이루어진다. 개념도는 학습자로 하여금 이미 알고 있는 것과 새로운 정보를 유의미하게 연결 짓게 해줌으로써 유의미 학습을 가능하게 한다(엄미리, 2008, p. 128). 개념도 작성 시 가장 포괄적인 개념이 개념도의 맨 위에 위치하고 아래로 내려갈수록 구체적인 분화된 개념이 제시되는데 이는 위계와 상호관계를 파악함으로써 학습내용의 구조를 쉽게 이해하고 유의미 학습을 가능하게 하여 학습의 효율성을 높이는데 필요하다(Novak & Gowin, 1984).

1) 프로그램 목표

개념도는 복잡한 개념 간의 관계를 시각적으로 표현함으로써 학습자들의 의미 있고 명료한 개념학습을 도울 수 있다(Novak, 1990; Esiobu & Soyibo, 1995; Markow & lønning, 1998). 본 프로그램은 개념도 작성을 통해 새로운 지식 습득 시 효과적인 개념 형성을 목적으로 한다.

2) 기대효과

개념도는 개인이 가지고 있는 지식과 이해를 시각적인 형식을 통해 드러내기 때문에 그 영역의 지식을 총체적으로 들여다보게 하거나 이해하지 못했거나 오류를 범하고 있는 것을 파악하게 한다. 그리고 이후의 교수-학습방향을 설정하는 데 도움을 제공할 뿐만 아니라 학습자로 하여금 스스로 지식을 구성하는 주체자로서 인식하게 해준다(송연숙, 2006).

개념도는 학습자가 이해하고 있는 지식을 그래픽 형식으로 나타내기 때문에 자신이 잘못 이해하고 있는 개념을 평가할 수 있게 해주며 특정 학습과제에 포함된 핵심 개념들과 이들 개념들 간의 의미 있는 관계파악을 도와준다. 또한 학생이 가지고 있는 지식의 구조를 드러내어 주고, 학생이 가지고 있는 사전지식이 어떠하고, 전문적인 지식의 범위가 어느 정도 통합적으로 구성되어 있는가를 보여준다(이효숙, 2004).

(1) 유의미 학습의 발전을 위한 개념도의 활용

개념도는 학생들의 생각을 자유롭게 흘러가게 하여 내용 영역에서 학생 자신들이 얼마만큼 이해했는지를 위계적이며 계층적인 구조와 차트 형태로 제시하는 과정이다(Beyerbach, 1986). 교수학습전략으로서 개념도 도구는 유의미 학습을 촉진하고 학습결과의 평가에 대단히 효과적이라는 것을 증명하였다. 이러한 개념도 전략은 가르치는 입장의 전문가나 또는 집단의 지식을 이끌어내고 조직하며 습득하는데 강력한 자료임을 증명하였다(Novak, 2003).

개념도는 학습자에게 인지구조에 있는 지식과 새로운 지식을 통합하기 위해서 능동적으로 의미의 해석과 재해석을 찾게 만든다. 의미의 해석과 재해석을 통해서 학생의 지식구조를 수정하고 유의미 학습에 효과적인 도구로 사용된다(Novak, 2002). 개념도에 관련된 다양한 연구는 개념도가 유의미 학습을 발달시킨다고 하였다(Hibert, 2008; Novak & Gowin, 1984; Novak, 1991, 2002, 2003; Ozqun, 2004).

(2) 창의적 사고와 문제해결력을 위한 개념도의 활용

개념도를 생각할 때 보통 차트같은 그림이라고 생각한다. 개념, 다양한 연관성, 일반적 개념 등은 상위에, 특정 종속 개념은 하위에서 단어와 선으로 개념들 사이의 관계와 흐름을 보여주는 것이므로 고학년 학생들에게만 적합하다고 생각하겠지만 유아기에도 적합하다는 연구결과도 있다(Gallenstein, 2005).

미국에서 중학교 1학년을 위한 학업성취도, 창의적 사고, 교차영역 개념도 사이의 관계를 조사한 연구에서, 중학교 1학년은 학습과 경험 사이의 연결을 만들거나 지식을 통합하는 능력이 부족하다고 하였다. 창의적 사고, 학업성취도와 개념도는 유사한 용량과 영역을 사용하는 것으로 나타났다. 또한 학습과 경험 사이를 통합하고 연결하는 교차영역 정보를 기르는 교차영역 개념도가 창의적 사고와 학습을 이해하는 데에도 효율적인 정신적 도구가 될 수 있다고 하였다(Yeh, 2004).

개념도의 구조적 지식을 평가할 수 있는 평가 척도가 개발되고 있고 확장된 개념도의 구조 안에서 어떻게 개념틀을 연결할지에 대한 연구가 수행되기도 하였는데, 이러한 발달된 평가 방법을 통한 구조적 지식의 이해를 향상시키기 위해 필요한 것은 문제해결력이다(Passmore, 2004).

개념도는 아이디어를 개발하거나 정보 제시를 용이하게 하기 위한 방법이며 학생의 생각을 명확하게 하고 구조화하고 우선순위를 정하는 과정이다. 개념도는 정보를 시각적으로 전시해서 창의력을 유발시킨다. 논리적으로 생각하는 능력은 학생들이 효과적으로 생각을 제시하게 하고 그림에서 나타나는 아이디어를 이리저리 움직이며 맞춰보고 어떻게 정보가 효과적으로 집단화되고 조직되는지 보여줄 수 있다.

이와 같이 학생들에게 흥미를 유발해 줄 수 있고, 문제해결력, 사고력을 향상시켜 줄 수 있으며 더불어 긍정적인 학습효과까지 기대할 수 있는 개념도는 다양한 측면에서 활용도가 높은 교수전략으로, 학습 내용을 통해 배운 개념틀을 위계적으로 구조화시킬 수 있다(엄미리, 2008).

4. 이론적 배경 I/II

1) 개념도 학습전략의 정의

Novak와 동료들(1983)은 학습할 수 있는 인지구조를 가진 학습자의 능동적인 인지작용과 사회적, 맥락적인 상호작용에 의해 학습이 이루어진다는 가정 아래 개념도(concept mapping) 학습전략을 개발하였다. 이때 개념도(concept mapping)란, 어떠한 학습 내용과 관련된 핵심 개념들을 포함한 노드(nodes)와 이들 간의 관계를 나타내는 선(lines), 그 관계들을 서술하는 연결어로 구성된 지식 표상 도구(Novak & Gowin, 1984)로써 새로운 지식을 구조적인 네트워크의 형태(개념도)로 학습자들에게 제시하여 학생들로 하여금 새로 배운 지식을 스스로 구조화하게 하는 수단이 된다(Novak et al. 1983; 김춘순, 2002). 따라서 개념도 학습전략이란 학생들이 그들 자신의 개념도를 구상하게 하려는 것으로 학생 스스로 자신의 머리에 존재하는 인지구조에 따라 개념들을 연결하고 이러한 과정을 통해 학습하게 된다. 개념도 학습전략을 통해 학생은 자신이 가지고 있는 지식과 이해를 총체적으로 들여다 볼 수 있고, 더 나아가 이해하지 못했거나 오류를 범하고 있는 것을 파악할 수 있기 때문에 이후 교수−학습방향을 설정하는데 도움을 제공할 수 있다(송연숙, 2006).

2) 개념도 전략 프로그램 예시

배기연(2007)은 초등학생에게 식물 분류에 대한 탐구 능력을 길러주기 위해 개념도를 강조한 학습전략을 도입하여 수업을 실시하고, 이것이 과학탐구능력과 자기효능감 및 학업성취도에 미치는 영향을 알아보았다. 초등학교 5학년 2개 반을 대상으로 실험·비교 집단 간 사전·사후 검사를 실시하였고, 총 2주 동안 5차시에 걸쳐 꽃 단원의 식물 분류 학습에 대한 프로그램을 진행하였다. 프로그램 실시 결과 개념도를 강조한 학습전략은 과학탐구능력 향상에 유의미한 영향을 주었으며, 특히 과학탐구능력의 하위 영역 중 하나인 기초탐구능력의 신장에 긍정적인 영향을 주었고 학업성취도에도 긍정적인 영향을 미치는 것으로 나타났다. 다만 자기효능감에서는 유의미한 차이가 나지 않았는데, 이는 2주간의 짧은 프로그램이었다는 프로그램 설계상의 한계로 인한 것으로 예측해 볼 수 있다.

그림 1.1 개념도를 적용한 학습 훈련 과정

참조: 배기연(2007). 개념도를 강조한 식물분류 학습전략이 초등학생의 과학탐구능력과 학업성취도에 미치는 영향.

개념도 학습전략 프로그램에 대하여 여러 연구의 효과를 종합적이고 체계적으로 분석하기 위하여 김동일 등(2018)은 개념도 학습전략 연구의 효과 크기를 산출하였다.

① 기간: 4주간 주 1회(1시간)
② 대상자: 초등학교 고학년
③ 진행자: 교사
④ 진행방법: 집단 및 개인 대상 진행
⑤ 실시상의 유의점

개념도 학습방법을 통해 학습한 개념을 표현하게 하여, 학생이 가진 지식의 구조를 확인하는 것이 중요하다. 이때 학생이 가진 지식의 구조를 편안하고 자유롭게 표현할 수 있도록 수용적인 분위기를 조성해주는 것이 필요하다.

개념도 작성에 대한 조별 및 개인별 피드백을 할 때, 작성된 개념도의 장점과 함께 보완할 점을 대안과 함께 제시하면서 들어주도록 교사의 조력이 필요하다.

이전 회기에 진행된 내용을 간단히 복습한 이후, 해당 회기를 진행하는 것이 도움이 될 것이다.

개념도를 사용하기 전에 학생들에게 개념도 사용법을 충분히 알게 한다. 그렇지 않으면 개념의 위계 형성보다는 개념도를 만드는 것이 더 핵심적인 것이 되기 때문에 본래의 의도를 잘 달성하지 못할 수도 있다.

개념도를 작성할 때 학생들에게 토론할 수 있는 시간을 많이 주고, 이의 상호작용을 점검표를 이용하여 관찰하고, 완성된 개념도의 평가와 함께 평가에 반영할 수 있다. 이때 사용될 수 있는 준거는 모든 학생의 의견이 잘 수렴이 되어 개념도가 작성되는지, 혹은 한 학생의 의견만이 적용이 되는지, 상호작용의 정도는 어떠한지 등이 있다.

아주 개방적인 개념도(직접 개념을 찾아 적게 하는 것)를 작성하게 한 경우에는 학생들의 개념 확인 정도를 평가에 반영할 수 있다. 즉, 필수적인 개념 중 몇 % 정도가 제시되었는지, 이의 사용이 적절한지 등을 평가할 수 있다.

⑥ 프로그램 내용

회기	회기별 제목	세부 활동 내용
1회기	개념도 작성을 위한 준비 학습	− 개념도 소개 − 개념도 요소(개념어, 연결어) 배우기 − 개념도 작성법 배우기
2회기	여러 가지 개념도 사례 학습	− 여러 가지 개념도와 작성 사례에 대해 배우기 　1) 바퀴살 유형, 사슬 유형, 그물 유형 　2) 위계적인, 범주적인, 인과적인 개념도
3회기	개념도 조별 작성 및 나눔 학습	− 글을 읽고, 조별로 개념도 작성해 보기 − 조별로 개념도 발표하기 − 조별로 개념도 작성에 대하여 피드백하기
4회기	개념도 개인별 작성 및 나눔 학습	− 글을 읽고, 개인별로 개념도 작성해 보기 − 개인별로 개념도 발표하기 − 개인별로 개념도 작성에 대하여 피드백하기

회기	1회기	주제	개념도 작성을 위한 준비 활동
목표	개념도의 개념과 개념도 작성법에 대해 배우고 개념도를 작성할 수 있다.		
준비물	노트, 필기구	시간	40분
과정	내용		유의점
도입	○ 활동 명: 개념도란? ○ 활동 목표 　1) 개념도가 무엇인지 알고 개념도에 포함되는 요소들에 대해 　　학습한다. ○ 활동 내용 　1) 개념어를 선정하고 연결어 적어보기		* [워크북] 개념어 선정, 연결어 적어보기
전개	○ 활동 명: 개념카드 배열하기 ○ 활동 목표 　1) 모둠별로 개념카드를 배열하여 개념도를 직접 만들어본다. ○ 활동 내용 　1) 개념카드를 활용한 개념도 작성하기(White and Gunstone, 1992) 　① 개념카드가 들어있는 개념상자를 하나 선택하도록 한다. 　② 개념상자와 전지 한 장씩 나누어준다. 　③ 한 번에 한 단계씩 학생들에게 아래와 같이 이야기한다. 　　• 개념카드들을 정렬하고, 학생들이 모르는 개념카드나 관 　　　련이 적은 개념카드는 한쪽에 두도록 한다. 　　• 종이 위에 생각나는 개념카드를 올려놓고, 학생이 이해 　　　하는 대로 정렬하도록 한다. 학생이 관련 있다고 생각하 　　　는 카드는 가까이에 두는데 약간의 간격을 떼어둔다. 　　• 학생이 정렬한 것이 만족스럽다면, 개념카드들을 종이 　　　위에 풀로 붙여 고정한다. 　　• 학생이 관련이 있다고 생각한 개념카드끼리 화살표가 있 　　　는 선(선분)으로 잇는다. 　　• 개념들 간 관련성을 나타내는 간단한 말을 그어진 선분 　　　위에 쓴다. 　　• 다른 한쪽에 둔 개념카드로 돌아가서 이제까지 그런 개 　　　념지도 위의 어느 곳에 두어야 하는지를 살펴보자. 어느 　　　곳에 둘 것인가 확신이 서면 첨가된 개념카드와 이와 연 　　　결되는 개념카드 사이의 선을 긋고 이들 간의 관련성을 　　　나타내는 간단한 말을 써넣는다.		* 학생이 그린 개념도 를 보고 잘못된 점 을 드러내어 비판하 지 말아야 한다. 개 념도는 그 나름대로 의 의미를 가지고 있 으며 각 학생마다 다양하게 그려질 수 있다.

정리	○ 활동 명: 마무리 활동
	○ 활동 목표
	  1) 오늘 배운 내용에 대해서 복습하고, 다음에 배울 내용에 대
	    해 안내한다.
	○ 활동 내용
	  1) 오늘 배운 내용에 대해 복습한다.
	  2) 다음에 배울 내용에 대해 안내한다.

다음 순서에 따라 개념도를 그려보세요.

01 다음 문장에서 개념을 찾아서 동그라미를 해보세요.

장미는 꽃이다.

02 동그라미로 표시한 개념들을 상위(넓은)개념과 하위(좁은)개념으로 구분하여 상위개념을 위 동그라미에,
하위개념을 아래 동그라미에 넣어 보세요.

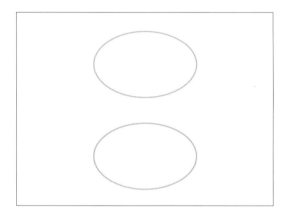

03 개념들을 선으로 잇고 선 위에 개념 간 관계를 나타내는 말을 넣어 보세요.

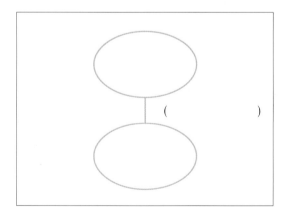

04 다음 문장에서 개념을 찾아서 동그라미를 해보세요.

꽃 중에는 장미도 있고 해바라기도 있다.

05 동그라미로 표시한 개념들을 상위(넓은)개념과 하위(좁은)개념으로 구분하여 상위개념을 위 동그라미에,
   하위개념을 아래 동그라미에 넣어 보세요.

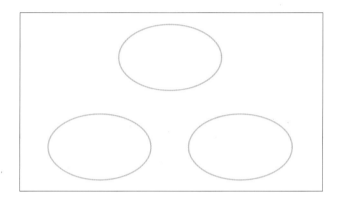

06 개념들을 선으로 잇고 선 위에 개념 간 관계를 나타내는 말을 넣어 보세요.

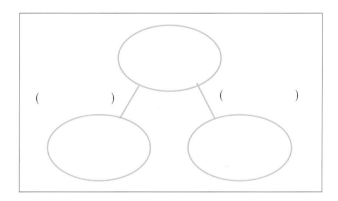

개념카드를 활용하여 개념도 작성하기

다음 순서에 따라 개념카드를 이용하여 개념도를 보세요.

01 개념카드가 들어있는 개념상자를 하나 선택하도록 한다.

02 개념상자와 전지 한 장씩 나누어준다.

03 한 번에 한 단계씩 학생들에게 아래와 같이 이야기한다.

　1) 개념카드들을 정렬하고, 학생들이 모르는 개념카드나 관련이 적은 개념카드는 한쪽에 두도록
　　한다.

　2) 종이 위에 생각나는 개념카드를 올려놓고, 학생이 이해하는 대로 정렬하도록 한다. 학생
　　이 관련 있다고 생각하는 카드는 가까이에 두는데 약간의 간격을 떼어둔다.

　3) 학생이 정렬한 것이 만족스럽다면, 개념카드들을 종이 위에 풀로 붙여 고정한다.

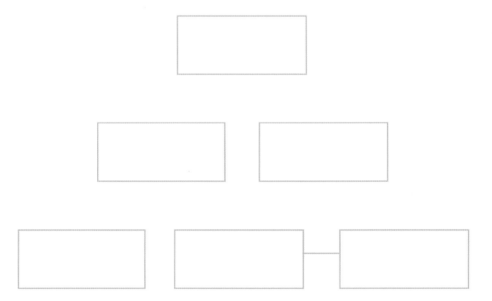

　4) 학생이 관련이 있다고 생각한 개념카드끼리 화살표가 있는 선(선분)으로 잇는다.

　5) 개념들 간 관련성을 나타내는 간단한 말을 그어진 선분 위에 쓴다.

6) 다른 한쪽에 둔 개념카드로 돌아가서 이제까지 그린 개념지도 위의 어느 곳에 두어야 하는지를
   살펴보자. 어느 곳에 둘 것인가 확신이 서면 첨가된 개념카드와 이와 연결되는 개념카드 사이
   의 선을 긋고 이들 간의 관련성을 나타내는 간단한 말을 써넣는다.

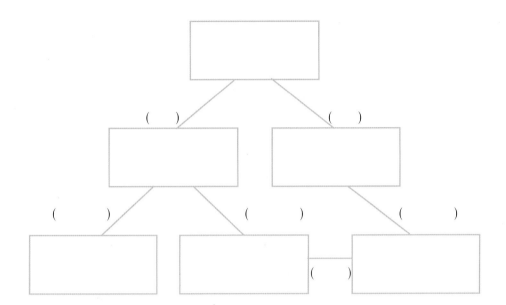

회기	2회기	주제	여러 가지 개념도
목표	여러 가지 개념도의 유형에 대해 배우고 적합한 유형을 선택하여 개념도를 그릴 수 있다.		
준비물	노트, 필기구	시간	40분
과정	내용		유의점
도입	○ 활동 명: 여러 가지 개념도 유형 ○ 활동 목표 　1) 개념도 유형 중 바퀴살 유형, 사슬 유형, 그물 유형의 작성 방법에 대해 배운다. 　2) 위계적인, 범주적인, 인과적인 개념도의 작성방법에 대해 배운다. ○ 활동 내용 　1) 개념도 유형 중 바퀴살 유형, 사슬 유형, 그물 유형의 예시를 보며 각 유형의 특징 확인하기 　2) 위계적인, 범주적인, 인과적인 개념도의 예시를 보며 각 유형의 특징 확인하기		
전개	○ 활동 명: 유형별 개념도 작성해 보기 ○ 활동 목표 　1) 각 유형의 개념도 작성방법을 익힌다. ○ 활동 내용 　1) 모둠별로 논의하여 앞서 배운 개념도 유형을 작성한다. 주제는 모둠별로 정하도록 한다. 　　① 바퀴살 유형, 사슬 유형, 그물 유형의 개념도 작성하기. 　　② 위계적인, 범주적인, 인과적인 개념도 작성하기.		* [워크북] 여러 가지 유형의 개념도 그리기 * 학생이 그린 개념도를 보고 잘못된 점을 드러내어 비판하지 말아야 한다. 개념도는 그 나름대로의 의미를 가지고 있으며 각 학생마다 다양하게 그려질 수 있다.
정리	○ 활동 명: 마무리 활동 ○ 활동 목표 　1) 오늘 배운 내용에 대해서 복습하고, 다음에 배울 내용에 대해 안내한다. ○ 활동 내용 　1) 오늘 배운 내용에 대해 복습한다. 　2) 다음에 배울 내용에 대해 안내한다.		

다음 개념에 대한 각 유형의 개념도를 작성해보세요.

바퀴살 유형

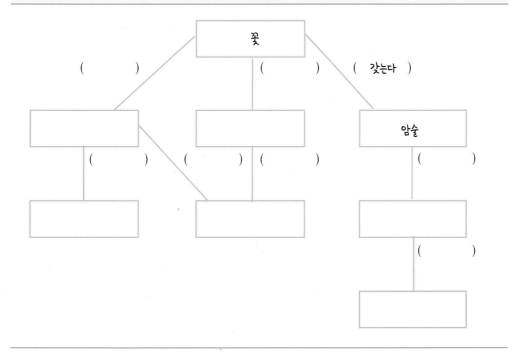

```
┌──────────┐   (        )   ┌──────────┐  생산한다  ┌──────────┐
│          │───────────────│    꽃    │──────────│    꿀    │
└──────────┘                └──────────┘           └──────────┘
           (        )                    (        )
      ┌──────────┐                 ┌──────────┐
      │          │                 │          │
      └──────────┘                 └──────────┘
        (        )                   (        )
    ┌──────────┐                 ┌──────────┐
    │          │                 │          │
    └──────────┘                 └──────────┘
```

그물 유형

```
                  ┌──────────┐
                  │    꽃    │
                  └──────────┘
     (        )      (        )    (  갖는다  )
  ┌──────────┐   ┌──────────┐   ┌──────────┐
  │          │   │          │   │   암술   │
  └──────────┘   └──────────┘   └──────────┘
    (      )  (      ) (      )    (        )
  ┌──────────┐   ┌──────────┐   ┌──────────┐
  │          │   │          │   │          │
  └──────────┘   └──────────┘   └──────────┘
                                   (        )
                                 ┌──────────┐
                                 │          │
                                 └──────────┘
```

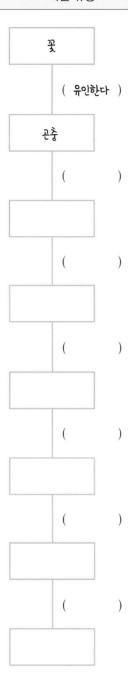

꽃

(유인한다)

곤충

(   )

(   )

(   )

(   )

(   )

(   )

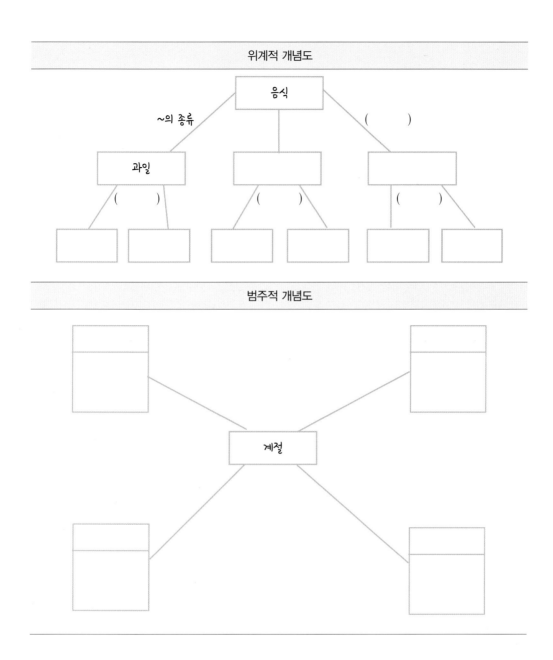

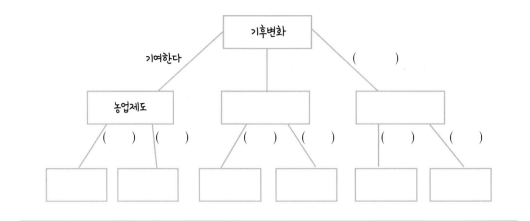

회기	3회기	주제	개념도 조별 작성 및 나눔 학습

목표	· 글을 읽고, 조별로 해당 글에 적절한 방식으로 개념도를 작성한다. · 조별로 만든 개념도에 대해서 설명한다. · 친구들이 만든 개념도를 보며 우리 조의 개념도와 비교해본다.		

준비물	워크북, 필기구	시간	60

과정	내용	유의점

도입	○ 활동 명: 누가누가 빨리 만드나?!
	○ 활동 목표
	  1) 지난 시간에 배웠던 내용(개념도 요소, 개념도 유형)에 대해 복습한다.
	  2) 재미있는 활동을 통해 학생들의 흥미를 유발한다.
	○ 활동 내용
	  1) 칠판에 여러 가지 단어를 붙여놓는다.
	  2) 간단한 게임을 해 이긴 조는 자신들이 원하는 단어를 획득한다.
	  3) 단어 3개 이상을 획득한 조는 획득한 단어들로 개념도를 만든다.
	  4) 완성된 개념도가 적절하다고 생각하면 손을 들어 점수를 준다(이 때, 활용한 단어의 수에 따라 가산점을 줄 수 있다).
		* 다양한 단어들을 칠판에 제시한다.

전개	○ 활동 명: 개념도 만들기(조별)
	○ 활동 목표
	  1) 글을 읽고 글에 적절한 개념도를 작성한다.
	  2) 우리 조가 만든 개념도에 대해 이해하고, 설명한다.
	  3) 다른 조의 개념도와 우리 조의 개념도를 비교하고 피드백 하면서, 같은 글로 서로 다른 개념도가 만들어 질 수 있음을 이해한다.
	○ 활동 내용
	  1) 워크북에 제시된 글을 읽고, 개념도에 포함될 단어들을 선택한다.
	  2) 토론을 통해 조별로 개념도에 포함될 단어들을 확정한다.
	  3) 조별로 개념도를 작성한다.
	  4) 완성된 개념도를 전체 앞에서 발표한다.
	    (개념도에 포함된 단어, 개념도 유형 등에 대해 설명)
	  5) 발표를 듣고 다른 조의 개념도에 대해 피드백한다.
	    (유사한 점, 다른 점, 잘한 점, 수정·보완할 점 등)
		* [워크북]
		초등학교 3학년 1학기 국어 교과서 2단원
		<문단의 짜임>
		
		* 적절한 난이도의 지문을 활용하여 진행할 수 있음.

정리	○ 활동 명: 마무리 활동
	○ 활동 목표
	  1) 오늘 배운 내용에 대해서 복습하고, 다음에 배울 내용에 대해 안내한다.
	○ 활동 내용
	  1) 오늘 배운 내용에 대해 복습한다.
	  2) 다음에 배울 내용에 대해 안내한다.	

3회기 누가누가 빨리 만드나?!

우리 조가 선택한 단어를 적어보고, 단어들을 활용하여 개념도를 그려 봅시다.

우리 조가 선택한 단어

개념도 그리기

점수

3회기 개념도 만들기(조별)

다음 글을 읽고 조별로 개념도를 그려봅시다.

만화나 영화에서 로봇을 본 적이 있나요? 로봇은 사람이 시키는 대로 움직이거나 사람이 할 일을 대신하여 움직이는 기계를 말합니다.

로봇은 하는 일에 따라 여러 가지로 나눌 수 있습니다. 도둑이 집에 들어오는지를 감시하는 로봇이 있습니다. 이 로봇은 도둑이 들어오면 먼저 도둑에게 경고를 합니다. 그리고 재빨리 주인에게 도둑이 들어왔음을 알리고 경찰에 신고합니다. 깊은 바다에 들어가서 필요한 자원을 캐는 로봇도 있습니다. 이 로봇은 바닷 속에서 자유롭게 움직이면서 필요한 자원을 찾습니다.

로봇은 크기가 다양합니다. 크기가 큰 로봇은 사람보다 몇 배나 키가 큽니다. 그런가 하면 아주 작은 로봇도 있습니다. 크기가 작은 로봇은 동전보다도 작습니다. 그래서 우리가 로봇을 알약처럼 삼키면 로봇은 우리 몸 속에서 병을 찾아 치료하기도 합니다.

로봇은 생김새도 다양합니다. 곤충을 닮은 로봇도 있고 사람을 닮은 로봇도 있습니다. 곤충을 닮은 로봇 중에는 하늘을 나는 로봇도 있습니다. 사람의 얼굴을 닮은 로봇은 사람처럼 표정을 지을 수 있습니다.

참조: 초등학교 3학년 1학기 국어 교과서 2단원 <문단의 짜임>.

개념도에 포함할 개념을 써 봅시다.

위에 쓴 단어들을 중심으로 개념도를 작성해 봅시다.

회기	4회기		주제	개념도 개인별 작성 및 나눔 학습
목표	· 글을 읽고 글에 알맞은 방식으로 개념도를 작성한다. · 자신이 만든 개념도를 활용하여 자신이 읽은 글에 대해 설명한다.			
준비물	워크북, 필기구		시간	60
과정	내용			유의점
도입	○ 활동 명: 어떤 글을 읽어볼까 ○ 활동 목표 1) 글에 대한 흥미를 유발하여 참여 동기를 높인다. 2) 개념도를 작성해볼 글을 선택한다. ○ 활동 내용 1) 학생들에게 글의 제목만을 보여준다. 2) 여러 가지 제목들 중 자신이 읽고 싶은 혹은, 개념도로 만들어 보고 싶은 글을 선택한다.			* 학생들의 능력에 적절한 4~5편의 글을 준비한다. * 학생들의 수준보다 너무 어렵거나, 너무 쉬운 글은 피한다.
전개	○ 활동 명: 개념도 만들기(개인별) ○ 활동 목표 1) 글을 읽고 글에 적절한 개념도를 작성한다. 2) 자신이 만든 개념도에 대해 이해하고, 설명한다. 3) 내가 만든 개념도를 통해 내가 읽은 글에 대해 설명한다. ○ 활동 내용 1) 자신이 선택한 글을 읽고, 개념도에 포함될 단어들을 선택한다. 2) 자신의 개념도를 작성한다. 3) 완성된 개념도를 전체 앞에서 발표한다. (개념도를 활용하여 글의 내용에 대해 설명) 4) 발표를 듣고 친구의 발표에 대해 피드백한다.			* [참고자료] 초등학교 3학년 1학기 국어 교과서 2단원 <문단의 짜임>, 초등학교 4학년 2학기 국어 교과서 4단원 <글 속의 생각을 찾아> * 적절한 난이도의 지문을 활용하여 진행할 수 있음.
정리	○ 활동 명: 마무리 활동 ○ 활동 목표 1) 지금까지 개념도에 대해서 배운 내용에 대해 복습한다. 2) 개념도를 활용하면서 나에게 도움이 된 부분에 대해서 이해 한다. ○ 활동 내용 1) '개념도 학습전략 프로그램'에 대해 개념도를 작성한다. 2) 개념도 전략이 나에게 도움이 된 부분 등 '개념도 학습전략 프로그램' 참여에 대한 소감을 발표한다.			

종이컵은 컵을 편리하게 사용하기 위하여 발명되었습니다. 종이컵은 유리컵과는 달리 쉽게 깨지지 않기 때문에 어린아이나 할아버지, 할머니께는 아주 편리한 물건입니다. 그리고 종이컵은 씻지 않아도 되기 때문에 간편하게 사용할 수 있습니다.

종이컵을 만들기 위해서는 여러 가지 재료가 필요합니다. 먼저, 종이의 원료가 되는 나무가 필요합니다. 그리고 물이 필요합니다. 종이컵 한 개를 만들려면 우리가 학교에서 마시는 우유 한 갑의 양만큼 물이 있어야 합니다. 종이컵을 많이 쓰면 쓸수록 나무와 물이 점점 많이 소모됩니다. 그러니까 종이컵을 쓰면 나무와 물도 그 만큼 많이 쓰게 되는 것입니다.

사용한 종이컵은 재활용할 수 있습니다. 종이컵을 재활하여 화장지나 종이봉투 등 다른 물건을 만들 수 있습니다. 종이컵 예순다섯 개로 화장지 한 개를 만들 수 있습니다. 그래서 종이컵을 재활용하면 숲을 살릴 수 있습니다. 종이컵의 재료가 되는 나무를 많이 베지 않아도 되기 때문입니다.

사용한 종이컵을 재활용하려면 종이컵을 바르게 버려야 합니다. 종이컵을 재활용하기 위해서는 사용한 종이컵을 수거함에 넣어야 합니다. 이때 종이컵 안에 껌, 이쑤시개와 같은 쓰레기를 넣으면 종이컵을 재활용할 수 없습니다. 그러므로 종이컵 안에 쓰레기를 넣지 않고 종이컵만 종이컵 수거함에 넣어 버려야 합니다.

참조: 초등학교 3학년 1학기 국어 교과서 2단원 <문단의 짜임>.

웃음의 하루 권장량은 아주 큰 소리로 1회에 1초 이상, 하루에 10회 이상이다. 웃음 권장량을 채우는 사람은 몇 명이나 될까? 어렸을 때는 하루에 평균 400번을 웃지만, 다 자란 뒤에는 하루에 평균 8번밖에 웃지 않는다고 한다. 이제는 삶의 뒷전으로 내몰았던 웃음을 되찾아야 한다.

웃음은 여러 가지 면에서 도움을 준다. 첫째, 웃음은 우리를 건강하게 해준다. 웃음은 혈압을 낮추고 혈액 순환에도 도움을 주어 면역 체계와 소화 기관을 안정시킨다. 또 산소 공급을 두 배로 증가시켜 몸이 일시에 시원해지는 기분을 느끼게 해 준다. 웃을 때 분비되는 호르몬은 육체적 피로와 통증을 잊게 해 주고, 여러 가지 스트레스를 이겨낼 수 있게 해준다.

둘째, 웃음은 아름다운 얼굴을 만드는 최고의 화장품이기도 하다. 웃는 얼굴처럼 아름다운 모습은 없다. 아무리 조각 같은 미모를 가지고 있고 멋진 화장술로 치장을 한다고 해도, 웃을 줄 모르는 사람은 표정이 없는 인형보다 나을 것이 없다. 마음을 화장하는 웃음은 그 어떤 화장품보다 눈부신 매력과 화사한 생기를 얼굴에 불어넣는다.

셋째, 사람과 사람의 마음을 이어주는 데에도 웃음이 큰 역할을 한다. 웃음은 처음 만난 사람에게 마음의 문을 열게 하고, 인간관계의 윤활유가 된다. 실제로 사람들은 혼자 있을 때보다 다른 사람들과 함께 있을 때에 더 많이 웃는다.

넷째, 웃음은 회사나 학교생활에도 긍정적인 역할을 한다. 연구결과에 따르면 회사 내에서 웃음은 사기를 높여 주고, 화합을 하게 하고, 창의력을 유발하여 생산성을 높인다고 한다. 또, 학습 과정에서 흥미를 가지게 하고, 기억력을 높이고, 긴장을 늦추어 주며, 학습 능률을 올린다고 한다.

참조: 초등학교 4학년 2학기 국어 교과서 4단원 <글 속의 생각을 찾아>.

4회기 개념도 만들기(개인별)

내가 선택한 글을 읽고 개념도에 포함할 개념을 써 봅시다.

위에 쓴 단어들을 중심으로 개념도를 작성해 봅시다.

4회기 마무리 활동

개념도 학습전략 프로그램에서 배운 내용들을 바탕으로 개념도를 작성해 봅시다.

개념도 학습전략
프로그램

교사용

1회기 개념어를 선정하고 연결어 적어보기

다음 순서에 따라 개념도를 그려보세요.

01 다음 문장에서 개념을 찾아서 동그라미를 해보세요.

장미는 꽃이다.

02 동그라미로 표시한 개념들을 상위(넓은)개념과 하위(좁은)개념으로 구분하여 상위개념을 위 동그라미에,
하위개념을 아래 동그라미에 넣어 보세요.

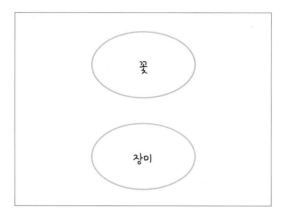

03 개념들을 선으로 잇고 선 위에 개념 간 관계를 나타내는 말을 넣어 보세요.

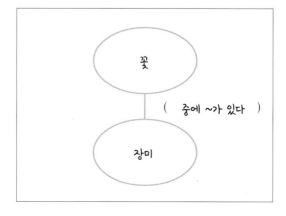

04 다음 문장에서 개념을 찾아서 동그라미를 해보세요.

꽃 중에는 장미도 있고 해바라기도 있다.

05 동그라미로 표시한 개념들을 상위(넓은)개념과 하위(좁은)개념으로 구분하여 상위개념을 위 동그라미에,
하위개념을 아래 동그라미에 넣어 보세요.

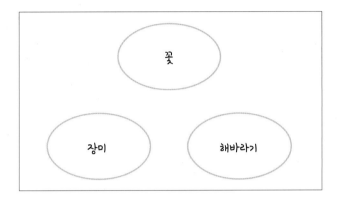

06 개념들을 선으로 잇고 선 위에 개념 간 관계를 나타내는 말을 넣어 보세요.

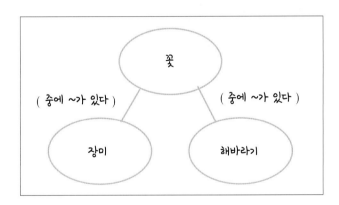

1회기 개념카드를 활용하여 개념도 작성하기[1]

다음 순서에 따라 개념카드를 이용하여 개념도를 보세요.

01 개념카드가 들어있는 개념상자를 하나 선택하도록 한다.

02 개념상자와 전지 한 장씩 나누어준다.

03 한 번에 한 단계씩 학생들에게 아래와 같이 이야기한다.

   1) 개념카드들을 정렬하고, 학생들이 모르는 개념카드나 관련이 적은 개념카드는 한쪽에 두도록
      한다.

   2) 종이 위에 생각나는 개념카드를 올려놓고, 학생이 이해하는 대로 정렬하도록 한다. 학생이 관
      련 있다고 생각하는 카드는 가까이에 두는데 약간의 간격을 떼어둔다.

   3) 학생이 정렬한 것이 만족스럽다면, 개념카드들을 종이 위에 풀로 붙여 고정한다.

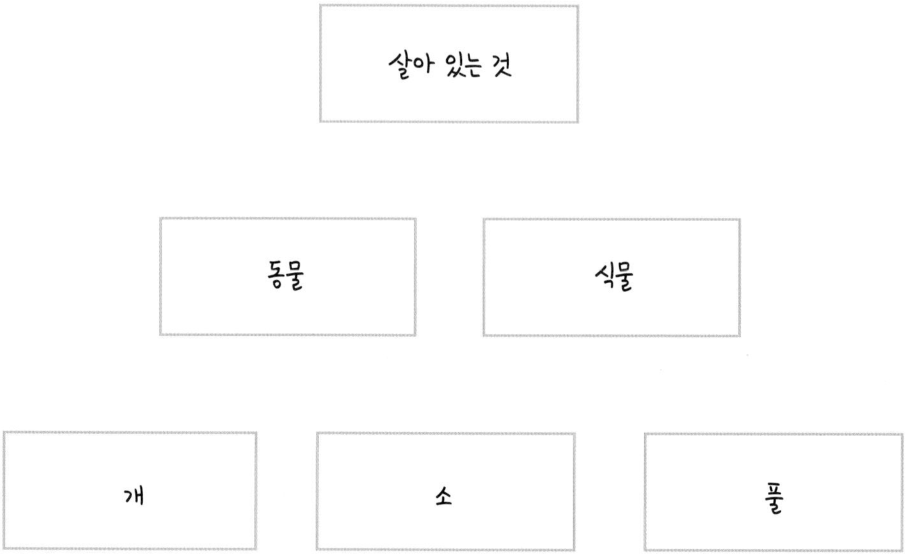

그림 1.2 용어의 배열 단계에서 개념들[2]

---

1) White and Gunstone, 1992, pp. 17–18.
2) White & Gunston, 1992. p. 17.

4) 학생이 관련이 있다고 생각한 개념카드끼리 화살표가 있는 선(선분)으로 잇는다.

5) 개념들 간 관련성을 나타내는 간단한 말을 그어진 선분 위에 쓴다.

6) 다른 한쪽에 둔 개념카드로 돌아가서 이제까지 그런 개념지도 위의 어느 곳에 두어야하는지를 살펴보자. 어느 곳에 둘 것인가 확신이 서면 첨가된 개념카드와 이와 연결되는 개념카드 사이의 선을 긋고 이들 간의 관련성을 나타내는 간단한 말을 써넣는다.

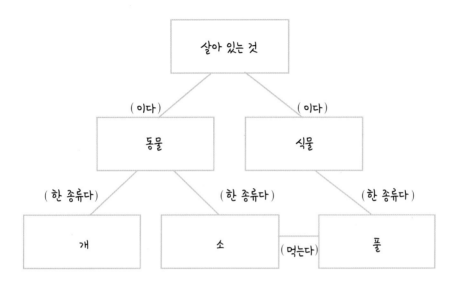

1) 개념도의 평가방법[3]

다음과 같은 네 가지의 기준(criteria)으로 이루어진다.

(1) 명제(proposition)

두 개념들 사이의 관계가 올바르고 의미 있게 연결되었을 때 2점을 가산한다.
 − 두 개념 간의 의미 관계가 연결선과 연결어로 적절히 표현되어 있는가?
 − 의미 있고 유용한 명제마다 1점

(2) 위계(hierarchy)

보다 일반적인 개념을 상위에, 그에 종속되는 개념을 하위에 배치하여 타당성 있게 위계가 형성되었을 때 5점을 가산한다.
 − 개념도가 위계를 보여주고 있는가? 하위개념이 상위개념보다 더 특수하고 덜 일반적인가?
 − 각 유효한 개념수준마다 5점

3) Novak & Gowin, 1984, p. 36.

(3) 교차연결(cross links)

다른 가지에 있는 두 개념들 사이에 유효한 횡적 연결이 이루어졌을 때 10점을 가산한다.

- 한 개념위계 부분과 다른 부분 사이의 의미 있는 연결을 보여주는가? 그 관계가 중요하고 적절한가?
- 교차연결이 유효하고 중요하면 10점, 유효하지만 관련된 개념이나 명제 간의 통합을 보여주지는 못하면 2점
- 교차연결은 창의성을 보여줄 수 있으므로 특별히 주의, 독특하거나 창의적인 교차연결은 특별 인정이나 추가 점수 부여

(4) 예(examples)

제시된 개념에 구체적인 예가 첨가되었으면 1점을 가산한다.

- 개념의 사례로서 특수한 사건이나 사물이 적절하면 1점
- 실례는 개념과 구분하기 위해 테두리를 하지 않는다.

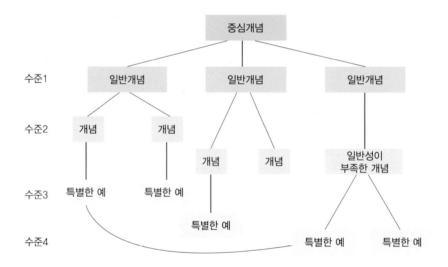

그림 1.3   평가를 위한 개념도의 예

표 1.3   개념도의 점수환산

명 제:	8 X 2 = 16
위 계:	4 X 5 = 20
교차연결:	2 X 10 = 20
개념의 예	5 X 1 = 5
총 점:	61점

2회기 여러 가지 개념도 그리기

다음 개념에 대한 각 유형의 개념도를 작성해보세요.[4]

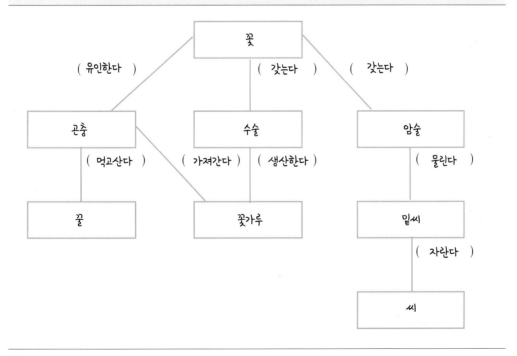

---

4) Kinchin et al., 2000, p. 47.

꽃

(유인한다)

곤충

(가져간다)

꿀

(떨어뜨린다)

꽃가루

(으로부터)

수술

(에게로)

암술

(붙는다)

밑씨

(만든다)

씨

위계적 개념도

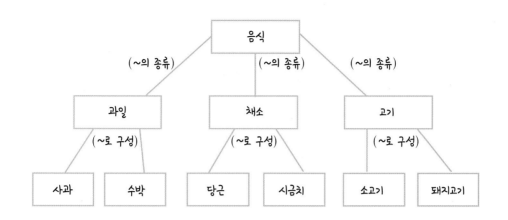

범주적 개념도

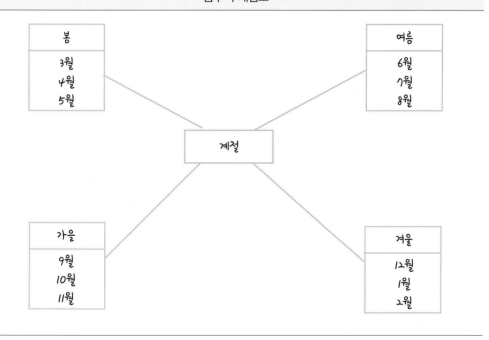

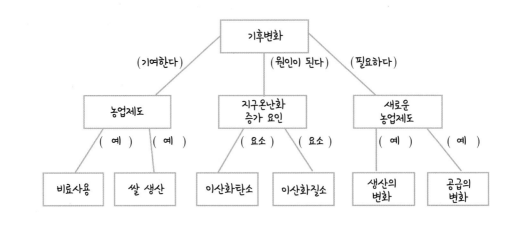

인과적 개념도

PART 01 학습전략의 실제

3회기 누가누가 빨리 만드나?!

우리 조가 선택한 단어를 적어보고, 단어들을 활용하여 개념도를 그려 봅시다.

우리 조가 선택한 단어

학교, 가족, 엄마, 동생 ...

개념도 그리기

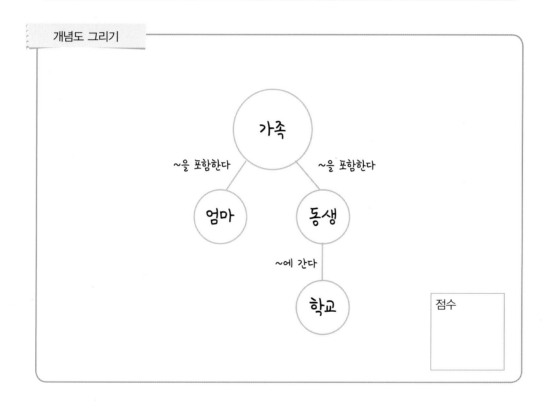

점수

3회기 개념도 만들기(조별)

👨 다음 글을 읽고 조별로 개념도를 그려봅시다.

> 만화나 영화에서 로봇을 본 적이 있나요? 로봇은 사람이 시키는 대로 움직이거나 사람이 할 일을 대신하여 움직이는 기계를 말합니다.
>
> 로봇은 하는 일에 따라 여러 가지로 나눌 수 있습니다. 도둑이 집에 들어오는지를 감시하는 로봇이 있습니다. 이 로봇은 도둑이 들어오면 먼저 도둑에게 경고를 합니다. 그리고 재빨리 주인에게 도둑이 들어왔음을 알리고 경찰에 신고합니다. 깊은 바다에 들어가서 필요한 자원을 캐는 로봇도 있습니다. 이 로봇은 바닷 속에서 자유롭게 움직이면서 필요한 자원을 찾습니다.
>
> 로봇은 크기가 다양합니다. 크기가 큰 로봇은 사람보다 몇 배나 키가 큽니다. 그런가 하면 아주 작은 로봇도 있습니다. 크기가 작은 로봇은 동전보다도 작습니다. 그래서 우리가 로봇을 알약처럼 삼키면 로봇은 우리 몸 속에서 병을 찾아 치료하기도 합니다.
>
> 로봇은 생김새도 다양합니다. 곤충을 닮은 로봇도 있고 사람을 닮은 로봇도 있습니다. 곤충을 닮은 로봇 중에는 하늘을 나는 로봇도 있습니다. 사람의 얼굴을 닮은 로봇은 사람처럼 표정을 지을 수 있습니다.

참조: 초등학교 3학년 1학기 국어 교과서 2단원 <문단의 짜임>.

👩 개념도에 포함할 개념을 써 봅시다.

로봇, 하는 일, 감시, 자원, 크기, 생김새, 곤충, 사람 등

👨 위에 쓴 단어들을 중심으로 개념도를 작성해 봅시다.

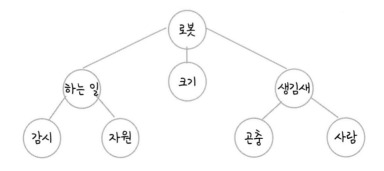

4회기 개념도 만들기(개인별)

👩 내가 선택한 글을 읽고 개념도에 포함할 개념을 써 봅시다.

종이컵, 편리성, 재료, 나무, 물, 재활용, 화장지, 바르게 버리기 등

👦 위에 쓴 단어들을 중심으로 개념도를 작성해 봅시다.

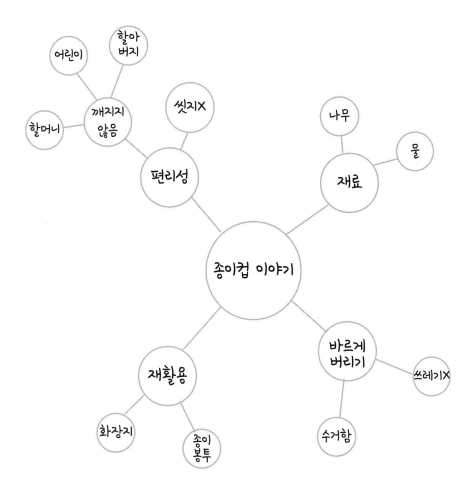

4회기 마무리 활동

'개념도 학습전략 프로그램'에서 배운 내용들을 바탕으로 개념도를 작성해 봅시다.

개념도, 개념도 요소, 개념도 유형, 친구들, 조원들, 선생님, 좋은 점, 아쉬운 점 등

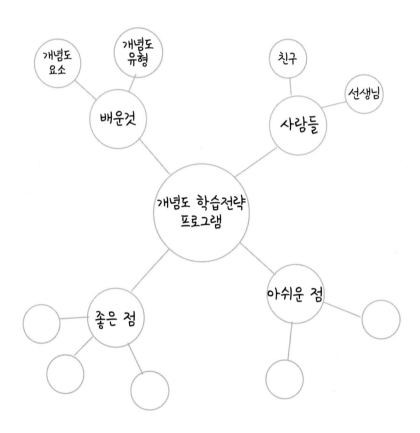

한국아동청소년
상담학회
상담학시리즈1

CHAPTER
04

동기학습전략

1. 프로그램 이름

동기설계 전략: ARCS로 학습 의욕 높이기

2. 프로그램 필요성

　동기의 의미에 대하여 Gibson(1980)은 개인이 행동하도록 만들고, 그 행동의 방향을 설정하며, 행동의 수준 또는 강도를 결정하는 개인 내적인 과정 또는 상태라고 정의하였다. 동기는 인간의 행동을 결정하는 중요한 요인으로 학습에 있어서 동기유발은 학습자로 하여금 의욕을 갖고 적극적으로 학습하도록 이끄는 것이다. 학습하고자 하는 동기는 교육목표의 성취를 촉진하는 역할을 할 수 있다. 수업의 설계와 진행 과정에서 끊임없이 교사는 학습자의 동기를 유발하고 유지하도록 하는 것이 중요하다. 학습동기유발은 학습자가 학습을 효과적으로 하기 위해 중요하며 학업성취도를 결정하는 데 있어서 지적 요인만큼 중요한 학습자의 정의적 특성으로 다뤄지고 있다(김홍경, 2000). 그러나 학교 현장에서는 학습자들의 동기를 유발하는 것에 대한 체계적인 지침은 부족한 편이다(김무선, 2003).

　이러한 상황에 주의를 기울인 Keller(1983)는 교수-학습 설계를 할 때 학습자의 동기에 대하여 체계적으로 교류하고 있지 않아 효과적이고 효율적이지 않은 부분을 지적하였고, 수업의 효과를 높이기 위하여 체계적으로 동기를 유발하는 전략의 필요성을 주장하고, 학습동기를 유발하기 위한 설계모형인 ARCS모형을 개발하였다. 이 모형은 교수-학습 상황을 흥미롭게 만들 수 있느냐의 여부에 관심을 두고 있다(Keller, 1983).

ARCS 모델을 적용한 수업을 했을 때 학습동기 유발에 효과를 거두었다는 점은 이미 많은 연구에서 확인되었다(길현주, 2001; 김홍경, 1999; 박수경, 김영환, 김상달, 1996; 이수영, 2001). 동기와 관련된 정의적 요인에 ARCS 모델이 주는 효과성을 검증하는 연구에서도 긍정적인 결과를 보였다(김진홍, 2003; 박수경, 1998; 오긍연, 2001). 또한 선행연구를 통해 동기가 학업성취도와도 관련이 있음을 알 수 있다(김명화, 2003; 김용수, 1998).

Keller는 학습에 관한 행동주의적, 인지주의적 이론들을 학습동기, 학업 수행 그리고 교수의 영향에 관한 이론들과 통합하여 그들의 주장이 어떻게 학습동기 연구에 연결될 수 있는가를 검토하였다. 그리고 보다 효과적, 효율적 교수 상황을 학습자에게 제공할 수 있는가를 보여주고 있다.

3. 프로그램 목표 및 기대효과

1) 프로그램 목표

ARCS 모델의 핵심적인 네 가지 요소는 주의력(attention), 관련성(relavence), 자신감(confidence), 만족감(satisfaction)이다. 주의력을 집중시키고, 학습자들의 흥미와 학습할 내용의 관련성을 확인시키고, 학습자들에게 학습을 성공적으로 수행하여 긍정적 결과를 얻을 수 있다는 자신감을 갖도록 하며, 학습 과제를 수행하고, 그 결과에 대해 만족감을 느끼게 하는 것을 주목적으로 한다. 각 요소와 관련된 학습 목표는 다음과 같다.

첫째, 학습 시의 주의집중을 어떻게 유발하고 유지하는지 이해한다. (주의력 요소: attention)

둘째, 학습하고자 하는 내용이 어떠한 측면에서 가치가 있는지 이해한다. (관련성 요소: relevance)

셋째, 학습에 있어 성공하기 위해 필요한 요소들을 알고 긍정적 결과를 얻을 것이라는 믿음을 가질 수 있다. (자신감 요소: confidence)

넷째, 자신의 학습경험에 대하여 만족감을 느끼고 학습을 계속하고자 하는 욕구를 가진다. (만족감 요소: satisfaction)

2) 기대효과

ARCS 모델은 두 가지 주요 부분으로 구성되어 있다. 첫째는 동기의 구성요건을 분류해 놓은 것이고, 둘째는 동기를 향상시키는 체계적 설계과정이다. 이는 학습동기의 다양한 요인들을 확인할 수 있도록 하고, 주어진 학습 환경에 적합한 동기전략을 처방한다.

학습동기가 향상되면 향상되리라 기대되는 정의적인 요인으로는 자기효능감이 있다. 자기효능감이란 특정한 결과를 얻기 위한 과제나 행동을 조직하고 수행할 수 있는 자신의 능력에 대한 신념(confidence)이다. 자기효능감은 학습자가 특정 행동 또는 환경을 선택하는 것에 영향을 주며, 지식 또는 기능을 높이려는 '동기' 자체를 높이는 내재적 동기로서 작용한다(박선영, 2004). 학습동기는 자기효능감과 밀접하게 관련되어 있으므로 동기모델인 ARCS 모델을 적용하면 수업과정에 있어서 학생이 획득하게 될 내적 보상을 통해 자기효능감이 높아질 수 있을 것이다. 또한 학습자의 학업 능력은 자신의 동기 수준과도 밀접한 관련이 있다. 학습의 결과는 학습자들이 학습 상황에 더 긍정적으로 의미를 부여하고 더 흥미를 느낄 때 성취도가 더욱 높아진다. 따라서 학습동기가 유발됨에 따라 학업성취도 향상에도 기여할 수 있을 것이라 기대된다.

4. 이론적 배경 I/II

1) ARCS 동기전략의 정의

교육 프로그램의 효과성 및 효율성을 떠나 학생의 학습동기는 매우 중요하며, 학습동기를 체계적으로 접근하기 위해 Keller(1987)는 ARCS 동기유발 이론을 개발하여 학습동기와 관련된 구체적인 개념과 전략을 제시하였다(정인옥, 2004). ARCS 동기유발 이론은 Tolman(1994)과 Lewin(1935)의 기대-가치 이론을 기반으로 개발되었으며, 이 이론은 일에 대한 가치와 수행 성공 기대의 상호작용의 결과가 동기라고 주장했으며 추후 Keller는 이 두 개념을 흥미, 관련성, 자신감, 만족감의 4개념으로 나누어 설명하였다(박수경, 1998, 송순옥, 2004에서 재인용). 이러한 배경의 ARCS 전략은, 적극적인 동기유발과 유발된 동기의 지속을 위해 학습환경의 동기와 관련된 부분을 체계적으로 설계하여 실행하는 문제해결 전략이다(유경호, 2004). 이 전략의 특성으로는 우선 동기와 관련된 4개의 개념들—주의, 관련성, 자신감, 만족감—을 포함하고 있으며, 실제상황에서 적용 가능한 구체적인 전략들을 포함하고 있고, 다른 교수-설계 모형들과 병행사용이 가능하다는 점 등이 있다(정인옥, 2004).

2) ARCS 동기전략 모형의 구성요소

앞서 기술된 바와 같이, ARCS 동기전략 모형의 구성요소는 주의집중(attention), 관련성(relevance), 자신감(confidence), 만족감(satisfaction)이다. 주의집중은 학습자의 흥미유발과 호기심 유발, 관련성은 학습자의 필요성과 목적성, 자신감은 학습자의 성공에 대한 믿음, 만족감은 학습자에 대한 내재적, 외재적 보상을 의미한다(정인옥, 2004). 각 개념별로 3개의 하위범주가 있으며, 하위범주와 그 질문을 송상호(1999)가 정리한 표로 다음 [표 1.4]에 제시하였다(유경호, 2004에서 재인용).

표 1.4 ARCS 동기전략 모형의 구성요소

주의집중(A)	지각적 각성(A1)	흥미를 끌기 위해 무엇을 할 수 있을까?
	탐구적 각성(A2)	탐구하는 태도를 어떻게 유발할까?
	변화성(A3)	주의집중 유지를 위해 적절한 변화를 어떻게 줄 수 있을까?
관련성(R)	목적 지향성(R1)	학습자의 요구를 어떻게 최적으로 충족시켜 줄 수 있을까? (내가 그들의 요구를 아는가?)
	모티브 일치(R2)	최적의 선택, 책임감, 영향을 언제 어떻게 제공할 수 있을까?
	친밀성(R3)	수업과 학습자의 경험을 어떻게 연결시킬까?
자신감(C)	학습요건(C1)	성공에 대한 긍정적 기대감을 어떻게 키워줄 수 있을까?
	성공기회(C2)	자신의 능력에 대한 믿음을 향상시킬 수 있는 학습경험을 어떻게 제공할까?
	개인적 통계(C3)	학습자가 자신의 성공이 스스로의 노력과 능력에 의한 것이라고 어떻게 알 수 있을까?
만족감(S)	내재적 강화(S1)	새로 배운 지식과 기능을 사용하도록 의미 있는 기회를 어떻게 제공할까?
	외재적 보상(S2)	학습자의 성공에 대해 외적 강화를 어떻게 제공할 수 있을까?
	공정성(S3)	학습자가 자신의 성취에 대해 긍정적인 느낌을 가지도록 어떻게 도와줄 수 있을까?

참조: 유경호(2004). ARCS 모델기반 자기조정학습 수업전략이 학습동기, 자기효능감, 학업성취에 미치는 효과.

3) ARCS 동기전략 모형의 단계

ARCS 동기전략 모형을 사용한 수업안의 구성은 ARCS 10단계 모형을 사용하여 구성되며 그 단계는 코스 정보획득 단계, 대상자 정보획득 단계, 대상자 동기분석 단계, 기존교재분석 단계, 동기목표설정－측정방법연계 단계, 예비전략 열거 단계, 최종전략 선택 및 삭제 단계, 교수전략에 통합 단계, 교재 선택 및 개발 단계, 평가 및 수정 단계로 이루어져 있다. 각 단계의 설명과 진행방향은 정인옥(2004)이 그림으로 정리하였다([그림 1.4] 참조).

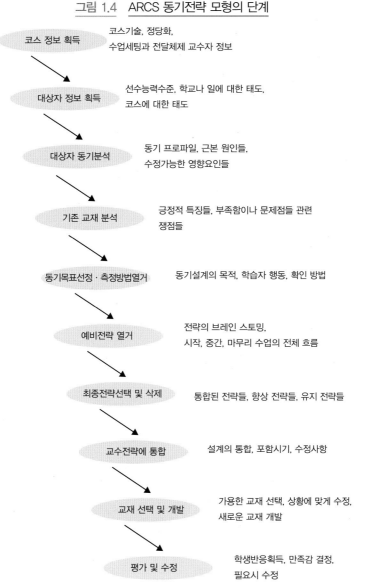

그림 1.4 ARCS 동기전략 모형의 단계

코스 정보 획득 — 코스기술, 정당화,
수업세팅과 전달체제 교수자 정보

대상자 정보 획득 — 선수능력수준, 학교나 일에 대한 태도,
코스에 대한 태도

대상자 동기분석 — 동기 프로파일, 근본 원인들,
수정가능한 영향요인들

기존 교재 분석 — 긍정적 특징들, 부족함이나 문제점들 관련
쟁점들

동기목표선정 · 측정방법열거 — 동기설계의 목적, 학습자 행동, 확인 방법

예비전략 열거 — 전략의 브레인 스토밍,
시작, 중간, 마무리 수업의 전체 흐름

최종전략선택 및 삭제 — 통합된 전략들, 향상 전략들, 유지 전략들

교수전략에 통합 — 설계의 통합, 포함시기, 수정사항

교재 선택 및 개발 — 가용한 교재 선택, 상황에 맞게 수정,
새로운 교재 개발

평가 및 수정 — 학생반응획득, 만족감 결정,
필요시 수정

참조: 정인옥(2004). 초등학교 영어수업의 효율적인 동기유발을 위한 ARCS모델적용.

4) ARCS 동기전략 모형 예시프로그램

송순옥(2004)은 ARCS 동기전략 모형을 활용하여 학생들의 학습동기와 학업자아개념을 높이기 위한 방안을 제시하였다. 경상북도 소재 ○초등학교 3학년 2개반 통제집단 30명, 실험집단 30명을 대상으로 ARCS 모형을 도입하여 2달 동안 실시하였다. 송순옥(2004)이 사용한 ARCS를 적용한 수업 단계별 과정은 다음 [표 1.5]와 같다.

표 1.5 ARCS를 적용한 수업 단계별 과정

단계	동기유발 전략	관련요소	비고
문제 파악	• 선수 학습 내용 피드백	A, R	인쇄매체, 사진, 동영상, 실물 등 핵심단어는 큰 글씨, 다른 색깔
	• 학습문제와 관련된 흥미있는 자료나 역설을 제 시하기	A, R	
	• 일상생활 관련 경험 이야기하기	R	
	• 학습 목표 제시 및 설명	A	
	• 학습 내용이 어떤 점에서 학습자에게 유용한지 설명하기	R	
	• 성공적인 학습목표 도달 가능성 암시	R, C, S	
	• 학습성취 여부를 판단할 수 있는 준거나 보상 이 있음을 제시	C, S	
문제 탐색	• 새로운 지식이나 기능을 사용하여 해결할 수 있는 문제를 제시하여 탐구심 유발하기	A	if−then(반성적 사고)를 유발 하는 발문
	• 다양한 자료 제시 통해 문제점 찾고 결과 예상 하도록 하기	A, R	
문제 해결	• 분단활동, 협의활동, 구성활동, 현장학습활동, 극 화활동, 창작활동 등 다양한 학습 활동	A, R, C	다양한 매체와 자료 사용
	• 문제해결이나 성취행동을 유발하는 퍼즐, 게임, 또는 모의상황 유도	R	
	• 문제 해결과정에서 선의의 경쟁의식 유도	C, S	소집단 학습 유도
	• 문제를 해결한 학생이 그렇지 못한 학생을 도와 주도록 기회 제공	C, S	
	• 성공적인 과제 수행 시 내재적 보상	S	
	• 학습자의 문제를 해결했을 경우 개인적 인정	C	
	• 수행에 대한 피드백 제공	C	부진학생−재학습기회 제공
적용 발전	• 문제 해결 내용 정리 시 다양한 방식 제공	A, R, C, S	다양한 매체와 방법
	• 현실에 적용, 미래 예측	R	
	• 장래의 여러 문제에 대해 예견하기	R	
	• 목표 달성 여부 점검 기회 제공	C, S	자신이 정한 목표
	• 학습 성과가 자신의 노력 때문임을 말해주기	C, S	내적 칭찬과 외적 보상
과제 파악	• 차시 안내를 호기심을 갖도록 소개	A, R	
전체	• 학습자들과의 끊임없는 시선 교류 및 긍정적 바 디랭귀지	C, S	공정한 눈 맞추기
	• 학습자들이 한 개인으로서 말하고 있다는 것을 느낄 수 있도록 개별적인 언어사용	R, S	
	• 주요 부분을 강조하기 위해 목소리와 어조 변화	A	
	• 학습자의 반응이나 코멘트 중 정확한 부분 강조	C, S	

참조: 송순옥(2004). ARCS 동기 모델을 적용한 수업 전략이 초등학교 아동의 학습동기 및 학업자아개념에 미치는 효과.

연구결과 ARCS 동기모형을 적용한 집단이 통제집단보다 학습동기가 유의미하게 높은 것으로 나타났으며 하위요인별로 관련성, 자신감에서 유의한 차이가 있는 것으로 나타났다. 학업 자아개념 또한 실험집단과 통제집단의 유의미한 차이가 존재하였으며 학업 자아개념의 하위요인인 학업능력 자아개념, 수업 자아개념, 학업성취 자아개념에서 실험집단이 유의미하게 점수가 높은 것으로 나타났다.

5. 프로그램 구성

① 기간: 4주간 주 1회(40분)
② 대상자: 초등학교 고학년
③ 진행자: 교사
④ 진행방법: 교사 진행
⑤ 실시상의 주의점

학생들의 동기수준을 검사 등을 통해 미리 확인하고 필요하다면 다른 소집단으로 구분해야 한다.

학생별로 과대 혹은 과소 집중하는 경우 중재가 필요하다. 특히 학습 내용이 아닌 활동에만 과도한 집중을 하는 경우 적절한 교정이 필요하다.

⑥ 프로그램 내용

회기	회기별 제목	세부 활동 내용
1회기	Where are you from? — 어느 나라 출신인지 묻고 답하기 — 다른 사람 소개하기	— 인사 및 과제에 대한 안내 — 사진을 보고 의견 말하기 — 대화를 듣고 교사가 질문하고 대화 따라하기 — 상황을 그리며 목표 구문을 반복 따라하기 — 기본 성취도 평가 실시 — 다음 차시 안내
2회기	Whose basketball is this? — 누구의 소유인지 답하기 — 좋아하는 활동 말하기	— 인사 및 과제에 대한 안내 — 사진을 보고 의견 말하기 — 대화를 듣고 교사가 질문하고 대화 따라하기 — 상황을 그리며 목표 구문을 반복 따라하기 — 기본 성취도 평가 실시 — 다음 차시 안내

3회기	I eat breakfast at 8 o'clock. – 매일 규칙적으로 하는 행동 말하기 – 매일 타는 교통수단 설명하기	– 인사 및 과제에 대한 안내 – 사진을 보고 의견 말하기 – 대화를 듣고 교사가 질문하고 대화 따라하기 – 상황을 그리며 목표 구문을 반복 따라하기 – 기본 성취도 평가 실시 – 다음 차시 안내
4회기	My favorite class is gym class. – 수업 수강 여부 질문하기 – 질문에 사용하는 의문문 활용하기	– 인사 및 과제에 대한 안내 – 사진을 보고 의견 말하기 – 대화를 듣고 교사가 질문하고 대화 따라하기 – 상황을 그리며 목표 구문을 반복 따라하기 – 기본 성취도 평가 실시 – 다음 차시 안내

참조: 최희경, 변혜원, 이현미, 이소영, 김소영, 이미화, 윤지영, 박경희, 박현주, 최와니(2009). 초등학교 영어 5.YBM. 참조.

6. 프로그램 지도안 및 워크북[회기별]

회기	1회기	주제	Where are you from?
목표	· 어느 나라 출신인지 묻고 답할 수 있다. · 다른 사람을 소개할 수 있다.		
준비물	필기구	시간	40
과정	내용		유의점
도입	○ 활동 명: 학습내용 소개 ○ 활동 목표 　1) 참여자들이 당 회기의 학습 목표와 학습 내용의 이해를 통해 　　주의집중을 높인다. ○ 활동 내용 　1) 영어로 인사를 주고 받는다. 　　영어로 인사를 주고 받을 때 수업 시간에 교사가 할 법한 인사보 　　다 친구와 이야기 하듯 시선을 맞추고 동작을 적극적으로 활용 　　하는 것이 필요. 농담이나 유행하는 이야기 활용. 비교적 간단한 　　회화를 통해 참여자들의 자신감을 높여주기. 　2) 오늘 이야기 할 주제에 대해 이야기를 나눈다. 　① 교사가 다른 나라 사람과 만나 출신 국가를 묻고 소개하는 　　장면을 예시로 설명한다. 　② 어느 나라 출신인지 묻고 답하기 　③ 다른 사람 소개하기 　　다른 나라와 관련하여 경험한 것과 알고 있는 정보를 활용함 　　으로써 주의집중과 관련성 요인을 부각시킨다.		

전개	○ 활동 명: 사진을 보고 상황을 묘사해 보기 ○ 활동 목표 　1) 사진을 보고 묘사하는 설명을 이해할 수 있다. 　2) 사진을 보고 묘사하는 설명을 할 수 있다. ○ 활동 내용 　1) 새로운 사람을 만나 이야기하는 사진/동영상을 보고 교사가 　　먼저 예시를 들어 설명을 한다. 　2) 교사의 예시를 들을 때 아이들이 교사의 설명이 틀릴 경우 교 　　사를 멈추고 옳은 설명을 한다. 　3) 다른 사진/동영상을 보여주고 2명씩 조를 지어 사진/동영상에 　　서 나오는 행동을 묘사하도록 한다. 　4) 교사가 주어진 대화문을 읽어주고 대화에 대한 질문을 한다. 　5) 대화문을 반복해서 읽는 것을 연습한다. 　　참여자들이 흥미를 가질 수 있도록 재미있는 사진이나 영상 　　을 준비하되, 사진이나 영상이 영어 수업과 연관될 수 있도록 　　함. 교사가 하는 설명과 간단한 문답을 통해 학생들이 자신감 　　과 만족감을 느낄 수 있도록 함. 잘 못하는 참여자가 있는 경 　　우 서로 도울 수 있도록 안내하고 추가적으로 교사가 다시 답 　　할 기회를 주는 것이 필요함.	
정리	○ 활동 명: 마무리 활동 ○ 활동 목표 　1) 성취도 확인 및 다음 차시를 안내한다. ○ 활동 내용 　1) 간단한 성취도 확인 평가를 실시한다. 　2) 다음 차시를 안내한다. 　　당 회기 내용 관련하여 간단한 성취도 평가를 실시함으로써 　　참여자들의 자신감과 만족감을 느끼도록 한다.	

대화를 듣고 질문에 답해봅시다.

Where are you from?

Jinna	Hi, It's nice to meet you.
Susie	Same here. You are the first person who talk to me today.
Jinna	Really? Fare enough because it is first day of this class.
Susie	It is. Where are you from by the way?
Jinna	I'm from Changwon. It's near Busan.
Susie	I see. Then, did you move here with your parents?
Jinna	No, my parents still live in Changwon.
Susie	Oh, are you living alone?
Jinna	No, My sister and I move here first and we stay in my aunt's house for a while. But my parents will move here soon.

Question 1: Where did they meet?

Answer 1:

Question 2: Where does Jinna live?

Answer 2:

Introducing friend

Soyeon	Hello. How have you been?
Minhee	Hi, It's been great. How is it going?
Soyeon	It's all good.
Minhee	Nice. Oh, this is Jane. We went to elementary school together.
Jane	Hi, How are you?
Soyeon	Hi, Nice to meet you. Have you guys kept in touch since graduating elementary school?
Jane	Yes, we have. Actually we live close near the downtown and hang out often. You can hang out with us if you want.
Soyeon	Sure. Let me know then.

Question 1: How did Minhee and Jane meet each other?

Answer 1:

Question 2: Where Minhee and Jane live?

Answer 2:

회기	2회기	주제	Whose basketball is this?
목표	· 지칭하는 대상이 누구의 소유인지 답할 수 있다. · 좋아하는 활동에 대해 말할 수 있다.		
준비물	필기구	시간	40
과정	내용	유의점	

과정	내용	유의점
도입	○ 활동 명: 학습내용 소개 ○ 활동 목표 　1) 참여자들이 당 회기의 학습 목표와 학습 내용의 이해를 통해 　　주의집중을 높인다. ○ 활동 내용 　1) 영어로 인사를 주고 받는다. 　　영어로 인사를 주고 받을 때 수업 시간에 교사가 할 법한 인 　　사보다 친구와 이야기 하듯 시선을 맞추고 동작을 적극적으 　　로 활용하는 것이 필요. 농담이나 유행하는 이야기 활용. 비 　　교적 간단한 회화를 통해 참여자들의 자신감을 높여주기. 　2) 오늘 이야기 할 주제에 대해 이야기를 나눈다. 　　① 교사가 교실에 있는 물건과 좋아하는 활동을 예시로 설명 　　　한다. 　　② 지칭하는 물건이 누구의 소유인지 대답해보기 　　③ 자신이 좋아하는 활동에 대해 이야기해 보기 　　　학생들 소유의 물건이나 학생들이 좋아하는 활동 중 최근 　　　에 했던 활동에 대해 물어봄으로써 주의집중과 관련성 요 　　　인을 부각시킨다.	
전개	○ 활동 명: 사진을 보고 상황을 묘사해 보기 ○ 활동 목표 　1) 사진을 보고 묘사하는 설명을 이해할 수 있다. 　2) 사진을 보고 묘사하는 설명을 할 수 있다. ○ 활동 내용 　1) 특정 물건과 활동에 대한 사진/동영상을 보고 교사가 먼저 예 　　시를 들어 설명을 한다. 　2) 교사의 예시를 들을 때 아이들이 교사의 설명이 틀릴 경우 교 　　사를 멈추고 옳은 설명을 한다. 　3) 다른 사진/동영상을 보여주고 2명씩 조를 지어 사진/동영상에 　　서 나오는 행동을 묘사하도록 한다. 　4) 교사가 주어진 대화문을 읽어주고 대화에 대한 질문을 한다. 　5) 대화문을 반복해서 읽는 것을 연습한다. 　　참여자들이 흥미를 가질 수 있도록 재미있는 사진이나 영상 　　을 준비하되, 사진이나 영상이 영어 수업과 연관될 수 있도록 　　함. 교사가 하는 설명과 간단한 문답을 통해 학생들이 자신감 　　과 만족감을 느낄 수 있도록 함. 　　잘 못하는 참여자가 있는 경우 서로 도울 수 있도록 안내하고 　　추가적으로 교사가 다시 답할 기회를 주는 것이 필요함.	

정리	○ 활동 명: 마무리 활동
	○ 활동 목표
	  1) 성취도 확인 및 다음 차시를 안내한다.
	○ 활동 내용
	  1) 간단한 성취도 확인 평가를 실시한다.
	  2) 다음 차시를 안내한다.
	    당 회기 내용 관련하여 간단한 성취도 평가를 실시함으로써
	    참여자들의 자신감과 만족감을 느끼도록 한다.	

대화를 듣고 질문에 답해봅시다.

Whose basketball is this?

Jin	I'm going to enjoy school basketball team.
Teamin	Are you? I didn't know you like basketball though. Then you would be jealous if you see this.
Jin	Whose basketball is this?
Teamin	It's mine and I got Lebron James's autograph on this ball.
Jin	Oh my gosh, that is super cool. You mean LA Lakers player Lebron James?
Teamin	Yes, What team are you rooting for?
Jin	I'm a big fan for New York Knicks. How about you?
Teamin	I'm rooting for LA Lakers.

Question 1: What is Teamin's basketball different from other basketball?

Answer 1:

Question 2: Which team Jin is rooting for?

Answer 2:

What is your favorite activity?

Sora	How is it going?
Yuri	Nothing special.
Sora	Do you have any plan for this spring break?
Yuri	No. Do you?
Sora	Me neither, I want to do something exciting.
Yuri	What do you want to do?
Sora	I haven't decided yet. What is your favorite activity? May be we can do it together.
Yuri	I just like to walk along the riverside. It makes me relaxed. That is one of the thing I want to do most whenever I have a free time.

Question 1: What are they talking about?

Answer 1:

Question 2: What is Yuri's favorite activity?

Answer 2:

회기	3회기	주제	매일하는 행동 및 교통수단 말하기
목표	· 규칙적으로 하는 행동을 묘사하는 표현을 듣고 이해할 수 있다. · 규칙적으로 하는 행동을 말할 수 있다.		
준비물	필기구	시간	40

과정	내용	유의점
도입	○ 활동 명: 학습내용 소개 ○ 활동 목표 　1) 참여자들이 당 회기의 학습 목표와 학습 내용의 이해를 통해 주의집중을 높인다. ○ 활동 내용 　1) 영어로 인사를 주고 받는다. 　　영어로 인사를 주고 받을 때 수업 시간에 교사가 할 법한 인사보다 친구와 이야기 하듯 시선을 맞추고 동작을 적극적으로 활용하는 것이 필요. 농담이나 유행하는 이야기 활용. 비교적 간단한 회화를 통해 참여자들의 자신감을 높여주기. 　2) 오늘 이야기 할 주제에 대해 이야기를 나눈다. 　　① 교사가 매일 규칙적으로 하는 행동과 자주 타는 교통수단을 예시로 설명한다. 　　② 각자 매일 규칙적으로 하는 행동 이야기 해 보기 　　③ 자주 타는 교통수단 이야기 해 보기 　　　교통수단 관련하여 최근 뉴스나 인터넷에서 이슈가 되었던 내용을 활용함으로써 주의집중과 관련성 요인을 부각시킨다.	
전개	○ 활동 명: 사진을 보고 상황을 묘사해 보기 ○ 활동 목표 　1) 사진을 보고 묘사하는 설명을 이해할 수 있다. 　2) 사진을 보고 묘사하는 설명을 할 수 있다. ○ 활동 내용 　1) 매일 규칙적으로 하는 행동을 보여주는 사진/동영상을 보고 교사가 먼저 예시를 들어 설명을 한다. 　2) 교사의 예시를 들을 때 아이들이 교사의 설명이 틀릴 경우 교사를 멈추고 옳은 설명을 한다. 　3) 다른 사진/동영상을 보여주고 2명씩 조를 지어 사진/동영상에서 나오는 행동을 묘사하도록 한다. 　4) 교사가 주어진 대화문을 읽어주고 대화에 대한 질문을 한다. 　5) 대화문을 반복해서 읽는 것을 연습한다. 　　참여자들이 흥미를 가질 수 있도록 재미있는 사진이나 영상을 준비하되, 사진이나 영상이 영어 수업과 연관될 수 있도록 함. 교사가 하는 설명과 간단한 문답을 통해 학생들이 자신감과 만족감을 느낄 수 있도록 함. 　　잘 못하는 참여자가 있는 경우 서로 도울 수 있도록 안내하고 추가적으로 교사가 다시 답할 기회를 주는 것이 필요함.	

정리	○ 활동 명: 마무리 활동 ○ 활동 목표 　1) 성취도 확인 및 다음 차시를 안내한다. ○ 활동 내용 　1) 간단한 성취도 확인 평가를 실시한다. 　2) 다음 차시를 안내한다. 　　당 회기 내용 관련하여 간단한 성취도 평가를 실시함으로써 　　참여자들의 자신감과 만족감을 느끼도록 한다.	

대화를 듣고 질문에 답해봅시다.

Chulsoo	Good morning Jake.
Jake	Good morning. When do you get up in the morining?
Chulsoo	I usually get up at 6 o'clock.
Jake	Wow! I get up at 7 o'clock.
Chulsoo	How do you come to school Jake?
Jake	I walk to school everyday. How about you?
Chulsoo	I take a bus to school everyday.
Jake	That is why you get up so early.

Question 1: What time does Chulsoo get up in the morning?

Answer 1:

Question 2: How does Jake come to school everyday?

Answer 2:

회기	4회기		주제	어떤 수업을 듣는지 묻고 답하기
목표	· 단어 favorite을 사용해 좋아한다는 표현을 사용할 수 있다. · 단어 what을 사용하여 질문할 수 있다.			
준비물	필기구		시간	40
과정	내용		유의점	

과정	내용	유의점
도입	○ 활동 명: 학습내용 소개 ○ 활동 목표 　1) 참여자들이 당 회기의 학습 목표와 학습 내용을 이해한다. ○ 활동 내용 　1) 영어로 인사를 주고 받는다. 　　영어로 인사를 주고 받을 때 수업 시간에 교사가 할 법한 인사보다 친구와 이야기 하듯 시선을 맞추고 동작을 적극적으로 활용하는 것이 필요. 농담이나 유행하는 이야기 활용. 비교적 간단한 회화를 통해 참여자들의 자신감을 높여주기. 　2) 오늘 이야기 할 주제에 대해 이야기를 나눈다. 　　① 교사가 좋아하는 수업과 물건을 예시로 설명한다. 　　② 각자 좋아하는 수업 이야기 해 보기 　　③ 좋아하는 물건 이야기 해 보기 　　　학교의 수업과 관련하여 최근 뉴스나 인터넷에서 이슈가 되었던 내용을 활용함으로써 주의집중과 관련성 요인을 부각시킨다.	
전개	○ 활동 명: 사진을 보고 상황을 묘사해 보기 ○ 활동 목표 　1) 사진을 보고 묘사하는 설명을 이해할 수 있다. 　2) 사진을 보고 묘사하는 설명을 할 수 있다. ○ 활동 내용 　1) 선호하는 수업이나 물건을 보여주는 사진/동영상을 보고 교사가 먼저 예시를 들어 설명을 한다. 　2) 교사의 예시를 들을 때 아이들이 교사의 설명이 틀릴 경우 교사를 멈추고 옳은 설명을 한다. 　3) 다른 사진/동영상을 보여주고 2명씩 조를 지어 사진/동영상에서 나오는 행동을 묘사하도록 한다. 　4) 교사가 주어진 대화문을 읽어주고 대화에 대한 질문을 한다. 　5) 대화문을 반복해서 읽는 것을 연습한다. 　　참여자들이 흥미를 가질 수 있도록 재미있는 사진이나 영상을 준비하되, 사진이나 영상이 영어 수업과 연관될 수 있도록 함. 교사가 하는 설명과 간단한 문답을 통해 학생들이 자신감과 만족감을 느낄 수 있도록 함. 잘 못하는 참여자가 있는 경우 서로 도울 수 있도록 안내하고 추가적으로 교사가 다시 답할 기회를 주는 것이 필요함.	

| 정리 | ○ 활동 명: 마무리 활동
○ 활동 목표
　1) 성취도 확인 및 다음 차시를 안내한다.
○ 활동 내용
　1) 간단한 성취도 확인 평가를 실시한다.
　2) 다음 차시를 안내한다.
　　당 회기 내용 관련하여 간단한 성취도 평가를 실시함으로써
　　참여자들의 자신감과 만족감을 느끼도록 한다. | |

4회기 질문에 답하기

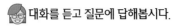 대화를 듣고 질문에 답해봅시다.

Hanna	What class do you have today?
Minsoo	I have gym class. It is my favorite class.
Hanna	My favorite class is art class.
Minsoo	Do you have art class today?
Hanna	No I don't. I had art class yesterday.
Minsoo	What is your other favorite class?
Hanna	My other favorite class is math class.
Minsoo	Math class? It's boring.

Question 1: What is Minsoo's favorite class?

Question 2: What are Hanna's favorite classes?

1회기

예시 사진

사진 1[5]

1. They are smiling at each other.
2. The man in the right side of picture holing a white laptop.
3. The man who is taller than the other guy holing a mobile phone.

사진 2[6]

1. The man in the middle of the picture smiling at the man on his left.
2. The man in the right side of picture wearing a blue tie.
3. They are looking into each other's eyes.

---

5) https://fitforwork.org/blog/helping−people−return−to−work−after−long−term−sickness−absence/
   returning−to−work−3/
6) https://insights.dice.com/2014/08/07/heres−key−successful−networking/

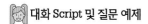

Where are you from?

Jinna	Hi, It's nice to meet you.
Susie	Same here. You are the first person who talk to me today.
Jinna	Really? Fare enough because it is first day of this class.
Susie	It is. Where are you from by the way?
Jinna	I'm from Changwon. It's near Busan.
Susie	I see. Then, did you move here with your parents?
Jinna	No, my parents still live in Changwon.
Susie	Oh, are you living alone?
Jinna	No, My sister and I move here first and we stay in my aunt's house for a while. But my parents will move here soon.

Question 1: Where did they meet?

Answer 1: They met in the first class at school.

Question 2: Where does Jinna live?

Answer 2: Jinna lives in her aunt's house with her sister.

Introducing friend

Soyeon	Hello. How have you been?
Minhee	Hi, It's been great. How is it going?
Soyeon	It's all good.
Minhee	Nice. Oh, this is Jane. We went to elementary school together.
Jane	Hi, How are you?
Soyeon	Hi, Nice to meet you. Have you guys kept in touch since graduating elementary school?
Jane	Yes, we have. Actually we live close near the downtown and hang out often. You can hang out with us if you want.
Soyeon	Sure. Let me know then.

Question 1: How did Minhee and Jane meet each other?

Answer 1: They met in the elementary school. They went to same school.

Question 2: Where Minhee and Jane live?

Answer 2: They live close in the downtown.

2회기

예시 사진

사진 1[7]

1. The man is pointing at something.

2. He is carrying a black backpack.

3. He is in white T-shirts and has blond hair.

사진 2[8]

1. They are riding the horses.

2. They seem to be talking to each other.

3. There is a wooden house behind them.

7) https://www.reddit.com/r/photoshopbattles/comments/26sjyl/this_kid_pointing_at_something/
8) http://www.dogwoodcanyon.org/Page/Horseback-Riding.aspx

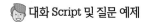

Whose basketball is this?

Jin	I'm going to enjoy school basketball team.
Teamin	Are you? I didn't know you like basketball though. Then you would be jealous if you see this.
Jin	Whose basketball is this?
Teamin	It's mine and I got Lebron James's autograph on this ball.
Jin	Oh my gosh, that is super cool. You mean LA Lakers player Lebron James?
Teamin	Yes, What team are you rooting for?
Jin	I'm a big fan for New York Knicks. How about you?
Teamin	I'm rooting for LA Lakers.

Question 1: What is Teamin's basketball different from other basketball?

Answer 1: It's has famous basketball star's autograph on it.

Question 2: Which team Jin is rooting for?

Answer 2: Jin is rooting for New york knicks.

What is your favorite activity?

Sora	How is it going?
Yuri	Nothing special.
Sora	Do you have any plan for this spring break?
Yuri	No. Do you?
Sora	Me neither, I want to do something exciting.
Yuri	What do you want to do?
Sora	I haven't decided yet. What is your favorite activity? May be we can do it together.
Yuri	I just like to walk along the riverside. It makes me relaxed. That is one of the thing I want to do most whenever I have a free time.

Question 1: What are they talking about?

Answer 1: They are talking about what they are going to do during the spring break.

Question 2: What is Yuri's favorite activity?

Answer 2: Yuri likes to walk along the riverside.

3회기 누가누가 빨리 만드나?!

예시 사진

사진 1[9]

1. This woman is brushing her teeth.

2. Her tooth brush is yellow.

3. She is wearing a orange colored t-shirt.

사진 2[10]

1. I ride a bus everyday.

2. The bus is green.

3. Number of this bus is 9000.

---

9) http://www.freestockphotos.biz/stockphoto/17067
10) https://ko.wikipedia.org/wiki/%ED%8C%8C%EC%9D%BC:%EC%84%9C%EC%9A%B8%EC%8B%9C%EB%82%
B4%EB%B2%84%EC%8A%A4_708%EB%B2%88.JPG

Chulsoo	Good morning Jake.
Jake	Good morning. When do you get up in the morining?
Chulsoo	I usually get up at 6 o'clock.
Jake	Wow! I get up at 7 o'clock.
Chulsoo	How do you come to school Jake?
Jake	I walk to school everyday. How about you?
Chulsoo	I take a bus to school everyday.
Jake	That is why you get up so early.

Question 1: What time does Chulsoo get up in the morning?

Answer 1: He get up at 6 o'clock.

Question 2: How does Jake come to school everyday?

Answer 2: He walks to school.

🧑 수행평가: 둘로 짝을 지어 매일 아침 몇시에 일어났는지 물어봅시다.

Mike	What time do you get up?
Jane	I get up at 8 o'clock. What time do you get up?
Mike	I get up at 9 o'clock.

4회기

예시사진

사진 1[11]

1. My favorite class is gym class.

2. Children are playing a soccer.

3. They are wearing a red t-shirts.

사진 2[12]

1. My favorite fruit is Banana.

2. Banana is green.

3. There are four different fruits.

11) https://pxhere.com/en/photo/594839
12) https://www.pexels.com/photo/fruit-fruit-bowl-fruits-fruity-162683/

 대화 Script 및 질문 예제

Hanna	What class do you have today?
Minsoo	I have gym class. It is my favorite class.
Hanna	My favorite class is art class.
Minsoo	Do you have art class today?
Hanna	No I don't. I had art class yesterday.
Minsoo	What is your other favorite class?
Hanna	My other favorite class is math class.
Minsoo	Math class? It's boring.

Question 1: What is Minsoo's favorite class?

Answer 1: His favorite class is gym class.

Question 2: What are Hanna's favorite classes?

Answer 2: Her favorite class is art class.

수행평가: 둘로 짝을 지어 좋아하는 과목을 물어봅시다.

Mike	What is your favorite class?
Jane	My favorite class is History class. What is your favorite class?
Mike	My favorite class is English class.

한국아동청소년
상담학회
상담학시리즈1

PART 02

협동기반 학습전략

STAD 협동학습전략

1. 프로그램 이름

STAD 협동학습으로 문단 구성하기

2. 프로그램 필요성

1) 프로그램 필요성

21세기는 세계화, 정보화, 다원화, 지식기반사회로 정의되며, 급격한 사회변화가 일어나고 있다. 또한 미래 사회에는 새로운 과학 지식과 기술, 세계시민으로서의 협동심과 경쟁력을 가진 인간이 요구되고 있다(교육인적자원부, 2001). 협동학습은 전통적인 수업방식에 대한 하나의 대안으로써 제안이 될 수 있다. 협동학습은 학생들의 긍정적인 상호 의존성을 바탕으로 서로 도와주고 격려하며 과제를 해결해 나가는 과정을 통해 책임을 공유함으로써 학습과정에 적극적으로 참여할 수 있고, 학습자의 사회성도 길러 줄 수 있는 교수 방법이다(Johnson & Johnson, 1989). 실제로 협동학습은 여러 교과에서 학습동기 및 학습태도, 학업성취도 등 인지적 영역과 정의적 영역 전반에 걸쳐 긍정적인 영향을 준다고 보고되었다(Cohen, 1994: Johnson 등, 1981; Tingle & Good, 1990).

협동활동에는 수많은 모형들이 있으며, 이러한 모형을 변형해 발달시킨 새로운 모형들도 많이 개발되고 있다. 협동학습을 적용한 연구로는 1970년대 이후 Jigsaw, JigsawⅡ, GI, TAI, LT, STAD, TGT, CIRC 등 다양한 협동학습 모형이 개발되었으며 그 효과에 대한 검증도 이루어졌다.

협동학습 모형 중 STAD 협동학습은 R. E. Slavin에 의해 개발된 모형으로 기본 기능의 습득이나 사실적 지식의 이해를 위해 고안된 것이다. STAD 협동학습에서는 공동의 목표를 달성하기 위해 소집단을 활용할 것을 강조하고 있다(Slavin, 1986). STAD는 학습자의 학습동기를 유발시키기 위한 목적으로 보상체제를 도입하고 있는데, 보상체제의 구조가 활발한 동료 간의 상호작용과 학습동기를 촉진시켜 준다. 또한 이 모델은 긍정적 상호작용을 모두 갖추고 있다는 장점을 가지고 있다. 특히 STAD는 초등학생부터 대학생까지 광범위하게 적용될 수 있으며, 상호작용이 활발할수록 성취도가 높게 나타난다고 보고되었다.

따라서 협동활동의 절차가 분명하여 처음 협동활동을 시작하는 교사들도 쉽게 활용할 수 있고, 지식교육은 물론 인성교육에도 효과가 있다고 알려진 STAD 모형을 적용한 협동학습전략을 적용한 프로그램을 구상하고자 한다.

2) 문단 구성 능력을 위한 협동학습의 필요성

진정한 협동학습이 되기 위해 필요한 긍정적 상호의존성, 개인적 책임감, 적극적 상호작용은 '문단 구성 능력' 신장에도 도움이 된다. 동료 학습자와 한 팀이라고 믿는 긍정적 상호의존성, 자신에게 주어진 일을 해내야 한다는 개인적 책임감, 동료 학습자와 언어적, 심리적으로 끊임없이 소통하는 적극적 상호작용은 문단 구성 학습과 결합하여 학습자의 문단 구성 능력을 신장시키고 학습에 몰입하게 한다. 협동학습이 문단 구성 능력 신장에 적합한 이유를 구체적으로 제시하면 다음과 같다.

첫째, 협동학습은 학습자의 참여를 유도할 수 있는 여러 장치가 있기 때문에 학습자가 수업에 적극적인 태도를 보인다. 쓰기 관련 지식을 배우고 연습하는 과정은 성인에게도 어려운 과정이다. 이를 배우는 학습자는 지루하고 힘들 수밖에 없다. 힘든 상황에서 학습자는 자신의 능력을 최대한 발휘할 수 없다. 그리고 힘들어하고 지루해 하는 학습자를 보면서 교사도 지치기 마련이다. 하지만 동료 학습자와 적극적으로 상호작용하며 함께 학습하고, 개별 향상 점수와 소집단 보상을 제공하는 협동학습 구조는 학습자가 문단 구성 수업에 적극적으로 참여하도록 하면서 활기를 불어넣을 수 있다.

둘째, 협동학습은 동료 학습자가 긍정적 상호의존성을 가지고 항상 옆에서 도움을 주기 때문에 문단 학습을 하는 학습자에게 많은 피드백을 제공할 수 있다. 학습자가 문단 구성 시 어려움을 느낄 때 이에 대한 피드백이 필요하다. 그러나 한 학급에 20명에서 30명의 학습자가 있는 상황에서 교사가 학습자에게 충분히 피드백을 주기란 매우 힘든 일이다. 하지만 협동학습은 학습자끼리 긍정적 상호의존성을 가지고 의사소통하면서 수시로 피드백을 줄 수 있는 환경을 제공한다. 협동학습을 통해 학습자는 서로의 독자가 되어 문단 구성에 대해 의견을 제공해 줄 수 있다.

셋째, 협동학습은 동료 학습자와 상호작용하는 과정에서 사고가 확장되기 때문에 학습자가 문단을 보다 쉽게 구성할 수 있다. 학습자는 문제를 함께 해결해나가는 과정 속에서 동료 학습자의 이야기나 동료 학습자의 문제 해결 과정을 지켜보면서 미처 생각하지 못했던 것을 알게 된다. 또한 동료 학습자의 말에 자극을 받아 배경지식이 활성화 되고, 사고력이 확장될 수 있다. 그래서 이를 바탕으로 보다 쉽게 문단을 구성할 수 있다.

넷째, 협동학습은 동료 학습자와 상호작용을 할 기회를 많이 제공하기 때문에 학습자가 문단 지식을 쉽게 익힐 수 있다. 문단 지식에는 문단의 개념과 구조, 구조 유형, 전개 원리, 전개 방식, 종류 등이 있다. 이런 지식을 습득하는데 교사의 설명만으로 가르치는 것보다 교사의 설명 후 동료 학습자의 설명이 덧붙여지면 더 효과적이다. 비고츠키는 아동의 인지 발달이 자기 문화 속의 성인들이나 또는 더 유능한 또래들과의 대화와 상호작용을 통해 일어난다고 믿었다. 성인과 유능한 동료 학습자는 아동의 이해를 진척시키기 위한 알맞은 도움을 제공해줄 수 있다. 특히 동료 학습자의 경우 그들만이 사용하는 언어를 이용하여 성인보다더 쉬운 말로 지식을 전달할 수 있다. 따라서 문단 지식에 관한 교사의 설명을 어려워하는 동료 학습자에게 좀 더 쉬운 말로 전달해 줄 수 있다.

3. 프로그램 목표 및 기대효과

1) 프로그램 목표

STAD 협동학습 모델의 특성에 근거한 목표는 다음과 같다.

첫째, 구성원 각자의 목표뿐만 아니라 집단의 목표가 있어 서로 돕고, 도움을 받으려 한다 (집단의 목표).

둘째, 집단에 대한 책무성과 과제에 대한 분업이 이루어져 개별적 책무성이 강조됨으로써 개인의 능력을 최대로 발휘할 수 있다(개별적 책무성).

셋째, 개인의 능력에 관계없이 집단에 기여할 수 있는 성공의 기회가 균등하게 주어져 스스로 노력하게 된다(성공의 기회 균등).

넷째, 소집단 간의 경쟁이 유발되어 구성원들의 결속이 다져지고 구성원들의 학습동기가 촉진된다(소집단 간의 경쟁).

2) 기대효과

STAD 협동학습의 효과를 언급하기 이전에 일반적인 협동학습의 효과를 정리하면 다음과 같다(정문성, 김동일, 1996). 첫째, 학생과 교사의 의사소통과정에서 자연스럽게 지식을 생성·습득할 수 있다. 수업 시간에 학생과 교사, 학생과 학생은 의사소통을 통해 학습의 기회를 제공받고 이들 간의 토의와 협력을 통한 상호작용 속에서 학습할 수 있다. 둘째, 많은 학생들을 효과적으로 동시에 지도할 수 있다. 협동학습은 동료가 또 하나의 교사의 역할을 대신하기에 협력하여 학습하므로 다인수 학급을 지도하기에 효과적이다. 셋째, 정의적인 측면에서 긍정적인 영향을 준다. 수업활동과 학습과제, 교사들에 대한 학습자의 태도는 협동학습 상황에서 긍정적으로 형성되고 심리적 긴장감이나 불안의 수준도 낮아지며 자아존중감도 쉽게 길러진다. 넷째, 학업성취도 향상에 효과적이다. 학습의 기회가 동등하게 주어지고 협력을 통한 학습이 완벽하게 이루어질 때, 협동학습은 학생들의 학업성취도 향상에 긍정적으로 작용한다.

STAD 협동학습은 위와 같은 일반적인 협동학습의 효과를 가지고 있는 동시에 STAD 협동학습만의 특징으로 인해 다음과 같은 효과가 있다. 다양한 협동학습 중 STAD 협동학습은 수업절차가 비교적 체계적으로 정리되어 있어 수업에 활용도가 높다. STAD 협동학습의 가장 큰 특징 중 하나는 보상을 강조한다는 것이다. 일반적으로 보상에는 크게 세 가지가 있는데, 가장 기여도가 크거나 점수를 많이 얻는 학습자에게 최상의 보상을 해주는 형평체제, 학습자의 기여도나 점수가 높고 낮음에 관계없이 참가상 등 모든 학습자에게 공평하게 보상하는 평등체제, 학습자의 필요에 따라 보상해 주는 필요체제가 있다. 그런데 STAD 협동학습은 이러한 보상체제를 가장 효과적으로 조화시켜 활동하도록 만들어진 모형이다.

STAD 협동학습 내에서 이루어지는 협동학습에서는 집단 간의 경쟁을 강조하여 매 시간 형성평가를 실시하며 이 성적에 따라서 개인과 소집단의 보상을 얻게 된다. 이때 이 보상을 얻기 위해 학습활동 상황에서 소집단원들은 서로 협동을 하게 된다. 형성평가에서 성적이 낮은 학생이 완전한 학습으로 높은 점수를 획득했을 경우, 성적이 높은 학생이 높은 점수를 획득한 경우보다 더 많은 보상을 얻을 수 있다. 따라서 동료와의 긍정적인 상호의존적인 관계 속에서 학습과제를 해결하는 경험을 갖게 되고, 학습에 대한 자신감과 높은 수준의 자아 존중감, 자아효능감이 형성되는 효과를 가져 온다. 또한 형성평가의 점수는 계속적으로 게시되기 때문에 자신의 학습 성취 정도를 파악하며 노력할 수 있다.

수업진행 시 학습자 간의 연습의 기회가 많이 제공되고 학습자 간의 활발한 토론과 피드백을 통하여 학습과제에 대한 인지적 재구성이나 정교화가 실시되기에 개인적으로 학습능력이 향상될 수 있고, 동료 간에 협동학습과 팀의 향상을 위한 동기가 주어지기에 사회성도 발달할 수 있으며, 개별 향상점수로 팀의 보상이 돌아가기에 학습능력이 낮은 학습자는 자아효능감이 발달한다.

따라서 STAD 학습 방법은 구성원 각자의 목표뿐만 아니라 집단의 목표가 있어 서로 돕고, 도움을 받으며 집단에 대한 책무성과 과제에 대한 분업이 이루어져 개별적 책무성이 강조됨으로써 개인의 능력을 최대로 발휘할 수 있다. 또한 개인의 능력에 관계없이 집단에 기여할 수 있는 성공의 기회가 균등하게 주어져 스스로 노력하게 되고, 소집단 간의 경쟁이 유발되어 구성원들의 결속이 다져지고 구성원들의 학습동기가 촉진된다.

이와 같은 특징 때문에 STAD 협동학습은 흥미가 없는 학습내용을 학습하거나 단순한 기능을 익히는 수업에서 사용하기에 용이하며 다양한 과목에서 보편적으로 적용되고 있다.

1) 협동학습전략의 정의

Slavin(1980)은 협동학습을 서로 이질적인 학습자로 구성된 소집단에서 동일한 집단 목표를 향해 학생들이 서로 도우며 수업을 해나가는 것과 관련된 다양한 기술의 총칭이라 하였고, Johnson과 동료들(1974)은 단순히 학생들이 책상에 같이 앉아 있다는 것, 과제를 먼저 해결한 학생이 늦은 학생들을 개별적으로 돕는 것만으로는 협동학습이 될 수 없다고 이야기하면서, 협동학습을 학습자가 자기 자신뿐만 아니라 다른 사람의 학습을 극대화하기 위해서 함께 노력하는 소집단의 수업적 활용이라고 정의하였다. 즉, 협동학습이란 공동의 업적을 이루기 위해 집단목표를 설정하고 이를 향해 여러 명의 학생으로 구성된 소집단이 상호작용하는 학습방법이라고 볼 수 있다.

지금까지 협동학습의 활용을 위해 구체적인 적용 방식에 있어서 각기 다른 독특성을 지닌 매우 다양한 형태의 수업모형이 연구되고 개발되어 왔다. 협동학습 모형은 집단 간 협동을 채택하는가, 아니면 집단 간 경쟁을 채택하느냐에 따라 학생팀학습(Student Team Learning; STL)과 협동적 프로젝트(Cooperative Project; CP) 유형으로 나눌 수 있다. 먼저, 학생팀학습(STL) 유형은 집단 내에서는 협동을 집단 간에는 경쟁체제를 적용하며, 대표적인 수업 모형으로는 Student Teams Achievement Divisions 모형(STAD), Team-Games-Tournament 모형(TGT), Jigsaw 수업 모형, 팀보조 개별화 수업 모형(TAI) 등이 있다. 다음으로 협동적 프로젝트(CP) 유형은 집단 내 협동뿐만 아니라 집단 간에도 협동을 하도록 유도하는데, 여기에는 자율적 협동학습(Co-op Co-op), 집단탐구(Group Investigation), 함께 학습하기(Learning Together; LT)모형 등이 있다.

2) 협동학습전략의 구성요소

Roger와 Johnson(1994)은 협동학습의 핵심 요소로, 다른 사람의 학습이 자신의 학습에 도움을 주고 자신의 학습이 다른 사람에게 도움을 주는 관계를 의미하는 '긍정적 상호의존성(positive interdependense)', 각 학습자가 집단 공동의 성공을 위해 노력함과 동시에 구성원 각 개인의 성공적 학습의 달성을 의미하는 '개별적 책무성(individual accountability)', 구성원들이 자신이 아는 것을 동료에게 설명하면서 토론하고 가르치는 상호작용을 의미하는 '면대면 상호작용(face-to-face interaction)', 리더십, 의사결정력, 신뢰구축, 의사소통, 갈등조정 등의 소집단의 상호작용을 위한 '협력기술(collaborative skills)', 구성원들이 그들의 목표를 잘 달성할 수 있도록 어떻게 하면 효과적인 작업관계를 가질 수 있을지 논의하는 것을 의미하는 '집단과정(group processing)'을 언급하였다.

또한 이종두(1997)는 협동학습과 관련된 여러 연구들을 종합하여, 협동학습이 갖추어야 할 기본 요소를 다음과 같이 정리하였다.

① 학습 집단을 2~6명의 소집단으로 구성한다.
② 학습과제에 대한 구성원 간 상호의존성을 높이는 구조가 필요하다.
③ 적극적으로 협동하려는 동기를 유발하는 유인구조가 필요하다.
④ 집단 구성원 개개인은 집단의 성공에 대해 책임을 지도록 해야 한다.
⑤ 집단의 효율적 학습과 의사결정을 위한 훈련이 필요하다.

3) STAD(Student Teams Achievement Divisions) 모형

많은 종류의 협동학습 중 하나인 성취도 배분 학습법(STAD)은 기본적인 기능 습득이나 사실, 개념 등을 학습할 때 주로 활용되는 방법이다. STAD의 단계를 보면 학습 내용과 자료를 제시하는 교사의 학습 안내 후, 4명의 이질적 소집단이 교사가 제시한 학습지를 함께 해결한다. 각 소집단은 학습지를 함께 해결하면서 개별 시험을 준비한다. 이후, 개별 시험이 진행되고, 개별 시험을 치른 후에는 개별 향상 점수를 산출하거나 합산하여 평균을 내어 소집단별로 보상이 이루어지도록 한다.

4) 협동학습전략 예시프로그램

김나연(2012)은 협동학습을 활용하여 초등학교 고학년 학생들의 문단 구성 능력을 신장하기 위한 방안을 제시하였다. 서울 소재 M초등학교 5학년 24명을 대상으로 협동학습을 활용한 문단 구성 지도를 2주간 적용하였다. 크게 문단의 개념, 구조와 구조 유형, 원리, 전개 방식, 종류를 문단 구성 지도의 내용으로 제시하였으며, 문단 구성 지도의 단계는 크게 '수업 준비', '문단 지식 안내', '소집단별 문단 구성 연습', '문단 구성 평가 및 보상'으로 나눈다([표 2.1 참조]).

2주간의 수업 후 문단 구성 능력 측면과 문단 구성 학습에 대한 태도의 측면에서 사전·사후 검사의 결과 비교를 통해 그 효과를 검증하였다. 먼저, 학습자의 문단 구성 능력 부분에서는 학습자의 문단 구성 능력의 총점이 평균 4.88점에서 16.17점으로 크게 올라 학습자의 전체적인 문단 구성 능력이 유의미하게 향상된 것을 확인하였다. 또한 문단 구성 능력을 형식적 구성능력과 내용적 구성능력의 하위 영역으로 나누어 사전·사후 점수를 비교하였을 때도 모두 통계적으로 유의미하게 향상되었음이 확인되었다. 다음으로 학습자의 문단 구성 학습에 대한 태도를 분석하기 위하여 설문조사와 인터뷰가 실시되었다. 이 때, 설문조사와 인터뷰 내용은 협동학습을 통한 문단 구성 지도에 대한 선호도, 쓰기에 대한 자신감, 교사의 지도 효과, 동료 학습자의 도움 정도, 수업 참여도 등이다. 분석 결과 협동학습을 활용한 문단 구성 지도가 모든 조사 항목에 대하여 긍정적 영향을 주었음이 밝혀졌다.

표 2.1 협동학습을 통한 문단 구성 지도 단계

수업단계		교수·학습 활동	문단 구성 능력 신장 내용 요소	
수업 준비 (사전 평가)		• 사전 평가를 통한 소집단 구성 • 협동학습 운영을 위한 학급 규칙 설명 • 소집단의 공동체 의식 형성 • 사회적 기술 훈련		
본시 교수 · 학습 과정	문단 지식 안내	• 학습 목표의 명시적인 제시 • 협동학습 단계 설명 • 문단 구성을 위한 지식 안내	1차시	문단의 개념
			2차시	문단의 구조와 구조 유형
	소집단별 문단 구성 연습	• 소집단 내 구성원의 역할 재확인 • 소집단 구성원들의 문단 지식을 적용한 문단 구성 연습 • 소집단별 문단 구성 연습 확인	3차시	문단의 전개원리
			4-5차시	문단의 전개방식
			6차시	문단의 종류
문단 구성 평가 및 보상(사후 평가)		• 개별 평가 및 향상 점수 산출 • 개별 향상 점수에 따른 소집단 보상		

참조: 김나연(2012). 협동학습을 통한 문단 구성 능력 신장 방안 연구.

5. 프로그램 구성

① 기간: 6주간 주 1회(1시간)

② 대상자: 초등학교 고학년

③ 진행자: 교사

④ 진행방법: 집단

⑤ 실시상의 유의점

협동학습의 원리는 혼자서가 아니라 동료 학습자와 함께 상호작용하며 배울 수 있도록 하는 것이다. 따라서 효과적인 협동학습을 위해 소집단 구성원 간 긍정적 상호의존성을 느낄 수 있도록 하는 것이 필요하다.

협동학습 중 다른 구성원에게 지나치게 의존하는 일이 발생하지 않도록 개인적 책임감을 강화하는 역할과 보상 제도를 도입할 필요가 있다.

협동학습 중 구성원 간 적극적인 상호작용이 발생할 수 있도록 의사소통 방법, 의견 결정 방법, 갈등 조절 방법 등 사회적 기술에 대해 안내하고 소집단 규칙을 정할 수 있도록 해야 한다.

소집단별로 함께 활동하고 함께 보상받을 수 있도록 하며, 구성원 간 격려와 조언을 통해 적극적으로 학습에 참여할 수 있도록 해야 한다.

⑥ 프로그램 내용

회기	회기별 제목	세부 활동 내용
1회기	오리엔테이션	– 소집단 구성 – 협동학습 운영을 위한 OT – 소집단 규칙 익히기
2회기	문단의 개념	– 도입 – 교사 개념 지도 – 집단별 연습
3회기	문단의 구조와 구조 유형	– 도입 – 교사 개념 지도 – 집단별 연습
4회기	문단 전개 원리	– 도입 – 교사 개념 지도 – 집단별 연습
5회기	문단 전개 방식	– 도입 – 교사 개념 지도 – 집단별 연습
6회기	마무리	– 문단 구성 및 평가 – 협동학습 프로그램 마무리

회기	1회기	주제	오리엔테이션		
목표	· 협동학습을 위한 소집단을 구성한다. · 협동학습의 개념, 진행절차, 진행방법을 익힌다.				
준비물	워크북, 필기구			시간	40
과정	내용			유의점	
도입	○ 활동 명: 소집단 구성 ○ 활동 목표 　1) 4~6명의 소집단을 구성한다. ○ 활동 내용 　1) 성별, 성격, 학습자의 능력 등을 최대한 고려하여 이질적으 　　로 4-6명의 소집단을 구성한다.				
전개	○ 활동 명: STAD 협동학습 운영을 위한 오리엔테이션 ○ 활동 목표 　1) STAD 협동학습의 개념과 특징을 익힌다. 　2) STAD 협동학습의 운영방법에 대해 안다. ○ 활동 내용 　1) STAD란 무엇인가? 　2) STAD의 개념 및 특징 알기 　3) STAD의 절차 익히기 　4) 소집단활동 방법, 소집단 토의방법 및 규칙 안내 　5) STAD의 규칙과 유의점 익히기 　6) 개별 및 팀 향상 점수에 대하여 익히기 　7) 기본점수와 향상점수 계산방법 안내 　8) 소집단 점수의 게시와 보상방법 안내				
정리	○ 활동 명: 마무리 활동 ○ 활동 목표 　1) 다음에 배울 내용에 대해 안내한다. ○ 활동 내용 　1) 다음 시간에 배울 내용에 대해 안내한다.				

STAD 협동학습 진행

 STAD 협동학습의 진행절차에 대해 알아봅시다.[1]

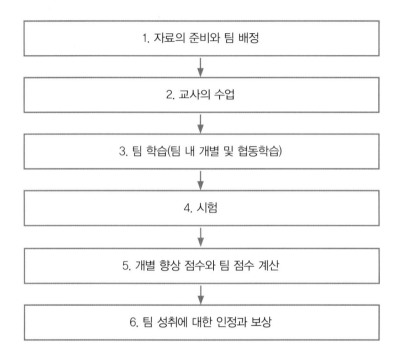

```
┌─────────────────────────────────────┐
│        1. 자료의 준비와 팀 배정         │
└─────────────────────────────────────┘
                  ↓
┌─────────────────────────────────────┐
│            2. 교사의 수업             │
└─────────────────────────────────────┘
                  ↓
┌─────────────────────────────────────┐
│   3. 팀 학습(팀 내 개별 및 협동학습)    │
└─────────────────────────────────────┘
                  ↓
┌─────────────────────────────────────┐
│              4. 시험                 │
└─────────────────────────────────────┘
                  ↓
┌─────────────────────────────────────┐
│    5. 개별 향상 점수와 팀 점수 계산     │
└─────────────────────────────────────┘
                  ↓
┌─────────────────────────────────────┐
│      6. 팀 성취에 대한 인정과 보상      │
└─────────────────────────────────────┘
```

1) 한유미, 2008.

회기	2회기	주제	문단의 개념
목표	· 문단이 무엇인지 알 수 있다. · 문단의 중심 내용과 글의 주제를 알 수 있다.		

준비물	워크북, 필기구	시간	40

과정	내용	유의점
도입	○ 활동 명: 문단의 개념 익히기 ○ 활동 목표 　1) 문단이 무엇인지 알고 구분할 수 있다. ○ 활동 내용 　1) 문단이 무엇인지 설명하고 예시 글 제시하기 　　① 문단은 글의 일부분 　　② 문단은 하나의 중심 내용을 나타내는 문장과 그에 대 　　　한 세부 내용을 나타내는 문장의 모임 　　③ 문단은 들여쓰기와 줄바꾸기에 의해 형식적으로 구분됨 　2) 들여쓰기와 줄바꾸기 예시 제시하기	
전개	○ 활동 명: 주제 파악하기 ○ 활동 목표 　1) 문단의 중심내용을 파악할 수 있다. 　2) 전체 글의 중심 주제를 파악할 수 있다. ○ 활동 내용 　1) 글의 주제와 문단의 중심 내용 찾는 시범 보이기 　2) 들여쓰기와 줄바꾸기가 되지 않은 글을 보고 들여쓰기와 줄 　　바꾸기 　3) 글을 보고 문단의 개수와 글의 주제, 문단의 중심 내용 찾기	
정리	○ 활동 명: 마무리 활동 ○ 활동 목표 　1) 오늘 배운 내용에 대해 복습하고, 다음에 배울 내용에 대해 　　안내한다. ○ 활동 내용 　1) 오늘 배운 내용에 대해 복습한다. 　2) 다음 시간에 배울 내용에 대해 안내한다.	

2회기 문단이란?

 (가)와 (나) 중 어떤 글이 더 잘 쓴 글인지와 그 이유에 대해 이야기해 봅시다.

(가)

　내가 좋아하는 음식은 불고기와 비빔밥입니다. 불고기는 고기에 양념을 넣어 달콤하고 맛있습니다. 비빔밥은 여러 종류의 나물을 한입에 먹을 수 있어서 좋습니다.

　내가 좋아하는 동물은 진돗개입니다. 진돗개는 성격이 온순하고 머리도 영리하여 좋아하게 되었습니다.

(나)

　내가 좋아하는 음식은 떡과 김밥입니다. 떡은 쫄깃쫄깃하고 간편하게 먹을 수 있어서 좋습니다. 내가 좋아하는 동물은 고양이입니다. 어릴 때 키웠는데 노는 모습이 귀여워 좋아하게 되었습니다.

👦 조원들과 협동하여 다음의 문제에 답해봅시다.

<자연은 발명왕>

　우리 주위의 자연을 살펴보면 그 생김새가 다양합니다. 이런 자연을 본떠 만든 발명품들이 있습니다. 자연을 본떠 만든 발명품에 대해 알아봅시다.

　유리창에 붙어 있는 인형은 문어의 빨판을 본떠 만들었습니다. 문어는 빨판을 이용하여 어디에나 잘 달라붙습니다. 우리가 흔히 쓰는 칫솔걸이도 이것을 본떠 만든 물건입니다.

　낙하산은 민들레씨를 본떠 만들었습니다. 민들레씨의 가는 실 끝에는 털이 여러 개 달려있습니다. 이 털이 있어서 민들레씨는 둥둥 떠서 멀리까지 날아갈 수 있습니다. 또, 천천히 땅에 떨어지게 됩니다. 낙하산을 이용하면 비행기에서 안전하게 땅으로 내려올 수 있습니다.

　우리가 흔히 말하는 '찍찍이', 벨크로는 도꼬마리 열매를 본떠 만들었습니다. 도꼬마리 열매에는 갈고리 모양의 가시가 많이 있습니다. 그래서 새나 짐승의 털에 잘 붙습니다. 이것을 보고 단추나 끈보다 더 쉽게 붙였다 떼었다 할 수 있는 벨크로를 만들었습니다.

　잠수함은 향고래를 본떠 만들었습니다. 향고래는 바다 깊은 곳까지 잠수할 수 있습니다. 잠수를 잘하는 이유는 바로 머리 때문입니다. 향고래의 머릿속에는 기름 덩어리가 있는데 이 기름 덩어리가 굳으면 추를 매단 것처럼 바닷속 깊이 들어갈 수 있습니다. 잠수함은 향고래처럼 탱크에 물을 채웠다 뺐다 하면서 바닷속을 오르내릴 수 있습니다.

　이처럼 발명품 중에는 자연을 본떠 만든 것들이 있습니다. 자연을 잘 관찰하다 보면 훌륭한 발명품을 만들 수 있습니다.

참조: 3학년 2학기 2단원 쓰기 <이렇게 하면 돼요>, 1학년 2학기 5단원 읽기 <더 알고 싶어요>.

01 〈자연은 발명왕〉에는 몇 개의 문단이 있습니까?

02 두 번째 문단의 중심 내용은 무엇입니까?

03 세 번째 문단의 중심 내용은 무엇입니까?

04 〈자연은 발명왕〉의 주제는 무엇입니까?

회기	3회기	주제	문단의 구조와 구조 유형
목표	· 문단이 어떠한 구조로 이루어졌는지 알 수 있다. · 문단 구조의 유형을 익힌다.		
준비물	워크북, 필기구	시간	40
과정	내용		유의점

과정	내용	유의점
도입	○ 활동 명: 문단은 어떻게 이루어질까? ○ 활동 목표 　1) 문단이 어떠한 구조로 이루어지는지 알고 설명할 수 있다. ○ 활동 내용 　1) 중심 문장, 뒷받침 문장이 무엇인지 설명하기 　2) 문단에서 중심 문장, 뒷받침 문장 찾기	
전개	○ 활동 명: 문단 구조 유형에 따른 문단 구성 ○ 활동 목표 　1) 중심 문장과 뒷받침 문장으로 구성된 문단을 완성할 수 있다. 　2) 두괄식, 미괄식, 양괄식, 중괄식, 무괄식 문단 구조가 무엇인 　　지 알고 구분할 수 있다. 　┌─────────────────────────┐ 　│ 중심 문장의 위치에 따라 구분 　│ ① 두괄식: 중심 문장이 문단의 가장 처음에 위치하는 유형 　│ ② 미괄식: 뒷받침 문장을 먼저 제시하고 중심 문장을 마 　│ 　지막에 제시하는 유형 　│ ③ 양괄식: 중심 문장이 문단의 처음과 마지막에 되풀이 　│ 　되어 나오는 유형 　│ ④ 중괄식: 뒷받침 문장 가운데 중심 문장을 제시하는 유형 　│ ⑤ 무괄식: 중심 문장을 제시하지 않는 유형 　└─────────────────────────┘ ○ 활동 내용 　1) 문단의 중심 문장을 빈 공간으로 둔 채 중심 내용과 뒷받침 　　문장을 제시하고 중심 문장 쓰는 시범 보이기 　2) 두괄식, 미괄식, 양괄식, 중괄식, 무괄식의 개념과 장·단점을 　　예를 제시하며 설명하기	학생들에게 두괄식으로 문단이 주로 구성되는 이유에 대해 생각해보도록 한다.
정리	○ 활동 명: 마무리 활동 ○ 활동 목표 　1) 오늘 배운 내용에 대해 복습하고, 다음에 배울 내용에 대해 　　안내한다. ○ 활동 내용 　1) 오늘 배운 내용에 대해 복습한다. 　2) 다음 시간에 배울 내용에 대해 안내한다.	

3회기 문단의 구조와 유형

 다음 문단에서 가장 중요한 문장을 빨리 찾아봅시다.

> 씨앗을 퍼뜨리는 방법은 식물마다 다릅니다. 민들레는 가벼운 솜털 모양의 씨앗을 만들어 씨앗이 바람을 타고 멀리 날아갈 수 있도록 합니다. 봉선화의 열매는 익으면 저절로 터져서 씨앗이 흩어집니다. 도깨비바늘은 동물의 털이나 사람의 옷에 달라붙어 멀리 옮겨 갈 수 있습니다. 참외는 동물들이 먹고 다른 곳으로 가서 똥을 누면 멀리 퍼지게 됩니다.

조원들과 협동하여 다음의 문제에 답해봅시다.

> <노력만큼 크는 키>
>
> 초등학교 시절은 성장에 매우 중요한 시기이다. 키가 크는 데 영향을 주는 요인은 유전 이외에도 다양한데, 크게 네 가지를 들 수 있다. 균형 있는 영양 섭취와 규칙적인 운동, 충분한 잠, 긍정적인 생각이다.
>
> 키가 크려면 균형 있는 영양 섭취가 필요하다. 특히, 단백질과 칼슘은 키가 크는 데 직접적으로 영향을 준다고 알려져 있다. 단백질과 칼슘뿐만 아니라 여러 가지 음식을 골고루 먹는 것이 좋다.
>
> 규칙적인 운동도 키가 크는 데 도움이 된다. 운동은 성장판에 적당한 자극을 주며 뇌의 성장 호르몬 분비를 촉진한다. 특히, 줄넘기나 농구 등 위아래로 많이 움직이는 운동을 하면 좋다.
>
> (   ). 잠은 키가 크는 보약으로 알려져 있다. 성장 호르몬은 깨어 있을 때보다 깊이 잠들었을 때 많이 분비되므로, 하루에 7~8시간 정도의 깊은 잠을 자는 것이 좋다.
>
> (   ). 건전하고 긍정적인 생각은 긴장을 풀어 주며 편안하고 행복한 마음이 들게 한다. 이러한 긍정적인 생각은 성장 호르몬의 분비를 증가시켜 키를 크게 하지만, 부정적인 생각은 성장 호르몬의 분비를 억제하여 성장을 방해한다.
>
> 이처럼 균형 있는 영양 섭취, 규칙적인 운동과 충분한 잠, 긍정적인 생각은 키가 크는 데 도움이 된다. 따라서 키는 타고난 것이 아니라 노력에 의해서도 클 수 있다.

참조: 4학년 2학기 5단원 읽기 <정보를 모아>.

01 윗 글은 몇 개의 문단이 있습니까?

02 윗 글의 주제는 무엇입니까?

03 보통 문단에는 한 개의 중심 문장과 두 개 이상의 뒷받침 문장으로 구성되어 있습니다. 윗 글의 2문단, 3문단의 중심 문장과 뒷받침 문장을 찾아봅시다.

문단	2문단
중심 주제	
뒷받침 문장	
중심 문장	
문단	3문단
중심 주제	
뒷받침 문장	
중심 문장	

04 2문단, 3문단을 통해 보았을 때 4문단, 5문단의 중심 문장에는 어떤 내용이 들어갈지 써 봅시다.

문단	2문단
중심 주제	
중심 문장	
문단	3문단
중심 주제	
중심 주제	

05 다음 문단의 구조의 유형은 무엇입니까?

> 운동은 성장판에 적당한 자극을 주며 뇌의 성장 호르몬 분비를 촉진한다. 특히, 줄넘기나 농구 등 위아래로 많이 움직이는 운동을 하면 좋다. 따라서 규칙적인 운동은 키 크는 데 도움이 된다.

06 위의 문단을 두괄식으로 바꾸어보세요.

회기	4회기	주제	문단 전개 원리
목표	· 문단 전개 원리를 이해한다. · 문단 전개 원리를 활용하여 문단을 구성한다.		
준비물	워크북, 필기구	시간	40

과정	내용	유의점
도입	○ 활동 명: 어떤 글이 좋은 글일까 ○ 활동 목표 　1) 읽기 좋은 문단에 대해 생각해본다. 　2) 오늘 배울 내용에 대해 안내한다. ○ 활동 내용 　1) 여러 개의 문단을 읽어 본다. 　2) 각 문단들이 어떠한 점에서 자연스럽고, 어떠한 점에서 　　어색한지 토론해 본다.	
전개	○ 활동 명: 문단 전개 원리를 활용한 문단 구성 ○ 활동 목표 　1) 문단 전개 원리를 이해한다. 　2) 문단 전개 원리에 따라 문단을 구성할 수 있다. ○ 활동 내용 　문단 전개 원리 　① 통일성　② 강조성　③ 연결성 　1) 교사는 문단 전개 원리에 대해 설명한다. 　2) 조별로 문단 전개 원리를 활용하여 문단을 구성한다. 　3) 우리 조 문단 내용을 발표한다. 　4) 문단 전개 원리(통일성, 강조성, 연결성)에 따라 다른 조 　　의 문단 내용에 대해 피드백 한다.	
정리	○ 활동 명: 마무리 활동 ○ 활동 목표 　1) 오늘 배운 내용에 대해 복습하고, 다음에 배울 내용에 대 　　해 안내한다. ○ 활동 내용 　1) 오늘 배운 내용에 대해 복습한다. 　2) 다음 시간에 배울 내용에 대해 안내한다.	

4회기 어떤 글이 좋은 글일까

 각각의 문단들을 읽어보고, 어색한 문단을 고른 후 그 이유에 대해 말해봅시다.

● 물을 아껴 쓰는 방법에는 여러 가지가 있습니다. 이를 닦을 때에는 물을 컵에 받아서 사용합니다. 변기 물통에 벽돌을 넣어 사용하면 물을 아낄 수 있습니다. 또 전기 기구를 쓰지 않을 때에는 전원 코드를 빼놓아야 합니다.

이유:

● 재료가 준비되어 있으면 떡볶이를 만드는 방법을 알아봅시다. 냄비에 물을 붓고 고추장과 설탕을 두세 숟가락 정도 넣습니다. 냄비의 물이 끓으면 양배추, 떡, 어묵 등을 넣습니다. 재료가 잘 익을 때까지 주걱으로 골고루 저어 줍니다. 떡은 먼저 물에 불려놓습니다. 그래야 떡이 말랑말랑해지기 때문입니다.

이유:

● 음식물 쓰레기의 양이 늘어나면 여러 가지 문제가 발생합니다. 첫째, 음식물 쓰레기는 자연환경을 오염시킵니다. 둘째, 음식물 쓰레기를 처리하는 데 많은 비용이 듭니다. 셋째, 음식물 쓰레기는 소중한 자원을 낭비하게 합니다. 따라서 점심시간에 먹을 만큼만 음식을 받아서 남기지 않는 습관을 기르도록 합시다.

이유:

참조: 초등학교 3학년 1학기 국어 교과서 5단원 <알기 쉽게 차례대로>, 초등학교 3학년 1학기 국어 교과서 2단원 <아는 것이 힘>, 초등학교 6학년 1학기 국어 교과서 9단원 <주장과 근거>.

4회기 문단 전개 원리를 활용한 문단 구성

오늘 배운 문단 전개 원리 세 가지는 무엇 인가요?

오늘 배운 문단 전개 원리를 활용하여 다음 글을 완성해 봅시다.

요즘은 많은 어린이가 이야기를 할 때 은어나 비속어를 사용하고 있다. 2011년 국립국어원 조사에 따르면 조사 대상 초등학생의 97퍼센트가 비속어를 사용한 적이 있다고 한다.

첫째, 고운 말로 서로 존중하는 마음을 전할 수 있다. 흔히 말이 눈에 보이지 않는 마음임을 표현할 때에 "말은 마음의 거울."이라는 격언을 사용한다. 이 말처럼 대화 상대를 존중하는 마음은 자연스럽게 고운 말로 표현되기 마련이다. 존중하는 마음이 없다면 고운 말도 나오지 않는다.

둘째, 고운 말은 다른 사람과의 대화를 원활하게 한다. 은어나 비속어는 원활한 대화를 어렵게 하고 오해를 불러일으킨다. 단순히 재미를 위하여 은어나 비속어를 사용하였다가 친구들끼리 싸움으로 이어지는 경우도 있고, 어른과 어린이의 일상적인 대화가 어려워지는 경우도 종종 있다. 다른 사람과 원활한 대화를 하고 싶다면 고운 말을 사용하여야 한다.

셋째, 고운 말을 사용하는 것은 우리말을 지키는 것과 같다. 말은 우리 민족의 혼이 담긴 소중한 문화유산이다. 고운 말 대신에 은어나 비속어를 사용한다면 그것이 우리의 후손에게 그대로 전달될 것이다. 고운 말을 사용하여 아름다운 우리말을 지켜야 한다.

참조: 초등학교 6학년 1학기 국어 교과서 9단원 <주장과 근거>.

회기	5회기	주제	문단 전개 방식
목표	· 문단 전개 방식을 이해한다. · 문단 전개 방식을 활용하여 문단을 구성한다.		
준비물	워크북, 필기구	시간	60

과정	내용	유의점

도입	○ 활동 명: 우리 모두의 글
	○ 활동 목표
	  1) 지금까지 배운 내용에 대해 복습한다.
	  2) 재미있는 활동을 통해 참여 동기를 향상시킨다.
	○ 활동 내용
	  1) 교사가 하나의 문장을 제시한다.
	  2) 지금까지 배운 내용을 활용하여 조원들이 순서대로 각각
	    하나의 문장을 써서 문단을 완성한다.
		* 학생들이 흥미 있어 할 첫 문장을 제시한다.

전개	○ 활동 명: 문단 전개 방식을 활용한 문단 구성
	○ 활동 목표
	  1) 문단 전개 방식을 이해한다.
	  2) 문단 전개 방식에 따라 문단을 구성할 수 있다.
	○ 활동 내용
	
	문단 전개 방식
	① 정의 ② 비교 ③ 대조 ④ 분류 ⑤ 분석 ⑥ 인과 ⑦ 예시
	⑧ 과정 ⑨ 설명적 묘사 ⑩ 인용
	
	  1) 교사는 문단 전개 방식에 대해 설명한다.
	  2) 워크북 문제를 풀면서 문단 전개 방식에 대해 확인한다.
	  3) 조별로 문단 전개 방식을 활용하여 문단을 구성한다.
	  4) 자신의 조 문단을 발표한다.	

정리	○ 활동 명: 마무리 활동
	○ 활동 목표
	  1) 오늘 배운 내용에 대해 복습하고, 다음에 배울 내용에 대
	    해 안내한다.
	○ 활동 내용
	  1) 오늘 배운 내용에 대해 복습한다.
	  2) 다음 시간에 배울 내용에 대해 안내한다.	

5회기 우리 모두의 글

조원들이 순서를 정하여 각각 하나의 문장을 써서, 완성된 하나의 문단을 만들어 봅시다.

[첫 문장]

다가오는 ○○월 ○○일은 '○○데이'이다.

① _____

② _____

③ _____

④ _____

문단 전개 방식에는 어떤 것들이 있나요?

 다음 문단을 보고 어떤 전개 방식이 사용되었는지 말해봅시다.

우리 조상들은 한옥에서 살았다. 한옥이란 우리나라 고유의 건축 양식으로 지은 집을 서양식 건물에 대비하여 이르는 말이다. 한옥에 온돌과 마루를 갖추고 있어, 한반도의 더위와 추위를 동시에 해결할 수 있는 한국의 독특한 주거 형식이다.

개의 생김새는 여러 가지입니다. 송아지만큼 커서 보기만 해도 겁이 나는 개가 있고, 고양이보다 작아서 무척 귀여운 것도 있습니다. 귀를 쫑긋 세우고 꼬리를 위로 말아 올려 늠름하게 보이는 개가 있는가 하면, 귀가 커서 축 늘어진 개도 있습니다. 털 색깔도 흰색, 누런색, 검은색 등 여러 가지가 있습니다.

병원에서는 진료의 순서나 방법에 따라 진료를 받아야 합니다. 우선, 병원에 도착하여 건강 보험증을 내고 진료 신청을 해야 합니다. 진료 신청서에 이름, 생년월일, 주소, 전화번호 등을 적어 접수대에 냅니다. 그러고 나서 자기 차례가 되면 진찰실로 들어가서 진찰을 받습니다. 의사 선생님이 문진을 하면 아픈 상태를 자세히 말합니다. 끝으로, 처방전을 받습니다.

국립국어원이 2011년에 발표한 '청소년 언어 실태·언어 의식 전국 조사'에서 많은 초등학생이 비속어, 공격적인 언어 표현, 은어·유행어 등의 폭력적이고 부정적인 언어를 자주 사용하는 것으로 나타났다.

로봇은 하는 일에 따라 여러 가지로 나눌 수 있습니다. 도둑이 집에 들어오는지를 감시하는 로봇이 있습니다. 이 로봇은 도둑이 들어오면 먼저 도둑에게 경고를 합니다. 그리고 재빨리 주인에게 도둑이 들어왔음을 알리고 경찰에 신고합니다. 깊은 바다에 들어가서 필요한 자원을 캐는 로봇도 있습니다. 이 로봇은 바닷 속에서 자유롭게 움직이면서 필요한 자원을 찾습니다.

우리가 아는 동물은 대부분 이빨이 있습니다. 동물은 이빨로 먹이를 잡거나 씹어서 삼킵니다. 그러나 이빨이 없는 동물도 많이 있습니다. 이가 없는 동물도 저마다 다른 방법으로 먹이를 먹습니다. 부리를 이용하여 먹이를 먹는 동물이 있습니다. 독수리는 튼튼하고 끝이 갈고리처럼 구부러진 부리로 먹이를 찢어 먹습니다. 혀로 먹이를 잡거나 먹는 동물도 있습니다. 두꺼비는 짧지만 길고 넓은 혀로 번개처럼 빠르게 벌레를 잡아 삼킵니다.

참조: 네이버 백과사전 <한옥>, 초등학교 3학년 1학기 국어 교과서 2단원 <아는 것이 힘>, 초등학교 6학년 1학기 국어 교과서 9단원 <주장과 근거>, 초등학교 5학년 2학기 국어 교과서 8단원 <언어 예절과 됨됨이>, 초등학교 3학년 1학기 국어 교과서 2단원 <문단의 짜임>.

문단 전개 방식을 활용한 문단 구성

조별로 작성하고 싶은 문단의 주제를 정하고, 앞에서 배운 문단 전개 방식 중 두 가지 이상을 활용하여 문단을 구성해 봅시다.

01 우리 조 주제

02 주제에 대한 마인드맵

03 각 문단별 주제 및 전개 방식

	주제	문단 전개 방식
1문단		
2문단		
3문단		

04 조별로 문단 작성

회기	6회기	주제	프로그램 마무리
목표	· 그동안 배운 내용에 대해 정리한다. · 배운 내용을 활용하여 조별로 문단을 구성한다.		
준비물	워크북, 필기구	시간	60

과정	내용	유의점
도입	○ 활동 명: 마인드맵 ○ 활동 목표 　1) 지금까지 배운 내용에 대해 복습한다. ○ 활동 내용 　1) 마인드맵을 통해 지금까지 배운 내용을 정리한다.	
전개	○ 활동 명: 문단 작성하기 ○ 활동 목표 　1) 적절한 방식으로 문단을 구성한다. 　2) 조별점수를 통해 협동심이 증가한다. ○ 활동 내용 　1) 교사가 주제를 제시하거나 혹은 자신이 원하는 주제를 　　선택한다. 　2) 선택한 주제에 맞는 3문단 이상의 글을 작성한다. 　3) 문단 작성 후, 조별로 문단 개념, 구조, 유형, 전개 원리 　　및 방식에 맞추어 피드백 한다. 　4) 부족한 부분을 수정·보완한다. 　5) 그동안 배운 내용에 기반하여 문단을 채점한다.	* 학생들의 참여 동기를 높이고, 협동학습의 이점을 향상시키기 위하여 조별 합산 점수를 통해 보상할 수 있다.
정리	○ 활동 명: 마무리 활동 ○ 활동 목표 　1) 그동안 배운 내용에 대해 복습한다. ○ 활동 내용 　1) 그동안 배운 내용에 대해 복습한다. 　2) 프로그램 참여에 대한 소감을 나눈다.	

마인드맵

 지금까지 배운 내용에 대한 마인드맵을 그려봅시다.

지금까지 배운 내용을 바탕으로 3문단 이상의 글을 완성해 봅시다.

01 나의 주제

02 주제에 대한 마인드맵

03 각 문단별 주제 및 전개 방식

1문단	주제	
	문단 전개 방식	
	중심 문장	
	뒷받침 문장	
2문단	주제	
	문단 전개 방식	
	중심 문장	
	뒷받침 문장	
3문단	주제	
	문단 전개 방식	
	중심 문장	
	뒷받침 문장	

04 문단 작성

05 조원 피드백

1. 문단 구분에 따른 들여쓰기가 잘 되어 있나요?	○	×
2. 문단 구분에 따른 줄바꾸기가 잘 되어 있나요?	○	×
3. 각 문단의 중심 내용이 주제와 관련 있나요?	○	×
4. 한 문단에 하나의 중심 내용만을 포함하고 있나요?	○	×
5. 각 문단에 중심 문장을 명확하게 제시하였나요?	○	×
6. 각 문단의 중심 문장과 뒷받침 문장은 관련성이 있나요?	○	×
7. 한 문단에 포함된 문장의 수는 적절한가요?	○	×
8. 문단 내에서 문장들의 연결이 자연스러운가요?	○	×
9. 글의 종류에 따른 알맞은 문단 전개 방식을 사용하였나요?	○	×
10. 도입 문단이 드러나 있나요?	○	×
11. 종결 문단이 드러나 있나요?	○	×

교사용

1회기 STAD 협동학습 진행

STAD 협동학습의 진행절차에 대해 알아봅시다.[2]

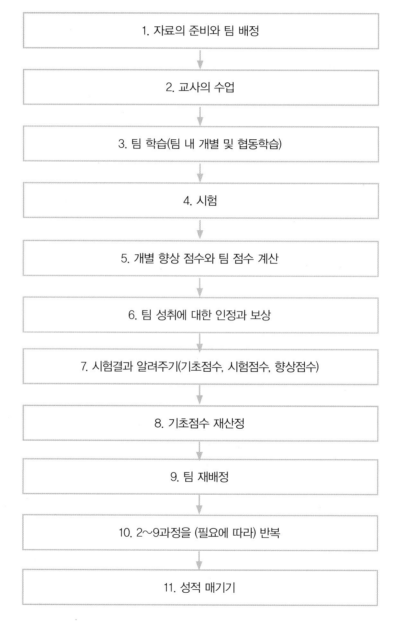

1. 자료의 준비와 팀 배정

2. 교사의 수업

3. 팀 학습(팀 내 개별 및 협동학습)

4. 시험

5. 개별 향상 점수와 팀 점수 계산

6. 팀 성취에 대한 인정과 보상

7. 시험결과 알려주기(기초점수, 시험점수, 향상점수)

8. 기초점수 재산정

9. 팀 재배정

10. 2~9과정을 (필요에 따라) 반복

11. 성적 매기기

2) 한유미, 2008.

표 2.2 향상점수 산출 기준

시험 점수	향상 점수
기본 점수보다 10점 이상 낮을 때	0
기본 점수보다 1~9점 낮을 때	10
기본 점수보다 0~9점 높을 때	20
기본 점수보다 10점 이상 높을 때	30
만점일 때(기본 점수에 관계없이)	30

참조: slavin, 1990.

표 2.3 팀보상 준거

준거	보상
0−19	Good Team
20−24	Great Team
25 이상	Super Team

표 2.4 평가기록표

평가	모둠원	P	L	K	C	향상점수 총점	팀 점수	팀 보상
1회	기본점수	80	70	90	80	70	17.5	Good Team
	형성평가 점수	90	80	80	80			
	형성점수 기본점수	+10	+10	−10	0			
	향상점수	20	20	10	20			

2회기   문단이란?

 (가)와 (나) 중 어떤 글이 더 잘 쓴 글인 것 같은지 이야기해 봅시다.

(가)
내가 좋아하는 음식은 불고기와 비빔밥입니다. 불고기는 고기에 양념을 넣어 달콤하고 맛있습니다. 비빔밥은 여러 종류의 나물을 한입에 먹을 수 있어서 좋습니다. 　내가 좋아하는 동물은 진돗개입니다. 진돗개는 성격이 온순하고 머리도 영리하여 좋아하게 되었습니다.

(나)
내가 좋아하는 음식은 떡과 김밥입니다. 떡은 쫄깃쫄깃하고 간편하게 먹을 수 있어서 좋습니다. 내가 좋아하는 동물은 고양이입니다. 어릴 때 키웠는데 노는 모습이 귀여워 좋아하게 되었습니다.

예시) 중심내용이 바뀌면 줄바꾸기를 통해 문단을 구분해야 한다.

👦 조원들과 협동하여 다음의 문제에 답해봅시다.

<자연은 발명왕>

　우리 주위의 자연을 살펴보면 그 생김새가 다양합니다. 이런 자연을 본떠 만든 발명품들이 있습니다. 자연을 본떠 만든 발명품에 대해 알아봅시다.

　유리창에 붙어 있는 인형은 문어의 빨판을 본떠 만들었습니다. 문어는 빨판을 이용하여 어디에나 잘 달라붙습니다. 우리가 흔히 쓰는 칫솔걸이도 이것을 본떠 만든 물건입니다.

　낙하산은 민들레씨를 본떠 만들었습니다. 민들레씨의 가는 실 끝에는 털이 여러 개 달려있습니다. 이 털이 있어서 민들레씨는 둥둥 떠서 멀리까지 날아갈 수 있습니다. 또, 천천히 땅에 떨어지게 됩니다. 낙하산을 이용하면 비행기에서 안전하게 땅으로 내려올 수 있습니다.

　우리가 흔히 말하는 '찍찍이', 벨크로는 도꼬마리 열매를 본떠 만들었습니다. 도꼬마리 열매에는 갈고리 모양의 가시가 많이 있습니다. 그래서 새나 짐승의 털에 잘 붙습니다. 이것을 보고 단추나 끈보다 더 쉽게 붙였다 떼었다 할 수 있는 벨크로를 만들었습니다.

　잠수함은 향고래를 본떠 만들었습니다. 향고래는 바다 깊은 곳까지 잠수할 수 있습니다. 잠수를 잘하는 이유는 바로 머리 때문입니다. 향고래의 머릿속에는 기름 덩어리가 있는데 이 기름 덩어리가 굳으면 추를 매단 것처럼 바닷속 깊이 들어갈 수 있습니다. 잠수함은 향고래처럼 탱크에 물을 채웠다 뺐다 하면서 바닷속을 오르내릴 수 있습니다.

　이처럼 발명품 중에는 자연을 본떠 만든 것들이 있습니다. 자연을 잘 관찰하다 보면 훌륭한 발명품을 만들 수 있습니다.

참조: 3학년 2학기 2단원 쓰기 <이렇게 하면 돼요>, 1학년 2학기 5단원 읽기 <더 알고 싶어요>.

01 〈자연은 발명왕〉에는 몇 개의 문단이 있습니까? 6개

02 두 번째 문단의 중심 내용은 무엇입니까?

   예시) 문어의 빨판을 본떠 물건을 붙일 수 있는 물건을 만들었다.

03 세 번째 문단의 중심 내용은 무엇입니까?

   예시) 민들레씨의 털을 본떠 천천히 떨어지는 낙하산을 만들었다.

04 〈자연은 발명왕〉의 주제는 무엇입니까?

   예시) 자연을 잘 관찰하여 훌륭한 발명품을 만들 수 있다.

3회기 문단의 구조와 유형

 다음 문단에서 가장 중요한 문장을 빨리 찾아봅시다.

씨앗을 퍼뜨리는 방법은 식물마다 다릅니다. 민들레는 가벼운 솜털 모양의 씨앗을 만들어 씨앗이 바람을 타고 멀리 날아갈 수 있도록 합니다. 봉선화의 열매는 익으면 저절로 터져서 씨앗이 흩어집니다. 도깨비바늘은 동물의 털이나 사람의 옷에 달라붙어 멀리 옮겨 갈 수 있습니다. 참외는 동물들이 먹고 다른 곳으로 가서 똥을 누면 멀리 퍼지게 됩니다.

조원들과 협동하여 다음의 문제에 답해봅시다.

<노력만큼 크는 키>

초등학교 시절은 성장에 매우 중요한 시기이다. 키가 크는 데 영향을 주는 요인은 유전 이외에도 다양한데, 크게 네 가지를 들 수 있다. 균형 있는 영양 섭취와 규칙적인 운동, 충분한 잠, 긍정적인 생각이다.

키가 크려면 균형 있는 영양 섭취가 필요하다. 특히, 단백질과 칼슘은 키가 크는 데 직접적으로 영향을 준다고 알려져 있다. 단백질과 칼슘뿐만 아니라 여러 가지 음식을 골고루 먹는 것이 좋다.

규칙적인 운동도 키가 크는 데 도움이 된다. 운동은 성장판에 적당한 자극을 주며 뇌의 성장 호르몬 분비를 촉진한다. 특히, 줄넘기나 농구 등 위아래로 많이 움직이는 운동을 하면 좋다.

(   ). 잠은 키가 크는 보약으로 알려져 있다. 성장 호르몬은 깨어 있을 때보다 깊이 잠들었을 때 많이 분비되므로, 하루에 7~8시간 정도의 깊은 잠을 자는 것이 좋다.

(   ). 건전하고 긍정적인 생각은 긴장을 풀어 주며 편안하고 행복한 마음이 들게 한다. 이러한 긍정적인 생각은 성장 호르몬의 분비를 증가시켜 키를 크게 하지만, 부정적인 생각은 성장 호르몬의 분비를 억제하여 성장을 방해한다.

이처럼 균형 있는 영양 섭취, 규칙적인 운동과 충분한 잠, 긍정적인 생각은 키가 크는데 도움이 된다. 따라서 키는 타고난 것이 아니라 노력에 의해서도 클 수 있다.

참조: 4학년 2학기 5단원 읽기 <정보를 모아>.

01 윗 글은 몇 개의 문단이 있습니까? **6개**

02 윗 글의 주제는 무엇입니까? **예시) 노력에 의해 키가 클 수 있다.**

03 보통 문단에는 한 개의 중심 문장과 두 개 이상의 뒷받침 문장으로 구성되어 있습니다. 윗 글의 2문단, 3문단의 중심 문장과 뒷받침 문장을 찾아봅시다.

문단	2문단
중심 주제	예시) 균형있는 영양 섭취를 하면 키가 큼
뒷받침 문장	예시) 특히, 단백질과 칼슘은 키가 크는 데 직접적으로 영향을 준다고 알려져 있다.
중심 문장	예시) 키가 크려면 균형 있는 영양 섭취가 필요하다.
문단	3문단
중심 주제	예시) 규칙적으로 운동하면 키가 큼
뒷받침 문장	예시) 운동은 성장판에 적당한 자극을 주며 뇌의 성장 호르몬 분비를 촉진한다.
중심 문장	예시) 규칙적인 운동도 키가 크는 데 도움이 된다.

04 2문단, 3문단을 통해 보았을 때 4문단, 5문단의 중심 문장에는 어떤 내용이 들어갈지 써 봅시다.

문단	2문단
중심 주제	잠을 잘 자면 키가 큼
중심 문장	예시) 잠을 충분히 자는 것도 키가 크는 데 도움이 된다.
문단	3문단
중심 주제	건전하고 긍정적으로 생각하면 키가 큼
중심 주제	예시) 건전하고 긍정적으로 생각하면 키가 클 수 있다.

05 다음 문단의 구조의 유형은 무엇입니까?

운동은 성장판에 적당한 자극을 주며 뇌의 성장 호르몬 분비를 촉진한다. 특히, 줄넘기나 농구 등 위아래로 많이 움직이는 운동을 하면 좋다. 따라서 규칙적인 운동은 키 크는 데 도움이 된다.

06 위의 문단을 두괄식으로 바꾸어보세요.

예시) 규칙적인 운동은 키 크는 데 도움이 된다. 운동은 성장판에 적당한 자극을 주며 뇌의 성장 호르몬 분비를 촉진한다. 특히, 줄넘기나 농구 등 위아래로 많이 움직이는 운동을 하면 좋다.

4회기 어떤 글이 좋은 글일까

각각의 문단들을 읽어보고, 어색한 문단을 고른 후 그 이유에 대해 말해봅시다.

● 물을 아껴 쓰는 방법에는 여러 가지가 있습니다. 이를 닦을 때에는 물을 컵에 받아서 사용합니다. 변기 물통에 벽돌을 넣어 사용하면 물을 아낄 수 있습니다. 또 전기 기구를 쓰지 않을 때에는 전원 코드를 빼놓아야 합니다.

이유: 문단의 통일성의 원리가 지켜지지 않았다.

● 재료가 준비되어 있으면 떡볶이를 만드는 방법을 알아봅시다. 냄비에 물을 붓고 고추장과 설탕을 두세 숟가락 정도 넣습니다. 냄비의 물이 끓으면 양배추, 떡, 어묵 등을 넣습니다. 재료가 잘 익을 때까지 주걱으로 골고루 저어 줍니다. 떡은 먼저 물에 불려놓습니다. 그래야 떡이 말랑말랑해지기 때문입니다.

이유: 문단의 연결성의 원리가 지켜지지 않았다. 시간 순서대로 배열되지 않았다.

● 음식물 쓰레기의 양이 늘어나면 여러 가지 문제가 발생합니다. 첫째, 음식물 쓰레기는 자연환경을 오염시킵니다. 둘째, 음식물 쓰레기를 처리하는 데 많은 비용이 듭니다. 셋째, 음식물 쓰레기는 소중한 자원을 낭비하게 합니다. 따라서 점심시간에 먹을 만큼만 음식을 받아서 남기지 않는 습관을 기르도록 합시다.

이유: 어색하지 않은 문단.

참조: 초등학교 3학년 1학기 국어 교과서 5단원 <알기 쉽게 차례대로>, 초등학교 3학년 1학기 국어 교과서 2단원 <아는 것이 힘>, 초등학교 6학년 1학기 국어 교과서 9단원 <주장과 근거>.

4회기 문단 전개 원리를 활용한 문단 구성

 오늘 배운 문단 전개 원리 세 가지는 무엇인가요?

통일성	강조성	연결성

 오늘 배운 문단 전개 원리를 활용하여 다음 글을 완성해 봅시다.

> 요즘은 많은 어린이가 이야기를 할 때 은어나 비속어를 사용하고 있다. 2011년 국립국어원 조사에 따르면 조사 대상 초등학생의 97퍼센트가 비속어를 사용한 적이 있다고 한다. 예시) 나도 모르게 대화 중에 섞어 쓰게 되는 은어나 비속어는 서로의 기분을 상하게 한다. 다른 사람과 대화할 때에는 은어나 비속어 대신에 고운 말을 사용하여야 한다. 고운 말을 사용하여야 하는 까닭은 무엇일까?

첫째, 고운 말로 서로 존중하는 마음을 전할 수 있다. 흔히 말이 눈에 보이지 않는 마음임을 표현할 때에 "말은 마음의 거울."이라는 격언을 사용한다. 이 말처럼 대화 상대를 존중하는 마음은 자연스럽게 고운 말로 표현되기 마련이다. 존중하는 마음이 없다면 고운 말도 나오지 않는다.

둘째, 고운 말은 다른 사람과의 대화를 원활하게 한다. 은어나 비속어는 원활한 대화를 어렵게 하고 오해를 불러일으킨다. 단순히 재미를 위하여 은어나 비속어를 사용하였다가 친구들끼리 싸움으로 이어지는 경우도 있고, 어른과 어린이의 일상적인 대화가 어려워지는 경우도 종종 있다. 다른 사람과 원활한 대화를 하고 싶다면 고운 말을 사용하여야 한다.

셋째, 고운 말을 사용하는 것은 우리말을 지키는 것과 같다. 말은 우리 민족의 혼이 담긴 소중한 문화유산이다. 고운 말 대신에 은어나 비속어를 사용한다면 그것이 우리의 후손에게 그대로 전달될 것이다. 고운 말을 사용하여 아름다운 우리말을 지켜야 한다.

> 예시) 고운 말을 사용하는 것은 다른 사람을 존중하는 마음을 전할 수 있게 하며, 다른 사람과의 대화도 원활하게 한다. 또, 우리말을 아름답게 가꾸고 지켜 준다. 은어나 비속어 대신에 고운 말을 사용하는 바른 언어습관을 기르기 위하여 노력하자.

참조: 초등학교 6학년 1학기 국어 교과서 9단원 <주장과 근거>.

5회기 우리 모두의 글

👤 조원들이 순서를 정하여 각각 하나의 문장을 써서, 완성된 하나의 문단을 만들어 봅시다.

[첫 문장]

(예시) 다가오는 2월 14일은 '발렌타인데이'이다.

① 이날에는 많은 사람들이 자신이 좋아하거나 고마운 사람에게 초콜릿이나 사탕, 과자 등을 선물하며 따뜻한 마음을 전한다.

② 그래서 대다수의 초등학생은 초콜릿이나 사탕을 선물하며 친구들과의 우정을 확인할 수 있는 이날을 기억하고 즐거워한다.

③ 물론 발렌타인데이는 특별한 전통과 문화가 깃든 기념일은 아니다.

④ 하지만 친구들과 선물을 주고받으며 우정을 나누고 다질 수 있는 좋은 기회이다.

참조: 초등학교 6학년 1학기 국어 교과서 9단원 <주장과 근거>.

5회기 문단 전개 방식을 활용한 문단 구성

🧑 문단 전개 방식에는 어떤 것들이 있나요?

> 정의, 비교, 대조, 분류, 분석, 인과, 예시, 과정, 설명적 묘사, 인용

🧑 다음 문단을 보고 어떤 전개 방식이 사용되었는지 말해봅시다.

우리 조상들은 한옥에서 살았다. 한옥이란 우리나라 고유의 건축 양식으로 지은 집을 서양식 건물에 대비하여 이르는 말이다. 한옥에 온돌과 마루를 갖추고 있어, 한반도의 더위와 추위를 동시에 해결할 수 있는 한국의 독특한 주거 형식이다.	정의
개의 생김새는 여러 가지입니다. 송아지만큼 커서 보기만 해도 겁이 나는 개가 있고, 고양이보다 작아서 무척 귀여운 것도 있습니다. 귀를 쫑긋 세우고 꼬리를 위로 말아 올려 늠름하게 보이는 개가 있는가 하면, 귀가 커서 축 늘어진 개도 있습니다. 털 색깔도 흰색, 누런색, 검은색 등 여러 가지가 있습니다.	설명적 묘사
병원에서는 진료의 순서나 방법에 따라 진료를 받아야 합니다. 우선, 병원에 도착하여 건강 보험증을 내고 진료 신청을 해야 합니다. 진료 신청서에 이름, 생년월일, 주소, 전화번호 등을 적어 접수대에 냅니다. 그리고 나서 자기 차례가 되면 진찰실로 들어가서 진찰을 받습니다. 의사 선생님이 문진을 하면 아픈 상태를 자세히 말합니다. 끝으로, 처방전을 받습니다.	과정
국립국어원이 2011년에 발표한 '청소년 언어 실태·언어 의식 전국 조사'에서 많은 초등학생이 비속어, 공격적인 언어 표현, 은어·유행어 등의 폭력적이고 부정적인 언어를 자주 사용하는 것으로 나타났다.	인용
로봇은 하는 일에 따라 여러 가지로 나눌 수 있습니다. 도둑이 집에 들어오는 지를 감시하는 로봇이 있습니다. 이 로봇은 도둑이 들어오면 먼저 도둑에게 경고를 합니다. 그리고 재빨리 주인에게 도둑이 들어왔음을 알리고 경찰에 신고합니다. 깊은 바다에 들어가서 필요한 자원을 캐는 로봇도 있습니다. 이 로봇은 바닷 속에서 자유롭게 움직이면서 필요한 자원을 찾습니다.	분류
우리가 아는 동물은 대부분 이빨이 있습니다. 동물은 이빨로 먹이를 잡거나 씹어서 삼킵니다. 그러나 이빨이 없는 동물도 많이 있습니다. 이가 없는 동물도 저마다 다른 방법으로 먹이를 먹습니다. 부리를 이용하여 먹이를 먹는 동물이 있습니다. 독수리는 튼튼하고 끝이 갈고리처럼 구부러진 부리로 먹이를 찢어 먹습니다. 혀로 먹이를 잡거나 먹는 동물도 있습니다. 두꺼비는 짧지만 길고 넓은 혀로 번개처럼 빠르게 벌레를 잡아 삼킵니다.	비교, 대조

참조: 네이버 백과사전 <한옥>, 초등학교 3학년 1학기 국어 교과서 2단원 <아는 것이 힘>, 초등학교 6학년 1학기 국어 교과서 9단원 <주장과 근거>, 초등학교 5학년 2학기 국어 교과서 8단원 <언어 예절과 됨됨이>, 초등학교 3학년 1학기 국어 교과서 2단원 <문단의 짜임>.

6회기 마인드맵

지금까지 배운 내용에 대한 마인드맵을 그려봅시다.

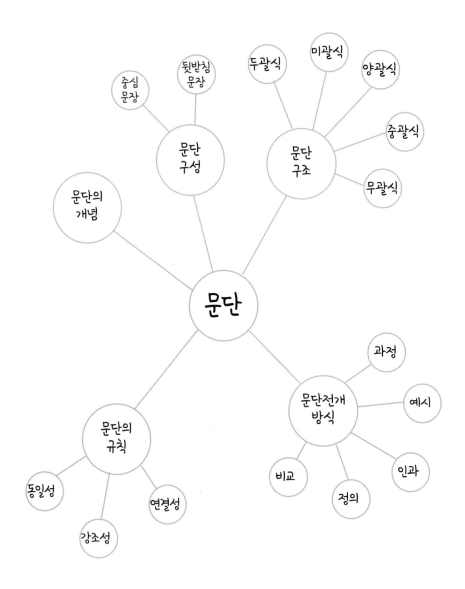

팀 보조 개별(TAI)
협동학습전략

1. 프로그램 이름

팀 보조 개별(Team–Assisted Individualization, 이하 'TAI') 협동학습으로 문제 해결하기

2. 프로그램 필요성

1) 프로그램 필요성

학교의 수업에서 어떤 학습 유형을 사용하느냐는 학생들의 정시적인 면, 즉 학생들의 감정, 태도에 영향을 미친다. 여러 선행연구에 의하면, 협동학습은 학생들의 학습 태도에 긍정적인 영향을 미치는 것으로 보고되고 있다.

정문성(1991)은 협동적 목표 구조 하에서는 긍정적인 상호 관계를 맺고 있으며, 협동 상황에서는 학생들 간의 의사소통이 개방적이고 효율적이기 때문에 협동은 긍정적인 상호 관계를 형성시켜 준다고 하였다. 양낙진(1990)은 협동학습 방법이 전통학습 방법보다 가정과 학습 태도에 더 긍정적인 영향을 끼친다고 하였다. Johnson과 Johnson(1983)은 협동학습은 학생들이 그들의 학습 환경과 관련된 타인들에 대해서 긍정적인 태도를 보이도록 유도할 뿐만 아니라 학습 동료와의 상호작용을 통해 공동 목표를 해결하는 과정에서 학생의 정의적 발달에 긍정적인 효과가 있으며 문제 해결 능력과 창의성 신장, 즉 확산적 사고와 모험적 사고, 그리고 논쟁적 사고에도 효과적이라고 하였다. Lavin(1981)은 학생들이 학급 내의 소집단에서 협동적으로 학습할 때 인지적, 정의적 영역에서 더욱 효과가 있다고 주장하였고, 하종화(1993)도 협동학습이 효과적이려면 학습능력이 높은 경우보다 낮은 것이 더욱 좋다고 하였다.

이러한 선행연구의 결과는 협동학습이 학생들이 수업에 몰두하게 도와주고 학습활동에 대해 긍정적인 태도를 지니게 하여 긍정적인 학습 태도를 갖게 한다고 할 수 있다.

2) TAI 협동학습의 필요성

협동학습 모형 중 팀 보조 개별(Team-Assisted Individualization, 이하는 'TAI'라 한다) 협동학습은 미국 Johns Hopkins 대학에서 Slavin, Madden, Leavey 등에 의해 연구 개발된 STL(Student Team Learning) 프로그램 중 수학과 개별화 프로그램에 적용하기 위해 개발한 것으로 협동학습의 장점과 개별화 수업의 장점을 결합한 수업모형이다(정문성, 1998).

TAI 협동학습은 동료 간의 긍정적 상호 의존성을 토대로 한다. 이를 통하여 학습에 참여할 기회를 높이고, 학생들의 책임감을 증진시키며, 학습에 대한 성공 경험을 제공하기 위해 개발되었으며 학생의 학습활동을 관리하고 점검하는 데 최소한의 노력을 기울이며 소집단 지도에는 시간을 많이 들일 수 있다는 장점이 있다. 또 학생은 기능문제 풀이를 통해 빠르고 정확하게 학습하도록 동기화되고, 수업의 흐름을 인지하여 알고 있는 것을 반복, 연습하기 때문에 학생의 학습동기가 향상될 수 있다. 따라서 협동학습의 협동적 동기와 개별화 수업을 결합한 TAI 협동학습은 모든 학생이 자신의 능력에 맞게 학습하는 데 효과적으로 작용할 수 있다.

수업의 효율성을 극대화하기 위해서는 학생의 수준과 준비 정도를 고려하여 학습자료를 제시하고, 수업의 속도를 학생에게 맞춰서 진행하여야 하나 이는 현실적으로 어려움이 많다. TAI 협동학습은 이질 집단을 편성하여 또래와의 상호작용을 활발하게 촉진하고, 교사는 유사한 수준의 학생들을 개별적으로 지도하여 이중의 효과를 얻는 모형이다. 그러므로 또래와의 상호작용 없이 혼자 학습하게 되는 개별화 수업의 한계를 극복하는 장점을 가지며, 모둠끼리 경쟁을 하도록 이끌어 학생들의 학습동기를 높이고, 학생끼리 동료 교수의 효과가 나도록 기대할 수 있다.

TAI 협동학습에서는 학생들의 수준을 고려하여 개별화된 자료를 제공하기 때문에 참여하는 학생들이 수업 시간에 소외되지 않고 적극적으로 수업에 참여할 수 있다. 학생들 스스로가 서로의 학습활동을 점검하고 관리함으로써 교사는 최소한의 노력으로 학생들의 학습활동을 점검할 수 있고, 소집단을 지도하는 데 더 시간을 들일 수 있으며, 절차가 간단해서 초등학교 학생에게 적용할 수 있다. 학생은 성취 수준을 점검하여 이미 알고 있는 것의 반복연습을 통하여 빠르고 정확한 수리 능력을 익히게 되고 해결할 수 없는 문제는 교사의 지원을 받아 해결함으로써 시간의 낭비 없이 학습에 참여할 수 있다. 또 학습 부진아는 자신의 능력에 맞는 학습자료를 받고, 협동학습 집단에서 우수한 또래에게 학습에 대한 도움을 받기 때문에 긍정적 상호 의존성이 형성되고 학습동기가 향상될 가능성이 있다.

교사나 학생에게 절차가 간단하고 유연성이 있어 다른 인력이나 도움이 필요 없고, 학생들이 협동적이고 기회 균등하게 학습을 하게 되므로 이질적으로 구성된 동료들 간에 긍정적 상호 의존성이 형성된다(손강희, 2016).

1) 프로그램 목표

첫째, 소집단 학습을 통해 아이디어를 교환하고, 학생끼리 질문하고, 서로에게 설명하고, 아이디어와 개념을 명료히 하고, 다른 사람이 유의미한 방법으로 자신의 아이디어를 이해하게 돕고, 그들의 학습에 대해 느낌을 표현하는 기회를 얻는다.

둘째, 문제를 풀기 위하여 다른 학습자들과 경쟁하지 않으며 협동적인 집단 상호작용을 통해 모든 집단원의 개념과 문제 해결 전략을 학습하는 기회를 얻는다.

셋째, 문제를 푸는 과정을 개괄적으로 시범을 보일 수 있으며 자신의 논리로 다른 학습자를 설득할 수 있다.

넷째, 소집단 학습을 하는 학습자들은 같은 문제에 대해 제안한 서로 다른 해결 방안의 장점을 토의하면서 여러 가지 다른 해결전략을 학습할 수 있다.

2) 기대효과

Johnson(1983)은 TAI 협동학습이 수학과 학업성취에 효과적인 이유를 다음과 같이 정리하였다(정문성, 2002, 재인용).

첫째, 협동학습 집단에 있어서 토의 과정은 발견의 힘을 촉진하며, 경쟁적, 개인주의적 학습 상황에서 볼 수 있는 개인적 추리보다 학습을 위한 고차적인 인지 학습전략을 발달시킨다.

둘째, 협동학습 집단에 참여하는 것은 구성원들 간에 아이디어, 의견, 결론, 이론, 정보에 대해서 필연적으로 갈등을 가져온다. 그와 같은 논쟁들을 능숙하게 다룰 때, 성취를 위한 동기유발이 촉진되며, 학업성취와 파지가 더 높아지며, 이해력의 깊이도 더 커진다.

셋째, 협동학습 상황 내에서의 학생들 간의 토의는 정보에 대한 구술적 반복을 더 높여준다. 즉, 새로운 정보를 진술하고, 이론적 근거를 설명하고, 통합하고, 그리고 제공한다. 그와 같은 정보의 구술적 연습은 정보를 기억 속으로 저장하는 데 필요하다. 즉, 그것은 정보의 장기파지를 촉진하므로 일반적으로 학업성취를 증가시킨다.

넷째, 협동학습 집단 내에서는 동료들 간에 학습에 대해서 조정 및 피드백하고, 지지·격려하는 경향이 크다. 동료 간의 학문적 지지는 경쟁적이거나 개인주의적 학습 상황에서는 불가능하다.

다섯째, 학업성적이 상, 중, 하위인 학생들, 장애 학생과 정상 학생, 그리고 인종적 배경이 다른 학생들 간에 아이디어를 서로 교환하는 것은 그들의 학습경험을 풍부하게 해준다. 협동학습 집단에서는 학생들이 각자의 서로 다른 관점을 조절하는데, 이와 같은 집단 구성원 간의 이질성에 의해서 협동학습은 그 효율성이 높아질 수 있다.

여섯째, 학생들이 공동으로 활동할 때 서로에 대해서 갖게 되는 호감은 학습동기를 증가시키며, 다 같이 학업성취를 하도록 조정하는 경향이 있다. 동료에 대한 자신들의 책임을 다하기 위한 학습동기유발은 개별주의적, 경쟁적인 학습 상황에서는 볼 수 없는 부분이다.

4. 이론적 배경

1) 팀 보조 개별 학습(Team-Assisted Individualization)의 정의

팀 보조 개별 학습(TAI)는 Slavin, Madden 등이 Johns Hopkins 대학에서 연구하고 개발한 것으로 학생 팀 학습(Student Team Learning; STL) 프로그램 중 수학과 개별화 프로그램에 적용하기 위해 Slavin, Leavey 그리고 Madden(1982)에 의해 처음 개발된 수업이며, 추후 수정과 개선작업이 이루어졌다(김정희, 2003; 이경애, 2013). TAI의 개발 목적은 첫째로 개인의 능력 차이에 따른 과제를 개별적으로 수행하는 개별화 프로그램을 통해 수학에서의 개인차를 극복하고, 학습 효과의 증진을 위해 협동학습을 결합시키는 것이다. 두 번째 목적은 협동학습을 통한 상호의존성 효과 증진이다. 마지막 목표는 개별화 학습에 의한 부작용 해소에 있다.

2) TAI의 장점

TAI는 이질집단을 편성하여 또래 사이의 상호작용을 증진시키며, 교사는 학생을 개별 지도하는 효과를 가진다. 이는 혼자 학습하는 개별화 학습의 약점인 상호작용의 부재를 없애고, 경쟁을 통한 학습동기 고취 및 협동학습을 통한 또래 교수 효과 등을 기대할 수 있다. 또한 TAI에서는 개별 학생들의 성취를 고려하여 학습자료가 제공됨으로써 소외되는 학생 없이 모든 학생의 적극적인 참여가 가능하다.

진행 면에서도 학생의 학습 활동 확인에 대해 교사의 아주 적은 노력만 필요하며 이를 통해 소집단 지도에 집중이 가능하다. 또한, 절차가 간단해 초등학생들도 참가가 가능하다. 아는 부분의 반복연습을 통해 수리능력을 익히고, 모르는 부분은 교사의 지원을 통해 해결함으로써 시간낭비를 최소화 한다. 학습 부진아는 개별화된 교수학습자료를 제공받고, 집단 내의 우수학생으로부터 도움을 받음으로써 긍정적인 상호의존성을 통한 학습동기의 향상을 기대할 수 있다.

3) TAI의 교육적 효과

TAI가 학생들의 성취도, 태도 및 행동에 주는 영향을 검증하기 위해 Slavin, Madden, Leavey(1984)는 교육 현장에서 실험을 실시한 결과 TAI 집단의 학생들이 표준화 수학검사에서 더 뛰어난 성취도를 보였으며 안은영(2001)의 결과에서도 TAI 집단이 학업성취에 효과가 있었으며 김정희(2003)의 연구에서는 TAI가 학업성취 및 학습태도에 효과적인 것으로 나타났다. Johnson(1983)은 TAI의 효과성에 대한 이유를 여섯 가지로 정리하였다(정문성, 2002, 재인용).

① 토의를 통해 발견을 촉진하고 고차원적인 인지학습전략을 발달시킨다.
② 집단에 필연적인 갈등을 활용해 논쟁을 다루는 방법을 배우며 이를 통해 동기유발, 학업성취와 파지, 이해력의 깊이가 높아진다.
③ 토의는 정보의 구술적 반복을 통해 정보의 장기 파지를 촉진하여 학업성취를 높인다.
④ 집단원들 사이에 학습에 대한 피드백 및 지지를 나눈다.
⑤ 학업성취가 다른 학생들 사이에 아이디어 교환을 통한 학습 경험 및 관점을 조절한다.
⑥ 집단활동을 통한 학습동기 증가 및 동료에 대한 책임감을 가진다.

4) TAI 예시프로그램

김정희(2003)는 TAI를 활용하여 중, 하위수준의 학업성취를 보이는 학생들의 학업성취 및 학습 태도를 높이기 위한 방안을 제시하였다. 서울 소재 ○초등학교 2학년 1개반 40명을 대상으로 TAI를 도입하여 4주 24차시 동안 실시하였다. TAI의 수업 절차는 사전검사, 팀 구성, 팀 내 개별학습, 팀내 협동학습, 기능 학습지, 확인 학습지, 최종 검사지, 팀 표창으로 구성된다([그림 2.1] 참조).

4주간의 수업 후 학업성취와 학습 태도의 사전·사후 검사의 결과 비교를 통해 그 효과를 검증하였다. 먼저, 학업성취의 경우 중위수준에서 TAI 집단이(85.1점) 비교집단(76.27점)보다 유의미하게 높은 학업성취를 보였으며, 하위수준에서도 TAI 집단이(80.2점) 비교집단(65.4점)보다 유의미하게 높은 학업성취를 보였다. 상위 집단은 유의미한 차이가 없었으나 전체적으로 TAI 집단과 비교집단 사이에 유의미한 차이가 있는 것으로 나타났다. 다음으로 학습 태도에서는 중위수준에서 TAI 집단이(3.41) 비교집단보다(2.58) 학습태도가 유의하게 높은 것으로 나타났으며 하위수준에서도 TAI 집단이(3.62) 비교집단보다(2.0) 학습태도가 유의하게 높은 것으로 나타났다. 상위 집단에서는 유의미한 차이가 없었으나 전체적으로 TAI 집단과 비교집단 사이에 유의미한 차이가 있는 것으로 나타났다.

그림 2.1 TAI 수업유형

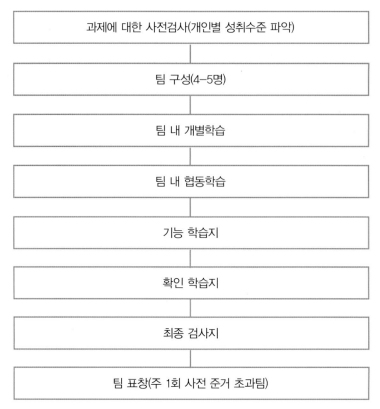

과제에 대한 사전검사(개인별 성취수준 파악)

팀 구성(4-5명)

팀 내 개별학습

팀 내 협동학습

기능 학습지

확인 학습지

최종 검사지

팀 표창(주 1회 사전 준거 초과팀)

참조: 김정희(2003). 팀보조개별학습(TAI)이 학습 능력이 다른 아동의 학업성취와 학습 태도에 미치는 효과.

5. 프로그램 구성 I/II

① 기간: 6주간 주 1회(40분)

② 대상자: 초등학교 고학년

③ 진행자: 교사

④ 진행방법: 개별학습 및 집단활동

⑤ 실시상의 주의점

집단 배정 시 배치검사를 통해 각 학생에 적절한 수준의 개별화 프로그램이 주어져야 한다. 학습능력이 다른 학생들을 한 집단으로 구성하는 것이 필요하며 성별 등 다른 요소도 고려해야 한다. 학생 개인이 개인별 과제로 개별적인 활동을 하지만 팀의 구성원이 서로의 답을 확인하고 서로 가르쳐 주며 격려하는 집단활동이 가능하도록 지도하는 것이 필요하다. 개별 학생에 대한 특성 및 수학 과제에 대한 세밀한 분석 및 적용이 필요하다.

⑥ 프로그램 내용

초등학교 5학년 수학 1학기 교육 내용 중 '분수의 덧셈과 뺄셈' 단원을 바탕으로 구성하였다.

회기	회기별 주제	회기별 학습내용
1주	분수의 덧셈 1	• 받아올림이 없는 분모가 다른 진분수 덧셈하기
2주	분수의 덧셈 2	• 받아올림이 있는 분모가 다른 진분수 덧셈하기
3주	분수의 덧셈 3	• 받아올림이 있는 분모가 다른 대분수 덧셈하기
4주	분수의 뺄셈 1	• 받아올림이 없는 분모가 다른 진분수 뺄셈하기
5주	분수의 뺄셈 2	• 받아내림이 없는 분모가 다른 분수 뺄셈하기
6주	분수의 뺄셈 3	• 받아내림이 있는 분모가 다른 대분수 뺄셈하기

참조: 교육부(2015). 초등학교 교육과정. p. 193.

회기	1회기	주제	분수의 덧셈 1		
목표	· 배치검사를 통해 학습능력이 다른 소집단을 구성한다. · 분모가 다른 분수의 덧셈을 위해서는 통분이 필요한 것을 이해한다. · 받아올림이 없는 분모가 다른 진분수 덧셈하기 방법을 익힌다.				
준비물	학습안내지, 기능학습지, 형성평가지, 단원평가지, 정답지, 필기구, 강화물			시간	40
과정	내용			유의점	
도입	○ 활동 명: 소집단 구성 ○ 활동 목표 　1) 4~6명의 소집단을 구성한다 ○ 활동 내용 　1) 배치검사 결과에 따라 학습능력과 성별, 성격 등을 최대한 고려하 　　여 이질적으로 4-6명의 소집단을 구성한다.				
전개	○ 활동 명: 분수의 덧셈 1 ○ 활동 목표 　1) 분모가 다른 분수의 덧셈에는 통분이 필요한 것을 이해한다. 　2) 받아올림이 없는 분모가 다른 진분수 덧셈하기 방법을 익힌다. ○ 활동 내용 　1) 학습안내지를 통해 분모가 다른 분수의 덧셈의 원리 알기 　2) 기능학습지 문제 풀기 　　① 틀린 문제가 있는 경우 다른 4개의 문제를 다시 풀고 전부 맞 　　　을 때까지 시도 　　② 문제 풀기에 어려움을 겪을 경우 집단원에게 도움을 요청하거 　　　나 교사가 지도 　3) 형성평가지 풀기 　　① 총 10문항 중 8문항 이상 맞출 경우 합격 　　② 불합격일 경우 좀 더 쉬운 형성평가 다시 풀어보기 　　③ 문제 풀기에 어려움을 겪을 경우 집단원에게 도움을 요청하거 　　　나 교사가 지도 　4) 종합평가지 풀고 스스로 채점해 보기 　　① 먼저 합격한 집단원은 아직 합격하지 못한 집단원을 돕도록 하기				
정리	○ 활동 명: 마무리 활동 ○ 활동 목표 　1) 오늘 배운 내용을 정리한다. 　2) 오늘 활동의 우수 팀과 우수 개인에게 보상한다. ○ 활동 내용 　1) 오늘 배운 내용을 정리한다. 　2) 오늘 활동의 우수 팀과 우수 개인에게 보상한다.				

1회기 받아올림이 없는 분모가 다른 진분수 덧셈하기

 학습 활동지

활동주제: 분수의 덧셈 1

- $\dfrac{1}{2} + \dfrac{1}{3}$ 을 계산하시오.

- 분모가 다른 분수를 더할 때는 분모를 통분해 줘야 합니다.

- 통분할 때는 공배수, 혹은 최소 공배수로 통분해 줘야 합니다.

- 분모를 통분 후 분자를 더해 줍니다

- $\dfrac{1}{2} + \dfrac{1}{3} = \dfrac{3}{6} + \dfrac{2}{6} = \dfrac{5}{6}$

기능학습지

혼자서 풀어보고, 친구와 함께 풀어봅시다

- 주어진 4개의 문제를 먼저 혼자 풀어보고 친구들과 답을 맞춰 봅시다.
- 처음 <문제 1>에 있는 4개의 문제를 모두 맞추면 형성평가로, 하나라도 틀린 문제가 있을 경우 <문제 2>의 4문제를 풀어봅시다. 4개의 문제를 모두 맞출 때까지 다음 문제를 풀어봅시다.
- 문제를 잘 모르겠으면 친구들에게 물어보거나 선생님에게 물어봅니다.

활동주제: 분수의 덧셈 1

문제 1		문제 2	
1) $\dfrac{1}{4} + \dfrac{1}{5} =$	2) $\dfrac{3}{8} + \dfrac{1}{5} =$	1) $\dfrac{1}{4} + \dfrac{1}{8} =$	2) $\dfrac{1}{2} + \dfrac{2}{5} =$
3) $\dfrac{2}{4} + \dfrac{1}{6} =$	4) $\dfrac{1}{3} + \dfrac{3}{5} =$	3) $\dfrac{1}{4} + \dfrac{3}{6} =$	4) $\dfrac{1}{3} + \dfrac{2}{5} =$
문제 3		문제 4	
1) $\dfrac{1}{4} + \dfrac{2}{8} =$	2) $\dfrac{1}{2} + \dfrac{1}{5} =$	1) $\dfrac{1}{2} + \dfrac{2}{3} =$	2) $\dfrac{1}{3} + \dfrac{1}{4} =$
3) $\dfrac{2}{4} + \dfrac{2}{6} =$	4) $\dfrac{1}{3} + \dfrac{2}{5} =$	3) $\dfrac{1}{2} + \dfrac{1}{4} =$	4) $\dfrac{1}{3} + \dfrac{1}{5} =$

형성평가 1

활동주제: 분수의 덧셈 1

학년 (　　) 반 (　　) 이름 (　　　　　　)

※ 계산을 하시오(1번-6번)

1) $\dfrac{1}{4} + \dfrac{1}{8} =$

2) $\dfrac{1}{3} + \dfrac{1}{6} =$

3) $\dfrac{2}{3} + \dfrac{1}{6} =$

4) $\dfrac{1}{2} + \dfrac{2}{7} =$

5) $\dfrac{1}{4} + \dfrac{2}{5} =$

6) $\dfrac{1}{3} + \dfrac{2}{9} =$

※ 빈 칸을 메우시오(7번-9번)

7) $\dfrac{2}{4} + \dfrac{1}{5} = \dfrac{[\ ]}{20} + \dfrac{4}{[\ ]} = \dfrac{[\ ]}{20}$

8) $\dfrac{1}{3} + \dfrac{3}{7} = \dfrac{7}{[\ ]} + \dfrac{9}{[\ ]} = \dfrac{16}{[\ ]}$

9) $\dfrac{2}{8} + \dfrac{1}{4} = \dfrac{[\ ]}{4} + \dfrac{1}{[\ ]} = \dfrac{[\ ]}{4}$

※다음을 읽고 답하시오(10번)

10) 철수가 학교가 끝나고 집으로 가는데 $\dfrac{1}{3}$은 지하철, $\dfrac{5}{8}$는 버스를 타고 집에 갔습니다. 버스와 전철을 타고 집에 간 거리는 전체 집에 가는 거리의 얼마인지 분수로 나타내 보시오.

- 문제를 다 풀었으면 친구에게 채점을 부탁합니다.
- 8점 이상 맞췄으면 합격이고, 7점 이하일 경우 불합격입니다.
- 합격했으면 종합평가지를 풉니다.
- 불합격했으면 친구나 선생님에게 모르는 문제를 물어보고 형성평가 2를 풉니다.

종합평가

활동주제: 분수의 덧셈 1

학년 (   ) 반 (   ) 이름 (   )

※ 계산을 하시오(1번−5번)

1) $\dfrac{1}{4} + \dfrac{1}{8} =$

2) $\dfrac{1}{3} + \dfrac{1}{6} =$

3) $\dfrac{2}{3} + \dfrac{1}{6} =$

4) $\dfrac{1}{2} + \dfrac{2}{7} =$

5) $\dfrac{1}{2} + \dfrac{2}{7} =$

※ 빈 칸을 메우시오(6번−8번)

6) $\dfrac{2}{4} + \dfrac{1}{5} = \dfrac{[\ \ ]}{20} + \dfrac{4}{[\ \ ]} = \dfrac{[\ \ ]}{20}$

7) $\dfrac{1}{3} + \dfrac{3}{7} = \dfrac{7}{[\ \ ]} + \dfrac{9}{[\ \ ]} = \dfrac{16}{[\ \ ]}$

8) $\dfrac{2}{8} + \dfrac{1}{4} = \dfrac{[\ \ ]}{4} + \dfrac{1}{[\ \ ]} = \dfrac{[\ \ ]}{4}$

※ 다음을 읽고 답하시오(9번−10번)

9) 철수가 순이네 집으로 가는데 $\dfrac{1}{4}$ 은 자전거, $\dfrac{3}{8}$ 는 버스를 타고 집에 갔습니다. 자전거와 걸어서 순이네 집에 간 거리는 전체 순이네 집에 가는 전체 거리의 얼마인지 분수로 나타내 보시오.

10) 엄마가 식빵을 굽기 위해 선영이와 지수에게 밀가루를 가져오라고 말했습니다. 선영이는 밀가루 $\dfrac{3}{10}$ 컵, 지수는 $\dfrac{2}{5}$ 컵을 가져왔습니다. 선영이와 지수가 가져온 밀가루 양의 합을 구하시오.

• 제일 먼저 종합평가를 마친 친구에게 채점을 부탁합니다.

총점

회기	2회기	주제	분수의 덧셈 2
목표	· 배치검사를 통해 학습능력이 다른 소집단을 구성한다. · 분모가 다른 분수의 덧셈을 위해서는 통분이 필요한 것을 이해한다. · 받아올림이 있는 분모가 다른 진분수 덧셈하기 방법을 익힌다.		
준비물	학습안내지, 기능학습지, 형성평가지, 단원평가지, 정답지, 필기구, 강화물	시간	40

과정	내용	유의점
도입	○ 활동 명: 소집단 구성 ○ 활동 목표 　1) 4~6명의 소집단을 구성한다 ○ 활동 내용 　1) 배치검사 결과에 따라 학습능력과 성별, 성격 등을 최대 　　한 고려하여 이질적으로 4~6명의 소집단을 구성한다.	
전개	○ 활동 명: 분수의 덧셈 2 ○ 활동 목표 　1) 받아올림이 있는 분모가 다른 진분수 덧셈하기 방법을 　　익힌다. ○ 활동 내용 　1) 학습안내지를 통해 분모가 다른 진분수 덧셈하기의 원 　　리 알기 　2) 기능학습지 문제 풀기 　　① 틀린 문제가 있는 경우 다른 4개의 문제를 다시 풀 　　　고 전부 맞을 때까지 시도 　　② 문제 풀기에 어려움을 겪을 경우 집단원에게 도움 　　　을 요청하거나 교사가 지도 　3) 형성평가지 풀기 　　① 총 10문항 중 8문항 이상 맞출 경우 합격 　　② 불합격일 경우 좀 더 쉬운 형성평가 다시 풀어보기 　　③ 문제 풀기에 어려움을 겪을 경우 집단원에게 도움 　　　을 요청하거나 교사가 지도 　4) 종합평가지 풀고 스스로 채점해 보기 　　① 먼저 합격한 집단원은 아직 합격하지 못한 집단원 　　　을 돕도록 하기	
정리	○ 활동 명: 마무리 활동 ○ 활동 목표 　1) 오늘 배운 내용을 정리한다. 　2) 오늘 활동의 우수 팀과 우수 개인에게 보상한다. ○ 활동 내용 　1) 오늘 배운 내용을 정리한다. 　2) 오늘 활동의 우수 팀과 우수 개인에게 보상한다.	

🧑 학습 활동지

– 방법 1: 두 분모의 곱을 공통분모로 하여 두 분수를 통분한 다음, 더해줍니다.

– 방법 2: 두 분모의 최소공배수를 공통분모로 하여 두 분수를 통분한 다음, 더해줍니다.

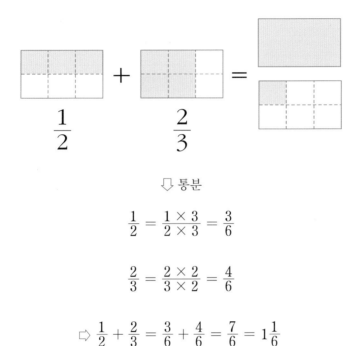

$$\frac{1}{2} \qquad \frac{2}{3}$$

⬇ 통분

$$\frac{1}{2} = \frac{1 \times 3}{2 \times 3} = \frac{3}{6}$$

$$\frac{2}{3} = \frac{2 \times 2}{3 \times 2} = \frac{4}{6}$$

$$\Rightarrow \frac{1}{2} + \frac{2}{3} = \frac{3}{6} + \frac{4}{6} = \frac{7}{6} = 1\frac{1}{6}$$

◆ 분모의 곱을 이용하여 통분하면 공통분모를 구하기 간편하고
분모의 최소공배수를 이용하여 통분하면 분자끼리의 덧셈이 간편합니다 ◆

혼자서 풀어보고, 친구와 함께 풀어봅시다

- 주어진 4개의 문제를 먼저 혼자 풀어보고 친구들과 답을 맞춰 봅시다.
- 처음 <문제 1>에 있는 4개의 문제를 모두 맞추면 형성평가로, 하나라도 틀린 문제가 있을 경우 <문제 2>의 4문제를 풀어봅시다. 4개의 문제를 모두 맞출 때까지 다음 문제를 풀어봅니다.
- 문제를 잘 모르겠으면 친구들에게 물어보거나 선생님에게 물어봅니다.

활동주제: 분수의 덧셈 2

문제 1

1) $\dfrac{3}{4} + \dfrac{5}{6} =$ 2) $\dfrac{2}{3} + \dfrac{5}{6} =$

3) $\dfrac{3}{5} + \dfrac{5}{6} =$ 4) $\dfrac{4}{5} + \dfrac{7}{6} =$

문제 2

1) $\dfrac{5}{6} + \dfrac{3}{4} =$ 2) $\dfrac{5}{6} + \dfrac{6}{5} =$

3) $\dfrac{7}{8} + \dfrac{8}{9} =$ 4) $\dfrac{3}{5} + \dfrac{6}{7} =$

문제 3

1) $\dfrac{5}{8} + \dfrac{4}{6} =$ 2) $\dfrac{7}{8} + \dfrac{6}{7} =$

3) $\dfrac{4}{5} + \dfrac{5}{6} =$ 4) $\dfrac{6}{7} + \dfrac{4}{5} =$

문제 4

1) $\dfrac{5}{6} + \dfrac{4}{7} =$ 2) $\dfrac{3}{5} + \dfrac{6}{7} =$

3) $\dfrac{4}{5} + \dfrac{8}{9} =$ 4) $\dfrac{3}{6} + \dfrac{6}{7} =$

형성평가 1

활동주제: 분수의 덧셈 2

학년 (   ) 반 (   ) 이름 (   )

※ 계산을 하시오(1번−6번)

1) $\dfrac{5}{6} + \dfrac{4}{7} =$

2) $\dfrac{5}{6} + \dfrac{6}{5} =$

3) $\dfrac{5}{8} + \dfrac{4}{6} =$

4) $\dfrac{3}{6} + \dfrac{6}{7} =$

5) $\dfrac{7}{8} + \dfrac{8}{9} =$

6) $\dfrac{6}{7} + \dfrac{4}{5} =$

※ 빈 칸을 메우시오(7번−9번)

7) $\dfrac{4}{5} + \dfrac{5}{6} = \dfrac{[\ ]}{30} + \dfrac{[\ ]}{30} = \dfrac{[\ ]}{30}$

8) $\dfrac{7}{8} + \dfrac{6}{7} = \dfrac{[\ ]}{56} + \dfrac{[\ ]}{56} = \dfrac{[\ ]}{56}$

9) $\dfrac{3}{4} + \dfrac{5}{6} = \dfrac{[\ ]}{24} + \dfrac{[\ ]}{24} = \dfrac{[\ ]}{24}$

※다음을 읽고 답하시오(10번)

10) 영희와 수미는 케이크를 같은 크기의 조각으로 잘라 먹었습니다. 영희는 케이크 한 조각의 $\dfrac{5}{6}$를 먹고, 수미는 한 조각의 $\dfrac{5}{7}$만큼 먹었습니다. 한 조각의 케이크에서 두 사람이 먹은 케이크의 양은 어느 정도일까요?.

- 문제를 다 풀었으면 친구에게 채점을 부탁합니다.
- 8점 이상 맞췄으면 합격이고, 7점 이하일 경우 불합격입니다.
- 합격했으면 종합평가지를 풉니다.
- 불합격했으면 친구나 선생님에게 모르는 문제를 물어보고 형성평가 2를 풉니다.

종합평가

활동주제: 분수의 덧셈 2

학년 (   ) 반 (   ) 이름 (   )

※ 계산을 하시오(1번-5번)

1) $\dfrac{3}{4} + \dfrac{5}{6} =$

2) $\dfrac{5}{8} + \dfrac{4}{6} =$

3) $\dfrac{4}{5} + \dfrac{8}{9} =$

4) $\dfrac{5}{6} + \dfrac{4}{7} =$

5) $\dfrac{3}{5} + \dfrac{6}{7} =$

※ 빈 칸을 메우시오(6번-8번)

6) $\dfrac{5}{8} + \dfrac{4}{6} = \dfrac{[\ ]}{48} + \dfrac{[\ ]}{48} = \dfrac{[\ ]}{48}$

7) $\dfrac{5}{6} + \dfrac{4}{7} = \dfrac{[\ ]}{42} + \dfrac{[\ ]}{42} = \dfrac{[\ ]}{42}$

8) $\dfrac{3}{5} + \dfrac{6}{7} = \dfrac{[\ ]}{35} + \dfrac{[\ ]}{35} = \dfrac{[\ ]}{35}$

※ 다음을 읽고 답하시오(9번-10번)

9) 진희가 색칠놀이를 하는데 $\dfrac{3}{5}$ 은 파스텔, $\dfrac{5}{6}$ 은 색연필로 색깔을 칠했습니다. 진희가 칠한 색깔 크기의 합은 얼마인지 구하시오.

10) 민수가 빵을 만들기 위해 $\dfrac{5}{6}$ 컵의 물을 붓고 잘 젓다가 $\dfrac{6}{7}$ 컵의 물을 더 추가하였습니다. 민수가 넣은 물의 컵의 양은 얼마인지 구하시오.

• 제일 먼저 종합평가를 마친 친구에게 채점을 부탁합니다. | 총점 |

회기	3회기	주제	분수의 덧셈 3
목표	· 배치검사를 통해 학습능력이 다른 소집단을 구성한다. · 분모가 다른 분수의 덧셈을 위해서는 통분이 필요한 것을 이해한다. · 받아올림이 있는 분모가 다른 대분수의 덧셈 방법을 익힌다.		

준비물	학습안내지, 기능학습지, 형성평가지, 단원평가지, 정답지, 필기구, 강화물	시간	40

과정	내용	유의점
도입	○ 활동 명: 소집단 구성 ○ 활동 목표 　1) 4~6명의 소집단을 구성한다 ○ 활동 내용 　1) 배치검사 결과에 따라 학습능력과 성별, 성격 등을 최대한 고려하여 이질적으로 4-6명의 소집단을 구성한다.	
전개	○ 활동 명: 분수의 덧셈 3 ○ 활동 목표 　1) 받아올림이 있는 분모가 다른 대분수의 덧셈 방법을 익힌다. ○ 활동 내용 　1) 학습안내지를 통해 분모가 다른 대분수의 덧셈의 원리 알기 　2) 기능학습지 문제 풀기 　　① 틀린 문제가 있는 경우 다른 4개의 문제를 다시 풀고 전부 맞을 때까지 시도 　　② 문제 풀기에 어려움을 겪을 경우 집단원에게 도움을 요청하거나 교사가 지도 　3) 형성평가지 풀기 　　① 총 10문항 중 8문항 이상 맞출 경우 합격 　　② 불합격일 경우 좀 더 쉬운 형성평가 다시 풀어보기 　　③ 문제 풀기에 어려움을 겪을 경우 집단원에게 도움을 요청하거나 교사가 지도 　4) 종합평가지 풀고 스스로 채점해 보기 　　① 먼저 합격한 집단원은 아직 합격하지 못한 집단원을 돕도록 하기	
정리	○ 활동 명: 마무리 활동 ○ 활동 목표 　1) 오늘 배운 내용을 정리한다. 　2) 오늘 활동의 우수 팀과 우수 개인에게 보상한다. ○ 활동 내용 　1) 오늘 배운 내용을 정리한다. 　2) 오늘 활동의 우수 팀과 우수 개인에게 보상한다.	

🧑 학습활동지

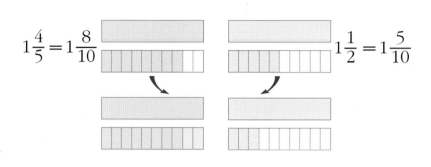

$1\frac{4}{5} = 1\frac{8}{10}$　　　　　$1\frac{1}{2} = 1\frac{5}{10}$

⬇ 통분

$$1\frac{4}{5} = 1\frac{8}{10},\ 1\frac{1}{2} = 1\frac{5}{10}$$

$$\Rightarrow 1\frac{4}{5} + 1\frac{1}{2} = 1\frac{8}{10} + 1\frac{5}{10}$$
$$= (1 + 1) + \left(\frac{8}{10} + \frac{5}{10}\right)$$
$$= 2 + \frac{13}{10} = 2 + 1\frac{3}{10} = 3\frac{3}{10}$$

혼자서 풀어보고, 친구와 함께 풀어봅시다

- 주어진 4개의 문제를 먼저 혼자 풀어보고 친구들과 답을 맞춰 봅시다.
- 처음 <문제 1>에 있는 4개의 문제를 모두 맞추면 형성평가로, 하나라도 틀린 문제가 있을 경우 <문제 2>의 4문제를 풀어봅시다. 4개의 문제를 모두 맞출 때까지 다음 문제를 풀어봅니다.
- 문제를 잘 모르겠으면 친구들에게 물어보거나 선생님에게 물어봅니다.

활동주제: 분수의 덧셈 3

문제 1	문제 2
1) $1\frac{2}{3} + 1\frac{5}{6} =$ 2) $2\frac{3}{5} + 2\frac{5}{6} =$	1) $3\frac{5}{6} + 3\frac{3}{4} =$ 2) $2\frac{3}{5} + 1\frac{6}{7} =$
3) $1\frac{4}{5} + 1\frac{7}{6} =$ 4) $2\frac{3}{4} + 2\frac{5}{6} =$	3) $2\frac{5}{6} + 3\frac{6}{5} =$ 4) $1\frac{7}{8} + 2\frac{8}{9} =$
문제 3	문제 4
1) $2\frac{4}{5} + 2\frac{5}{6} =$ 2) $3\frac{6}{7} + 2\frac{4}{5} =$	1) $2\frac{3}{6} + 4\frac{6}{7} =$ 2) $3\frac{5}{6} + 4\frac{4}{7} =$
3) $3\frac{5}{8} + 3\frac{4}{6} =$ 4) $1\frac{7}{8} + 3\frac{6}{7} =$	3) $2\frac{3}{5} + 4\frac{6}{7} =$ 4) $3\frac{4}{5} + 1\frac{8}{9} =$

형성평가 1

활동주제: 분수의 덧셈 2

학년 (　　) 반 (　　) 이름 (　　　　　)

※ 계산을 하시오(1번−6번)

1) $2\frac{3}{6} + 4\frac{6}{7} =$

2) $2\frac{3}{5} + 1\frac{6}{7} =$

3) $2\frac{3}{5} + 2\frac{5}{6} =$

4) $3\frac{5}{8} + 3\frac{4}{6} =$

5) $1\frac{7}{8} + 3\frac{6}{7} =$

6) $2\frac{3}{5} + 4\frac{6}{7} =$

※ 빈 칸을 메우시오(7번−9번)

7) $2\frac{3}{6} + 1\frac{6}{7} = ([\ \ ] + [\ \ ]) + (\frac{[\ ]}{35} + \frac{[\ ]}{35})$
   $= [\ \ ]\frac{[\ ]}{35}$

8) $2\frac{3}{5} + 2\frac{5}{6} = ([\ \ ] + [\ \ ]) + (\frac{[\ ]}{30} + \frac{[\ ]}{30})$
   $= [\ \ ]\frac{[\ ]}{30}$

9) $2\frac{3}{4} + 2\frac{5}{6} = ([\ \ ] + [\ \ ]) + (\frac{[\ ]}{24} + \frac{[\ ]}{24})$
   $= [\ \ ]\frac{[\ ]}{24}$

※다음을 읽고 답하시오(10번)

10) 수빈이는 실험을 위해 비커에 물을 $2\frac{3}{5}$ 담고, 요오드를 $1\frac{6}{7}$ 섞었습니다. 물과 요오드를 합하면 비커의 얼마를 차지할까요?

• 문제를 다 풀었으면 친구에게 채점을 부탁합니다.
• 8점 이상 맞췄으면 합격이고, 7점 이하일 경우 불합격입니다.
• 합격했으면 종합평가지를 풉니다.
• 불합격했으면 친구나 선생님에게 모르는 문제를 물어보고 형성평가 2를 풉니다.

종합평가

활동주제: 분수의 덧셈 2

학년 (   ) 반 (   ) 이름 (   )

※ 계산을 하시오(1번~5번)

1) $3\dfrac{5}{6} + 3\dfrac{3}{4} =$

2) $3\dfrac{6}{7} + 2\dfrac{4}{5} =$

3) $1\dfrac{7}{8} + 2\dfrac{8}{9} =$

4) $2\dfrac{3}{4} + 2\dfrac{5}{6} =$

5) $3\dfrac{4}{5} + 1\dfrac{8}{9} =$

※ 빈 칸을 메우시오(6번~8번)

6) $1\dfrac{7}{8} + 2\dfrac{8}{9} = ([\quad] + [\quad]) + (\dfrac{[\quad]}{45} + \dfrac{[\quad]}{45})$
$= [\quad]\dfrac{[\quad]}{45}$

7) $1\dfrac{7}{8} + 3\dfrac{6}{7} = ([\quad] + [\quad]) + (\dfrac{[\quad]}{56} + \dfrac{[\quad]}{56})$
$= [\quad]\dfrac{[\quad]}{56}$

8) $3\dfrac{5}{8} + 3\dfrac{4}{6} = ([\quad] + [\quad]) + (\dfrac{[\quad]}{48} + \dfrac{[\quad]}{48})$
$= [\quad]\dfrac{[\quad]}{48}$

※ 다음을 읽고 답하시오(9번~10번)

9) 수진이는 사과를 $3\dfrac{4}{5}$ 개 먹었고, 영철이는 사과를 $2\dfrac{5}{6}$ 만큼 먹었다. 수진이와 영철이는 사과를 얼마만큼 먹었는지 구하시오.

10) 지용이는 종이 위의 수직선에 $1\dfrac{7}{8}$ 만큼 눈금을 그었고, 다른 종이를 가져와 $2\dfrac{4}{5}$ 만큼 줄을 그었다. 지용이는 얼마만큼 선을 그었는지 구하시오.

• 제일 먼저 종합평가를 마친 친구에게 채점을 부탁합니다.

	총점	

회기	4회기	주제	분수의 뺄셈 1
목표	· 배치검사를 통해 학습능력이 다른 소집단을 구성한다. · 분모가 다른 분수 뺄셈을 위해서는 통분이 필요한 것을 이해한다. · 받아올림이 없는 분모가 다른 진분수 뺄셈하기 방법을 익힌다.		

준비물	학습안내지, 기능학습지, 형성평가지, 단원평가지, 정답지, 필기구, 강화물	시간	40

과정	내용	유의점
도입	○ 활동 명: 소집단 구성 ○ 활동 목표 　1) 4~6명의 소집단을 구성한다. ○ 활동 내용 　1) 배치검사 결과에 따라 학습능력과 성별, 성격 등을 최대 　　한 고려하여 이질적으로 4−6명의 소집단을 구성한다.	
전개	○ 활동 명: 분수의 뺄셈 1 ○ 활동 목표 　1) 받아올림이 없는 분모가 다른 진분수 뺄셈하기 방법을 익힌다. ○ 활동 내용 　1) 학습안내지를 통해 분모가 다른 진분수 뺄셈하기의 원리 알기 　2) 기능학습지 문제 풀기 　　① 틀린 문제가 있는 경우 다른 4개의 문제를 다시 풀고 　　　전부 맞을 때까지 시도 　　② 문제 풀기에 어려움을 겪을 경우 집단원에게 도움을 　　　요청하거나 교사가 지도 　3) 형성평가지 풀기 　　① 총 10문항 중 8문항 이상 맞출 경우 합격 　　② 불합격일 경우 좀 더 쉬운 형성평가 다시 풀어보기 　　③ 문제 풀기에 어려움을 겪을 경우 집단원에게 도움을 　　　요청하거나 교사가 지도 　4) 종합평가지 풀고 스스로 채점해 보기 　　① 먼저 합격한 집단원은 아직 합격하지 못한 집단원을 　　　돕도록 하기	
정리	○ 활동 명: 마무리 활동 ○ 활동 목표 　1) 오늘 배운 내용을 정리한다. 　2) 오늘 활동의 우수 팀과 우수 개인에게 보상한다. ○ 활동 내용 　1) 오늘 배운 내용을 정리한다. 　2) 오늘 활동의 우수 팀과 우수 개인에게 보상한다.	

🧑‍🦰 학습활동지

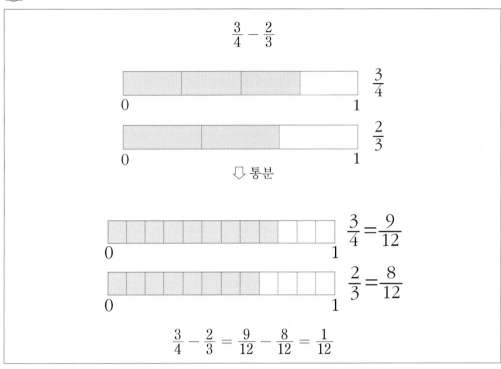

$$\frac{3}{4} - \frac{2}{3}$$

$\frac{3}{4}$

$\frac{2}{3}$

⬇ 통분

$\frac{3}{4} = \frac{9}{12}$

$\frac{2}{3} = \frac{8}{12}$

$$\frac{3}{4} - \frac{2}{3} = \frac{9}{12} - \frac{8}{12} = \frac{1}{12}$$

혼자서 풀어보고, 친구와 함께 풀어봅시다

- 주어진 4개의 문제를 먼저 혼자 풀어보고 친구들과 답을 맞춰 봅시다.
- 처음 <문제 1>에 있는 4개의 문제를 모두 맞추면 형성평가로, 하나라도 틀린 문제가 있을 경우 <문제 2>의 4문제를 풀어봅시다. 4개의 문제를 모두 맞출 때까지 다음 문제를 풀어봅니다.
- 문제를 잘 모르겠으면 친구들에게 물어보거나 선생님에게 물어봅니다.

활동주제: 분수의 뺄셈

문제 1		문제 2	
1) $\dfrac{2}{3} - \dfrac{5}{6} =$	2) $\dfrac{4}{5} - \dfrac{7}{6} =$	1) $\dfrac{7}{8} - \dfrac{8}{9} =$	2) $\dfrac{3}{5} - \dfrac{6}{7} =$
3) $\dfrac{3}{5} - \dfrac{5}{6} =$	4) $\dfrac{3}{4} - \dfrac{5}{6} =$	3) $\dfrac{5}{6} - \dfrac{6}{5} =$	4) $\dfrac{5}{6} - \dfrac{3}{4} =$

문제 3		문제 4	
1) $\dfrac{4}{5} - \dfrac{5}{6} =$	2) $\dfrac{7}{8} - \dfrac{6}{7} =$	1) $\dfrac{3}{5} - \dfrac{6}{7} =$	2) $\dfrac{5}{6} - \dfrac{4}{7} =$
3) $\dfrac{6}{7} - \dfrac{4}{5} =$	4) $\dfrac{5}{8} - \dfrac{4}{6} =$	3) $\dfrac{3}{5} - \dfrac{6}{7} =$	4) $\dfrac{4}{5} - \dfrac{8}{9} =$

형성평가 1

활동주제: 분수의 뺄셈 1

학년 (　　) 반 (　　) 이름 (　　　　)

※ 계산을 하시오(1번–6번)

1) $\dfrac{3}{6} - \dfrac{6}{7} =$

2) $\dfrac{6}{7} - \dfrac{4}{5} =$

3) $\dfrac{5}{8} - \dfrac{4}{6} =$

4) $\dfrac{5}{6} - \dfrac{4}{7} =$

5) $\dfrac{7}{8} - \dfrac{8}{9} =$

6) $\dfrac{5}{6} - \dfrac{6}{5} =$

※ 빈 칸을 메우시오(7번–9번)

7) $\dfrac{4}{5} - \dfrac{5}{6} = \dfrac{[\ \ ]}{30} - \dfrac{[\ \ ]}{30} = \dfrac{[\ \ ]}{30}$

8) $\dfrac{7}{8} - \dfrac{6}{7} = \dfrac{[\ \ ]}{56} - \dfrac{[\ \ ]}{56} = \dfrac{[\ \ ]}{56}$

9) $\dfrac{3}{4} - \dfrac{5}{6} = \dfrac{[\ \ ]}{24} - \dfrac{[\ \ ]}{24} = \dfrac{[\ \ ]}{24}$

※다음을 읽고 답하시오(10번)

10) 영희와 수미는 케이크를 한 조각 잘라 나누어 먹었습니다. 영희는 케이크 한 조각의 $\dfrac{5}{6}$ 먹고, 수미는 한 조각의 $\dfrac{5}{7}$ 만큼 먹었습니다. 영희가 수미보다 얼마만큼의 케이크를 더 먹었을까요?

- 문제를 다 풀었으면 친구에게 채점을 부탁합니다.
- 8점 이상 맞췄으면 합격이고, 7점 이하일 경우 불합격입니다.
- 합격했으면 종합평가지를 풉니다.
- 불합격했으면 친구나 선생님에게 모르는 문제를 물어보고 형성평가 2를 풉니다.

종합평가

활동주제: 분수의 뺄셈 1

학년 (　　) 반 (　　) 이름 (　　　　　)

※ 계산을 하시오(1번-5번)

1) $\dfrac{5}{6} - \dfrac{4}{7} =$

2) $\dfrac{5}{8} - \dfrac{4}{6} =$

3) $\dfrac{3}{4} - \dfrac{5}{6} =$

4) $\dfrac{3}{5} - \dfrac{6}{7} =$

5) $\dfrac{4}{5} - \dfrac{8}{9} =$

※ 빈 칸을 메우시오(6번-8번)

6) $\dfrac{5}{8} - \dfrac{4}{6} = \dfrac{[\ \ ]}{48} - \dfrac{[\ \ ]}{48} = \dfrac{[\ \ ]}{48}$

7) $\dfrac{5}{6} - \dfrac{4}{7} = \dfrac{[\ \ ]}{42} - \dfrac{[\ \ ]}{42} = \dfrac{[\ \ ]}{42}$

8) $\dfrac{3}{5} - \dfrac{6}{7} = \dfrac{[\ \ ]}{35} - \dfrac{[\ \ ]}{35} = \dfrac{[\ \ ]}{35}$

※ 다음을 읽고 답하시오(9번-10번)

9) 영수는 달리기코스에서 $\dfrac{3}{5}$ 을 달렸고 민희는 달리기코스의 $\dfrac{5}{6}$ 를 달렸습니다. 민희는 영수보다 얼마만큼의 거리를 더 달렸는지 구하시오.

10) 민지는 탑쌓기에서 $\dfrac{3}{5}$ 만큼의 탑을 쌓았고 경희는 $\dfrac{6}{7}$ 만큼의 탑을 쌓았습니다. 경희는 민지보다 얼마만큼의 탑을 더 쌓았는지 구하시오.

• 제일 먼저 종합평가를 마친 친구에게 채점을 부탁합니다.

총점

회기	5회기	주제	분수의 뺄셈 2

목표	· 배치검사를 통해 학습능력이 다른 소집단을 구성한다. · 뺄셈을 하는 방법에는 통분하기, 가분수로 바꾸기의 두 가지 방법이 있음을 이해한다. · 받아내림이 없는 이분모 분수의 뺄셈 방법을 익힌다.		

준비물	학습안내지, 기능학습지, 형성평가지, 단원평가지, 정답지, 필기구, 강화물	시간	40

과정	내용	유의점
도입	○ 활동 명: 소집단 구성 ○ 활동 목표 1) 4~6명의 소집단을 구성한다 ○ 활동 내용 1) 배치검사 결과에 따라 학습능력과 성별, 성격 등을 최대한 고려하여 이질적으로 4−6명의 소집단을 구성한다.	
전개	○ 활동 명: 분수의 뺄셈 2 ○ 활동 목표 1) 뺄셈을 하는 방법에는 두 가지 방법이 있음을 이해한다. 2) 받아내림이 없는 이분모 분수의 뺄셈 방법을 익힌다. ○ 활동 내용 1) 학습안내지를 통해 분모가 다른 분수의 덧셈의 원리 알기 2) 기능학습지 문제 풀기 ① 틀린 문제가 있는 경우 다른 4개의 문제를 다시 풀고 전부 맞을 때까지 시도 ② 문제 풀기에 어려움을 겪을 경우 집단원에게 도움을 요청하거나 교사가 지도 3) 형성평가지 풀기 ① 총 10문항 중 8문항 이상 맞출 경우 합격 ② 불합격일 경우 좀 더 쉬운 형성평가 다시 풀어보기 ③ 문제 풀기에 어려움을 겪을 경우 집단원에게 도움을 요청하거나 교사가 지도 4) 종합평가지 풀고 스스로 채점해 보기 ① 먼저 합격한 집단원은 아직 합격하지 못한 집단원을 돕도록 하기	
정리	○ 활동 명: 마무리 활동 ○ 활동 목표 1) 오늘 배운 내용을 정리한다. 2) 오늘 활동의 우수 팀과 우수 개인에게 보상한다. ○ 활동 내용 1) 오늘 배운 내용을 정리한다. 2) 오늘 활동의 우수 팀과 우수 개인에게 보상한다.	

5회기 받아내림이 없는 분모가 다른 분수 뺄셈하기

👨 **학습 활동지**

활동주제: 분수의 뺄셈 2

- $1\frac{1}{2} - 1\frac{2}{5}$ 를 계산하시오.

- 두 분수를 통분한 다음 자연수는 자연수끼리, 분수는 분수끼리 뺄셈을 합니다.

- $1\frac{1}{2} - 1\frac{2}{5} = 1\frac{5}{10} - 1\frac{4}{10} = (1 - 1) + (\frac{5}{10} - \frac{4}{10}) = \frac{1}{10}$

- 대분수를 가분수로 고친 다음, 통분하여 뺄셈을 할 수도 있습니다.

- $1\frac{1}{2} - 1\frac{2}{5} = \frac{3}{2} - \frac{7}{5} = \frac{15}{10} - \frac{14}{10} = \frac{1}{10}$

👧 **기능학습지**

혼자서 풀어보고, 친구와 함께 풀어봅시다

- 주어진 4개의 문제를 먼저 혼자 풀어보고 친구들과 답을 맞춰 봅시다.
- 처음 <문제 1>에 있는 4개의 문제를 모두 맞추면 형성평가로, 하나라도 틀린 문제가 있을 경우 <문제 2>의 4문제를 풀어봅시다. 4개의 문제를 모두 맞출 때까지 다음 문제를 풀어봅니다.
- 문제를 잘 모르겠면 친구들에게 물어보거나 선생님에게 물어봅니다.

활동주제: 분수의 뺄셈 2

문제 1	문제 2
1) $4\frac{1}{2} - 1\frac{1}{3} =$ 2) $3\frac{6}{7} - 1\frac{1}{3} =$ 3) $4\frac{2}{4} - 2\frac{2}{6} =$ 4) $4\frac{4}{6} - 2\frac{4}{7} =$	1) $4\frac{1}{3} - 1\frac{1}{5} =$ 2) $4\frac{4}{6} - 4\frac{2}{7} =$ 3) $4\frac{7}{9} - 3\frac{2}{3} =$ 4) $7\frac{6}{7} - 3\frac{1}{3} =$
문제 3	문제 4
1) $4\frac{1}{3} - 4\frac{1}{5} =$ 2) $4\frac{4}{6} - 3\frac{1}{7} =$ 3) $4\frac{5}{9} - 3\frac{1}{3} =$ 4) $7\frac{3}{8} - 6\frac{1}{4} =$	1) $4\frac{1}{2} - 3\frac{1}{3} =$ 2) $5\frac{1}{2} - 5\frac{1}{4} =$ 3) $4\frac{4}{9} - 4\frac{1}{3} =$ 4) $3\frac{2}{3} - 3\frac{1}{4} =$

형성평가 1

활동주제: 분수의 뺄셈 2

학년 (　　　) 반 (　　　) 이름 (　　　　　　)

※ 계산을 하시오(1번—3번)

1) $5\frac{1}{3} - 3\frac{1}{4} =$

2) $3\frac{1}{2} - 3\frac{2}{5} =$

3) $3\frac{2}{4} - 1\frac{2}{5} =$

※ 자연수와 분수를 따로 빼는 방법을 사용 하여 계산을 하시오(4번—5번)

4) $4\frac{1}{4} - 3\frac{1}{8} =$

5) $6\frac{1}{3} - 2\frac{1}{6} =$

※ 대분수를 가분수로 바꾸는 방법을 사용 하여 계산을 하시오(6번—7번)

6) $8\frac{1}{4} - 7\frac{1}{8} =$

7) $7\frac{2}{4} - 4\frac{1}{6} =$

※ 빈 칸을 메우시오(8번—9번)

8) $2\frac{2}{3} - 1\frac{1}{4}$

$$= 2\frac{[\ ]}{12} - 1\frac{[\ ]}{12}$$

$$= (2-1) + (\frac{[\ ]}{12} - \frac{[\ ]}{12})$$

$$= [\ \ ]\frac{[\ ]}{12}$$

9) $1\frac{5}{6} - \frac{2}{3}$

$$= \frac{[\ ]}{6} - \frac{[\ ]}{3}$$

$$= (\frac{[\ ]}{6} - \frac{[\ ]}{6})$$

$$= [\ \ ]\frac{[\ ]}{6}$$

※다음을 읽고 답하시오(10번)

10) 철수는 주스를 $2\frac{5}{8}$ 컵을 마시고 영수는 $1\frac{3}{7}$ 컵을 마셨습니다. 철수가 영수보다 얼마나 더 주스를 마셨는지 계산하시오.

• 문제를 다 풀었으면 친구에게 채점을 부탁합니다.
• 8점 이상 맞췄으면 합격이고, 7점 이하일 경우 불합격입니다.
• 합격했으면 종합평가지를 풉니다.
• 불합격했으면 친구나 선생님에게 모르는 문제를 물어보고 형성평가 2를 풉니다.

종합평가

활동주제: 분수의 뺄셈 2

학년 (   ) 반 (   ) 이름 (   )

※ 계산을 하시오(1번-5번)

1) $1\dfrac{2}{5} - 1\dfrac{1}{4} =$

2) $3\dfrac{2}{3} - 2\dfrac{2}{5} =$

3) $6\dfrac{3}{4} - 3\dfrac{1}{6} =$

※ 자연수와 분수를 따로 빼는 방법을 사용하여 계산을 하시오(4번)

4) $6\dfrac{3}{5} - 3\dfrac{2}{6} =$

※ 대분수를 가분수로 바꾸는 방법을 사용하여 계산을 하시오(5번)

5) $5\dfrac{3}{4} - 3\dfrac{1}{3} =$

※ 계산 결과를 비교하여 [   ] 안에 <, =, >를 적어 넣으시오(6-7번)

6) $5\dfrac{3}{4} - 1\dfrac{2}{5}$ [   ] $8\dfrac{1}{4} - 7\dfrac{1}{8}$

7) $3\dfrac{2}{4} - 1\dfrac{1}{8}$ [   ] $4\dfrac{1}{5} - 2\dfrac{1}{8}$

※ 빈 칸을 메우시오(8번-9번)

8) $3\dfrac{1}{3} - 2\dfrac{1}{4}$

$= 3\dfrac{[\quad]}{12} - 2\dfrac{[\quad]}{12}$

$= (3 - 2) + (\dfrac{[\quad]}{12} - \dfrac{[\quad]}{12})$

$= [\quad]\dfrac{[\quad]}{12}$

9) $1\dfrac{3}{4} - \dfrac{1}{6}$

$= \dfrac{[\quad]}{4} - \dfrac{[\quad]}{6}$

$= (\dfrac{[\quad]}{12} - \dfrac{[\quad]}{12})$

$= [\quad]\dfrac{[\quad]}{12}$

※ 다음을 읽고 답하시오(10번)

10) 현승이는 빵을 $5\dfrac{6}{7}$ 개를 먹고 현아는 $2\dfrac{2}{6}$ 개를 먹었습니다. 현승이가 현아보다 얼마나 더 빵을 먹었는지 계산하시오.

• 제일 먼저 종합평가를 마친 친구에게 채점을 부탁합니다.	총점	

회기	6회기	주제	분수의 뺄셈 3

목표	· 배치검사를 통해 학습능력이 다른 소집단을 구성한다. · 뺄셈을 하는 방법에는 통분하기, 가분수로 바꾸기의 두 가지 방법이 있음을 이해한다. · 받아내림이 있는 이분모 분수의 뺄셈 방법을 익힌다.		

준비물	학습안내지, 기능학습지, 형성평가지, 단원평가지, 정답지, 필기구, 강화물	시간	40

과정	내용	유의점
도입	○ 활동 명: 소집단 구성 ○ 활동 목표 1) 4~6명의 소집단을 구성한다. ○ 활동 내용 1) 배치검사 결과에 따라 학습능력과 성별, 성격 등을 최대한 고려하여 이질적으로 4-6명의 소집단을 구성한다.	
전개	○ 활동 명: 분수의 뺄셈 3 ○ 활동 목표 1) 뺄셈을 하는 방법에는 통분하기, 가분수로 바꾸기의 두 가지 방법이 있음을 이해한다. 2) 받아내림이 있는 이분모 분수의 뺄셈 방법을 익힌다. ○ 활동 내용 1) 학습안내지를 통해 분모가 다른 분수의 덧셈의 원리 알기 2) 기능학습지 문제 풀기 ① 틀린 문제가 있는 경우 다른 4개의 문제를 다시 풀고 전부 맞을 때까지 시도 ② 문제 풀기에 어려움을 겪을 경우 집단원에게 도움을 요청하거나 교사가 지도 3) 형성평가지 풀기 ① 총 10문항 중 8문항 이상 맞출 경우 합격 ② 불합격일 경우 좀 더 쉬운 형성평가 다시 풀어보기 ③ 문제 풀기에 어려움을 겪을 경우 집단원에게 도움을 요청하거나 교사가 지도 4) 종합평가지 풀고 스스로 채점해 보기 ① 먼저 합격한 집단원은 아직 합격하지 못한 집단원을 돕도록 하기	
정리	○ 활동 명: 마무리 활동 ○ 활동 목표 1) 오늘 배운 내용을 정리한다. 2) 오늘 활동의 우수 팀과 우수 개인에게 보상한다. ○ 활동 내용 1) 오늘 배운 내용을 정리한다. 2) 오늘 활동의 우수 팀과 우수 개인에게 보상한다.	

6회기 받아내림이 있는 분모가 다른 대분수 뺄셈하기

 학습 활동지

활동주제: 분수의 뺄셈 3

- $2\frac{1}{4} - 1\frac{1}{2}$ 을 계산하시오.
- 두 분수를 통분한 다음 자연수는 자연수끼리, 분수는 분수끼리 뺄셈을 합니다.

- 크기가 작아 분수의 뺄셈이 되지 않을 경우 자연수에서 받아내림을 하고 계산합니다.

- $2\frac{1}{4} - 1\frac{1}{2} = 2\frac{1}{4} - 1\frac{2}{4} = 1\frac{5}{4} - 1\frac{2}{4} = (1-1) + (\frac{5}{4} - \frac{2}{4}) = \frac{3}{4}$

- 대분수를 가분수로 고친 다음, 통분하여 뺄셈을 할 수도 있습니다.

- $2\frac{1}{4} - 1\frac{1}{2} = \frac{9}{4} - \frac{3}{2} = \frac{9}{4} - \frac{6}{4} = \frac{3}{4}$

기능학습지

혼자서 풀어보고, 친구와 함께 풀어봅시다

- 주어진 4개의 문제를 먼저 혼자 풀어보고 친구들과 답을 맞춰 봅시다.
- 처음 <문제 1>에 있는 4개의 문제를 모두 맞추면 형성평가로, 하나라도 틀린 문제가 있을 경우 <문제 2>의 4문제를 풀어봅시다. 4개의 문제를 모두 맞출 때까지 다음 문제를 풀어봅니다.
- 문제를 잘 모르겠으면 친구들에게 물어보거나 선생님에게 물어봅니다.

활동주제: 분수의 뺄셈 3

문제 1		문제 2	
1) $4\frac{1}{3} - 1\frac{1}{2} =$	2) $3\frac{6}{7} - 2\frac{1}{3} =$	1) $4\frac{1}{5} - 1\frac{1}{3} =$	2) $2\frac{2}{7} - 1\frac{4}{6} =$
3) $4\frac{2}{6} - 2\frac{2}{4} =$	4) $7\frac{4}{7} - 4\frac{4}{6} =$	3) $4\frac{2}{3} - 3\frac{7}{9} =$	4) $7\frac{1}{3} - 3\frac{6}{7} =$
문제 3		문제 4	
1) $5\frac{1}{5} - 4\frac{1}{3} =$	2) $4\frac{1}{7} - 3\frac{3}{4} =$	1) $5\frac{1}{3} - 4\frac{1}{2} =$	2) $5\frac{1}{4} - 1\frac{1}{2} =$
3) $4\frac{1}{3} - 3\frac{5}{9} =$	4) $7\frac{1}{4} - 1\frac{5}{8} =$	3) $3\frac{1}{3} - 2\frac{4}{9} =$	4) $5\frac{1}{4} - 3\frac{2}{3} =$

형성평가 1

활동주제: 분수의 뺄셈 3

학년 (   ) 반 (   ) 이름 (   )

※ 계산을 하시오(1번−3번)

1) $5\frac{1}{4} - 3\frac{1}{3} =$

2) $5\frac{2}{5} - 3\frac{1}{2} =$

3) $3\frac{2}{6} - 1\frac{3}{4} =$

※ 자연수와 분수를 따로 빼는 방법을 사용하여 계산을 하시오(4번−5번)

4) $4\frac{1}{8} - 3\frac{1}{4} =$

5) $6\frac{1}{6} - 2\frac{1}{2} =$

※ 대분수를 가분수로 바꾸는 방법을 사용하여 계산을 하시오(6번−7번)

6) $8\frac{1}{8} - 7\frac{1}{4} =$

7) $7\frac{1}{6} - 4\frac{2}{4} =$

※ 빈 칸을 메우시오(8번−9번)

8) $3\frac{1}{4} - 1\frac{2}{3}$

$= 3\frac{[\quad]}{12} - 1\frac{[\quad]}{12}$

$= 2\frac{[\quad]}{12} - 1\frac{[\quad]}{12}$

$= (2 - 1) + (\frac{[\quad]}{12} - \frac{[\quad]}{12})$

$= [\quad]\frac{[\quad]}{12}$

9) $3\frac{2}{3} - \frac{5}{6}$

$= \frac{[\quad]}{3} - \frac{[\quad]}{6}$

$= (\frac{[\quad]}{6} - \frac{[\quad]}{6})$

$= [\quad]\frac{[\quad]}{6}$

※다음을 읽고 답하시오(10번)

10) 영희는 물을 $2\frac{3}{7}$ 컵을 가지고 있고 영호는 물을 $1\frac{6}{8}$ 컵을 가지고 있습니다. 영희가 영호보다 얼마나 물을 가지고 있는지 계산하시오.

- 문제를 다 풀었으면 친구에게 채점을 부탁합니다.
- 8점 이상 맞췄으면 합격이고, 7점 이하일 경우 불합격입니다.
- 합격했으면 종합평가지를 풉니다.
- 불합격했으면 친구나 선생님께 모르는 문제를 물어보고 형성평가 2를 풉니다.

종합평가

활동주제: 분수의 뺄셈 3

학년 (　　) 반 (　　) 이름 (　　　　　)

※ 계산을 하시오(1번-3번)

1) $4\dfrac{1}{2} - 1\dfrac{6}{8} =$

2) $3\dfrac{3}{5} - 1\dfrac{3}{4} =$

3) $5\dfrac{5}{9} - 2\dfrac{7}{8} =$

※ 자연수와 분수를 따로 빼는 방법을 사용하여 계산을 하시오(4번)

4) $8\dfrac{4}{9} - 3\dfrac{3}{4} =$

※ 대분수를 가분수로 바꾸는 방법을 사용하여 계산을 하시오(5번)

5) $9\dfrac{5}{6} - 8\dfrac{7}{8} =$

※ 계산 결과를 비교하여 [　　] 안에 <, =, >를 적어 넣으시오(6-7번)

6) $5\dfrac{2}{5} - 1\dfrac{3}{4}$ [　　] $8\dfrac{1}{8} - 7\dfrac{1}{4}$

7) $3\dfrac{1}{8} - 1\dfrac{1}{4}$ [　　] $4\dfrac{1}{8} - 2\dfrac{1}{5}$

※ 빈 칸을 메우시오(8번-9번)

8) $5\dfrac{1}{4} - 2\dfrac{1}{3}$

$= 5\dfrac{[\ ]}{12} - 2\dfrac{[\ ]}{12}$

$= 4\dfrac{[\ ]}{12} - 2\dfrac{[\ ]}{12}$

$= (4-2) + \left(\dfrac{[\ ]}{12} - \dfrac{[\ ]}{12}\right)$

$= [\ \ ]\dfrac{[\ ]}{12}$

9) $3\dfrac{1}{6} - \dfrac{3}{4}$

$= \dfrac{[\ ]}{6} - \dfrac{[\ ]}{4}$

$= \left(\dfrac{[\ ]}{12} - \dfrac{[\ ]}{12}\right)$

$= [\ \ ]\dfrac{[\ ]}{12}$

※ 다음을 읽고 답하시오(10번)

10) 지현이는 음료수를 $2\dfrac{2}{6}$ 개 만큼 마셨고 현지는 음료수를 $\dfrac{9}{10}$ 개 만큼 마셨습니다. 지현이가 현지보다 얼마나 더 음료수를 마셨는지 계산하시오.

• 제일 먼저 종합평가를 마친 친구에게 채점을 부탁합니다. | 총점

7. 교사용 워크북

교사용

1회기 **받아올림이 없는 분모가 다른 진분수 덧셈하기**

 학습 활동지

활동주제: 분수의 덧셈 1

- $\frac{1}{2} + \frac{1}{3}$ 을 계산하시오.

- 분모가 다른 분수를 더할 때는 분모를 통분해 줘야 합니다.

- 통분할 때는 공배수, 혹은 최소 공배수로 통분해 줘야 합니다.

- 분모를 통분 후 분자를 더해 줍니다

- $\frac{1}{2} + \frac{1}{3} = \frac{3}{6} + \frac{2}{6} = \frac{5}{6}$

혼자서 풀어보고, 친구와 함께 풀어봅시다

- 주어진 4개의 문제를 먼저 혼자 풀어보고 친구들과 답을 맞춰 봅시다.
- 처음 <문제 1>에 있는 4개의 문제를 모두 맞추면 형성평가로, 하나라도 틀린 문제가 있을 경우 <문제 2>의 4문제를 풀어봅시다. 4개의 문제를 모두 맞출 때까지 다음 문제를 풀어봅니다.
- 문제를 잘 모르겠으면 친구들에게 물어보거나 선생님에게 물어봅니다.

활동주제: 분수의 덧셈 1

문제 1

1) $\dfrac{1}{4} + \dfrac{1}{5} = \dfrac{9}{20}$ 2) $\dfrac{3}{8} + \dfrac{1}{5} = \dfrac{23}{40}$

3) $\dfrac{2}{4} + \dfrac{1}{6} = \dfrac{4}{6}$ 4) $\dfrac{1}{3} + \dfrac{3}{5} = \dfrac{14}{15}$

문제 2

1) $\dfrac{1}{4} + \dfrac{1}{8} = \dfrac{3}{8}$ 2) $\dfrac{1}{2} + \dfrac{2}{5} = \dfrac{7}{10}$

3) $\dfrac{1}{4} + \dfrac{3}{6} = \dfrac{3}{4}$ 4) $\dfrac{1}{3} + \dfrac{2}{5} = \dfrac{11}{15}$

문제 3

1) $\dfrac{1}{4} + \dfrac{2}{8} = \dfrac{1}{2}$ 2) $\dfrac{1}{2} + \dfrac{1}{5} = \dfrac{7}{10}$

3) $\dfrac{2}{4} + \dfrac{2}{6} = \dfrac{5}{6}$ 4) $\dfrac{1}{3} + \dfrac{2}{5} = \dfrac{11}{15}$

문제 4

1) $\dfrac{1}{2} + \dfrac{2}{3} = \dfrac{7}{6}$ 2) $\dfrac{1}{3} + \dfrac{1}{4} = \dfrac{7}{12}$

3) $\dfrac{1}{2} + \dfrac{1}{4} = \dfrac{3}{4}$ 4) $\dfrac{1}{3} + \dfrac{1}{5} = \dfrac{8}{15}$

형성평가 1
활동주제: 분수의 덧셈 1

학년 (　　) 반 (　　) 이름 (　　　　　)

※ 계산을 하시오(1번−6번)

1) $\dfrac{1}{4} + \dfrac{1}{8} = \dfrac{3}{8}$

2) $\dfrac{1}{3} + \dfrac{1}{6} = \dfrac{1}{2}$

3) $\dfrac{2}{3} + \dfrac{1}{6} = \dfrac{5}{6}$

4) $\dfrac{1}{2} + \dfrac{2}{7} = \dfrac{11}{14}$

5) $\dfrac{1}{4} + \dfrac{2}{5} = \dfrac{13}{20}$

6) $\dfrac{1}{3} + \dfrac{2}{9} = \dfrac{15}{27}$

※ 빈 칸을 메우시오(7번−9번)

7) $\dfrac{2}{4} + \dfrac{1}{5} = \dfrac{[10]}{20} + \dfrac{4}{[20]} = \dfrac{[14]}{20}$

8) $\dfrac{1}{3} + \dfrac{3}{7} = \dfrac{7}{[21]} + \dfrac{9}{[21]} = \dfrac{16}{[21]}$

9) $\dfrac{2}{8} + \dfrac{1}{4} = \dfrac{[\,1\,]}{4} + \dfrac{1}{[\,4\,]} = \dfrac{[\,2\,]}{4}$

※다음을 읽고 답하시오(10번)

10) 철수가 학교가 끝나고 집으로 가는데 $\dfrac{1}{3}$은 지하철, $\dfrac{5}{8}$는 버스를 타고 집에 갔습니다. 버스와 전철을 타고 집에 간 거리는 전체 집에 가는 거리의 얼마인지 분수로 나타내 보시오.
$\left(\dfrac{23}{24} \right)$

- 문제를 다 풀었으면 친구에게 채점을 부탁합니다.
- 8점 이상 맞췄으면 합격이고, 7점 이하일 경우 불합격입니다.
- 합격했으면 종합평가지를 풉니다.
- 불합격했으면 친구나 선생님에게 모르는 문제를 물어보고 형성평가 2를 풉니다.

종합평가

활동주제: 분수의 덧셈 1

학년 (   ) 반 (   ) 이름 (   )

※ 계산을 하시오(1번-5번)

1) $\dfrac{1}{4} + \dfrac{1}{8} = \dfrac{3}{8}$

2) $\dfrac{1}{3} + \dfrac{1}{6} = \dfrac{3}{6}$

3) $\dfrac{2}{3} + \dfrac{1}{6} = \dfrac{5}{6}$

4) $\dfrac{1}{2} + \dfrac{2}{7} = \dfrac{11}{14}$

5) $\dfrac{1}{2} + \dfrac{2}{7} = \dfrac{13}{21}$

※ 빈 칸을 메우시오(6번-8번)

6) $\dfrac{2}{4} + \dfrac{1}{5} = \dfrac{[10]}{20} + \dfrac{4}{[20]} = \dfrac{[14]}{20}$

7) $\dfrac{1}{3} + \dfrac{3}{7} = \dfrac{7}{[21]} + \dfrac{9}{[21]} = \dfrac{16}{[21]}$

8) $\dfrac{2}{8} + \dfrac{1}{4} = \dfrac{[1]}{4} + \dfrac{1}{[4]} = \dfrac{[2]}{4}$

※ 다음을 읽고 답하시오(9번-10번)

9) 철수가 순이네 집으로 가는데 $\dfrac{1}{4}$은 자전거, $\dfrac{3}{8}$는 버스를 타고 집에 갔습니다. 자전거와 걸어서 순이네 집에 간 거리는 전체 순이네 집에 가는 전체 거리의 얼마인지 분수로 나타내 보시오.

($\dfrac{5}{8}$)

10) 엄마가 식빵을 굽기 위해 선영이와 지수에게 밀가루를 가져오라고 말했습니다. 선영이는 밀가루 $\dfrac{3}{10}$컵, 지수는 $\dfrac{2}{5}$컵을 가져왔습니다. 선영이와 지수가 가져온 밀가루 양의 합을 구하시오.

($\dfrac{5}{10}$)

• 제일 먼저 종합평가를 마친 친구에게 채점을 부탁합니다.

총점	

2회기 받아올림이 있는 분모가 다른 진분수 덧셈하기

🧑 **학습 활동지**

－ 방법 1: 두 분모의 곱을 공통분모로 하여 두 분수를 통분한 다음, 더해줍니다.

－ 방법 2: 두 분모의 최소공배수를 공통분모로 하여 두 분수를 통분한 다음, 더해줍니다.

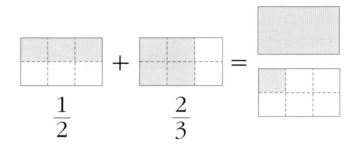

$$\frac{1}{2} \qquad\qquad \frac{2}{3}$$

⇩ 통분

$$\frac{1}{2} = \frac{1 \times 3}{2 \times 3} = \frac{3}{6}$$

$$\frac{2}{3} = \frac{2 \times 2}{3 \times 2} = \frac{4}{6}$$

$$\Rightarrow \frac{1}{2} + \frac{2}{3} = \frac{3}{6} + \frac{4}{6} = \frac{7}{6} = 1\frac{1}{6}$$

◆ 분모의 곱을 이용하여 통분하면 공통분모를 구하기 간편하고
분모의 최소공배수를 이용하여 통분하면 분자끼리의 덧셈이 간편합니다 ◆

혼자서 풀어보고, 친구와 함께 풀어봅시다

- 주어진 4개의 문제를 먼저 혼자 풀어보고 친구들과 답을 맞춰 봅시다.
- 처음 <문제 1>에 있는 4개의 문제를 모두 맞추면 형성평가로, 하나라도 틀린 문제가 있을 경우 <문제 2>의 4문제를 풀어봅시다. 4개의 문제를 모두 맞출 때까지 다음 문제를 풀어봅니다.
- 문제를 잘 모르겠으면 친구들에게 물어보거나 선생님에게 물어봅니다.

활동주제: 분수의 덧셈 2

문제 1

1) $\dfrac{3}{4} + \dfrac{5}{6} = 1\dfrac{14}{24}$ 2) $\dfrac{2}{3} + \dfrac{5}{6} = 1\dfrac{1}{2}$

3) $\dfrac{3}{5} + \dfrac{5}{6} = 1\dfrac{13}{33}$ 4) $\dfrac{4}{5} + \dfrac{7}{6} = 1\dfrac{29}{30}$

문제 2

1) $\dfrac{5}{6} + \dfrac{3}{4} = 1\dfrac{14}{24}$ 2) $\dfrac{5}{6} + \dfrac{6}{5} = 2\dfrac{1}{30}$

3) $\dfrac{7}{8} + \dfrac{8}{9} = 1\dfrac{55}{72}$ 4) $\dfrac{3}{5} + \dfrac{6}{7} = 1\dfrac{16}{35}$

문제 3

1) $\dfrac{5}{8} + \dfrac{4}{6} = 1\dfrac{14}{48}$ 2) $\dfrac{7}{8} + \dfrac{6}{7} = 1\dfrac{41}{56}$

3) $\dfrac{4}{5} + \dfrac{5}{6} = 1\dfrac{19}{30}$ 4) $\dfrac{6}{7} + \dfrac{4}{5} = 1\dfrac{23}{35}$

문제 4

1) $\dfrac{5}{6} + \dfrac{4}{7} = 1\dfrac{17}{42}$ 2) $\dfrac{3}{5} + \dfrac{6}{7} = 1\dfrac{16}{35}$

3) $\dfrac{4}{5} + \dfrac{8}{9} = 1\dfrac{31}{45}$ 4) $\dfrac{3}{6} + \dfrac{6}{7} = 1\dfrac{5}{14}$

형성평가 1

활동주제: 분수의 덧셈 2

학년 (　　) 반 (　　) 이름 (　　　　　)

※ 계산을 하시오(1번－6번)

1) $\dfrac{5}{6} + \dfrac{4}{7} = 1\dfrac{17}{42}$

2) $\dfrac{5}{6} + \dfrac{6}{5} = 2\dfrac{1}{30}$

3) $\dfrac{5}{8} + \dfrac{4}{6} = 1\dfrac{14}{48}$

4) $\dfrac{3}{6} + \dfrac{6}{7} = 1\dfrac{5}{14}$

5) $\dfrac{7}{8} + \dfrac{8}{9} = 1\dfrac{55}{72}$

6) $\dfrac{6}{7} + \dfrac{4}{5} = 1\dfrac{23}{35}$

※ 빈 칸을 메우시오(7번－9번)

7) $\dfrac{4}{5} + \dfrac{5}{6} = \dfrac{[24]}{30} + \dfrac{[25]}{30} = [\,1\,]\dfrac{[19]}{30}$

8) $\dfrac{7}{8} + \dfrac{6}{7} = \dfrac{[49]}{56} + \dfrac{[48]}{56} = [\,1\,]\dfrac{[41]}{56}$

9) $\dfrac{3}{4} + \dfrac{5}{6} = \dfrac{[18]}{24} + \dfrac{[20]}{24} = [\,1\,]\dfrac{[41]}{56}$

※다음을 읽고 답하시오(10번)

10) 영희와 수미는 케이크를 같은 크기의 조각으로 잘라 먹었습니다. 영희는 케이크 한 조각의 $\dfrac{5}{6}$ 를 먹고, 수미는 한 조각의 $\dfrac{5}{7}$ 만큼 먹었습니다. 한 조각의 케이크에서 두 사람이 먹은 케이크의 양은 어느 정도일까요?

($1\dfrac{23}{42}$)

- 문제를 다 풀었으면 친구에게 채점을 부탁합니다.
- 8점 이상 맞췄으면 합격이고, 7점 이하일 경우 불합격입니다.
- 합격했으면 종합평가지를 풉니다.
- 불합격했으면 친구나 선생님에게 모르는 문제를 물어보고 형성평가 2를 풉니다.

종합평가

활동주제: 분수의 덧셈 2

학년 (   ) 반 (   ) 이름 (   )

※ 계산을 하시오(1번-5번)

1) $\dfrac{3}{4} + \dfrac{5}{6} = 1\dfrac{14}{24}$

2) $\dfrac{5}{8} + \dfrac{4}{6} = 1\dfrac{14}{48}$

3) $\dfrac{4}{5} + \dfrac{8}{9} = 1\dfrac{31}{45}$

4) $\dfrac{5}{6} + \dfrac{4}{7} = 1\dfrac{17}{42}$

5) $\dfrac{3}{5} + \dfrac{6}{7} = 1\dfrac{16}{35}$

※ 빈 칸을 메우시오(6번-8번)

6) $\dfrac{5}{8} + \dfrac{4}{6} = \dfrac{[30]}{48} + \dfrac{[32]}{48} = [\,1\,]\dfrac{[14]}{48}$

7) $\dfrac{5}{6} + \dfrac{4}{7} = \dfrac{[35]}{42} + \dfrac{[24]}{42} = [\,1\,]\dfrac{[17]}{42}$

8) $\dfrac{3}{5} + \dfrac{6}{7} = \dfrac{[21]}{35} + \dfrac{[30]}{35} = [\,1\,]\dfrac{[16]}{35}$

※ 다음을 읽고 답하시오(9번-10번)

9) 진희가 색칠놀이를 하는데 $\dfrac{3}{5}$ 은 파스텔, $\dfrac{5}{6}$ 은 색연필로 색깔을 칠했습니다. 진희가 칠한 색깔 크기의 합은 얼마인지 구하시오.

($1\dfrac{13}{30}$)

10) 민수가 빵을 만들기 위해 $\dfrac{5}{6}$ 컵의 물을 붓고 잘 젓다가 $\dfrac{6}{7}$ 컵의 물을 더 추가하였습니다. 민수가 넣은 물의 컵의 양은 얼마인지 구하시오.

($1\dfrac{29}{42}$)

• 제일 먼저 종합평가를 마친 친구에게 채점을 부탁합니다.

총점

3회기 받아올림이 있는 분모가 다른 대분수 덧셈하기

👦 학습활동지

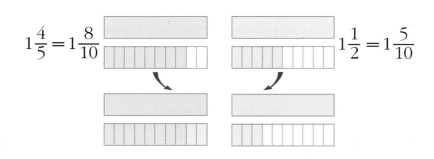

$$1\frac{4}{5} = 1\frac{8}{10} \quad\quad 1\frac{1}{2} = 1\frac{5}{10}$$

⬇ 통분

$$1\frac{4}{5} = 1\frac{8}{10} \,, \; 1\frac{1}{2} = 1\frac{5}{10}$$

$$\Rightarrow 1\frac{4}{5} + 1\frac{1}{2} = 1\frac{8}{10} + 1\frac{5}{10}$$
$$= (1+1) + (\frac{8}{10} + \frac{5}{10})$$
$$= 2 + \frac{13}{10} = 2 + 1\frac{3}{10} = 3\frac{3}{10}$$

혼자서 풀어보고, 친구와 함께 풀어봅시다

- 주어진 4개의 문제를 먼저 혼자 풀어보고 친구들과 답을 맞춰 봅시다.
- 처음 <문제 1>에 있는 4개의 문제를 모두 맞추면 형성평가로, 하나라도 틀린 문제가 있을 경우 <문제 2>의 4문제를 풀어봅시다. 4개의 문제를 모두 맞출 때까지 다음 문제를 풀어봅니다.
- 문제를 잘 모르겠면 친구들에게 물어보거나 선생님에게 물어봅니다.

활동주제: 분수의 덧셈 3

문제 1

1) $1\frac{2}{3} + 1\frac{5}{6} = 3\frac{1}{2}$　　2) $2\frac{3}{5} + 2\frac{5}{6} = 5\frac{13}{30}$

3) $1\frac{4}{5} + 1\frac{7}{6} = 3\frac{29}{30}$　　4) $2\frac{3}{4} + 2\frac{5}{6} = 5\frac{7}{12}$

문제 2

1) $3\frac{5}{6} + 3\frac{3}{4} = 7\frac{7}{12}$　　2) $2\frac{3}{5} + 1\frac{6}{7} = 4\frac{16}{35}$

3) $2\frac{5}{6} + 3\frac{6}{5} = 7\frac{1}{30}$　　4) $1\frac{7}{8} + 2\frac{8}{9} = 4\frac{31}{72}$

문제 3

1) $2\frac{4}{5} + 2\frac{5}{6} = 5\frac{19}{30}$　　2) $3\frac{6}{7} + 2\frac{4}{5} = 6\frac{23}{35}$

3) $3\frac{5}{8} + 3\frac{4}{6} = 7\frac{7}{24}$　　4) $1\frac{7}{8} + 3\frac{6}{7} = 5\frac{41}{56}$

문제 4

1) $2\frac{3}{6} + 4\frac{6}{7} = 7\frac{5}{14}$　　2) $3\frac{5}{6} + 4\frac{4}{7} = 8\frac{17}{42}$

3) $2\frac{3}{5} + 4\frac{6}{7} = 8\frac{16}{35}$　　4) $3\frac{4}{5} + 1\frac{8}{9} = 5\frac{31}{45}$

형성평가 1

활동주제: 분수의 덧셈 2

학년 (　　) 반 (　　) 이름 (　　　　)

※ 계산을 하시오(1번-6번)

1) $2\frac{3}{6} + 4\frac{6}{7} = 7\frac{5}{14}$

2) $2\frac{3}{5} + 1\frac{6}{7} = 4\frac{16}{35}$

3) $2\frac{3}{5} + 2\frac{5}{6} = 5\frac{13}{30}$

4) $3\frac{5}{8} + 3\frac{4}{6} = 7\frac{7}{24}$

5) $1\frac{7}{8} + 3\frac{6}{7} = 5\frac{41}{56}$

6) $2\frac{3}{5} + 4\frac{6}{7} = 8\frac{16}{35}$

※ 빈 칸을 메우시오(7번-9번)

7) $2\frac{3}{6} + 1\frac{6}{7} = ([\,2\,] + [\,1\,]) + (\frac{[21]}{35} + \frac{[30]}{35})$
$= [\,4\,]\frac{[16]}{35}$

8) $2\frac{3}{5} + 2\frac{5}{6} = ([\,2\,] + [\,2\,]) + (\frac{[25]}{30} + \frac{[18]}{30})$
$= [\,5\,]\frac{[13]}{30}$

9) $2\frac{3}{4} + 2\frac{5}{6} = ([\,2\,] + [\,2\,]) + (\frac{[20]}{24} + \frac{[18]}{24})$
$= [\,5\,]\frac{[\,7\,]}{24}$

※다음을 읽고 답하시오(10번)

10) 수빈이는 실험을 위해 비커에 물을 $2\frac{3}{5}$ 담고, 요오드를 $1\frac{6}{7}$ 섞었습니다. 물과 요오드를 합하면 비커의 얼마를 차지할까요?

$(\ 4\frac{16}{35}\ )$

• 문제를 다 풀었으면 친구에게 채점을 부탁합니다.
• 8점 이상 맞췄으면 합격이고, 7점 이하일 경우 불합격입니다.
• 합격했으면 종합평가지를 풉니다.
• 불합격했으면 친구나 선생님에게 모르는 문제를 물어보고 형성평가 2를 풉니다.

종합평가

활동주제: 분수의 덧셈 2

학년 (   ) 반 (   ) 이름 (   )

※ 계산을 하시오(1번–5번)

1) $3\frac{5}{6} + 3\frac{3}{4} = 7\frac{7}{12}$

2) $3\frac{6}{7} + 2\frac{4}{5} = 6\frac{23}{35}$

3) $1\frac{7}{8} + 2\frac{8}{9} = 4\frac{31}{72}$

4) $2\frac{3}{4} + 2\frac{5}{6} = 5\frac{13}{30}$

5) $3\frac{4}{5} + 1\frac{8}{9} = 5\frac{31}{45}$

※ 빈 칸을 메우시오(6번–8번)

6) $1\frac{7}{8} + 2\frac{8}{9} = ([\,1\,] + [\,2\,]) + (\frac{[63]}{45} + \frac{[64]}{45})$
$= [\,4\,]\frac{[31]}{45}$

7) $1\frac{7}{8} + 3\frac{6}{7} = ([\,1\,] + [\,3\,]) + (\frac{[49]}{56} + \frac{[48]}{56})$
$= [\,5\,]\frac{[41]}{56}$

8) $3\frac{5}{8} + 3\frac{4}{6} = ([\,3\,] + [\,3\,]) + (\frac{[30]}{48} + \frac{[32]}{48})$
$= [\,7\,]\frac{[7]}{24}$

※ 다음을 읽고 답하시오(9번–10번)

9) 수진이는 사과를 $3\frac{4}{5}$개 먹었고, 영철이는 사과를 $2\frac{5}{6}$만큼 먹었다. 수진이와 영철이는 사과를 얼마만큼 먹었는지 구하시오.

$(\,6\frac{19}{30}\,)$

10) 지용이는 종이 위의 수직선에 $1\frac{7}{8}$만큼 눈금을 그었고, 다른 종이를 가져와 $2\frac{4}{5}$만큼 줄을 그었다. 지용이는 얼마만큼 선을 그었는지 구하시오.

$(\,4\frac{27}{40}\,)$

• 제일 먼저 종합평가를 마친 친구에게 채점을 부탁합니다.

총점	

4회기 받아올림이 없는 분모가 다른 진분수 뺄셈하기

 학습활동지

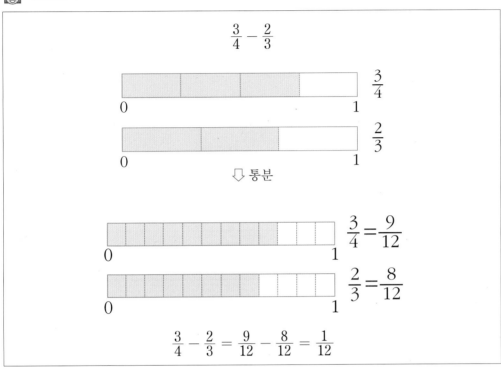

혼자서 풀어보고, 친구와 함께 풀어봅시다

- 주어진 4개의 문제를 먼저 혼자 풀어보고 친구들과 답을 맞춰 봅시다.
- 처음 <문제 1>에 있는 4개의 문제를 모두 맞추면 형성평가로, 하나라도 틀린 문제가 있을 경우 <문제 2>의 4문제를 풀어봅시다. 4개의 문제를 모두 맞출 때까지 다음 문제를 풀어봅니다.
- 문제를 잘 모르겠으면 친구들에게 물어보거나 선생님에게 물어봅니다.

활동주제: 분수의 뺄셈

문제 1

1) $\frac{2}{3} - \frac{5}{6} = -\frac{1}{6}$ 2) $\frac{4}{5} - \frac{7}{6} = -\frac{11}{30}$

3) $\frac{3}{5} - \frac{5}{6} = -\frac{7}{30}$ 4) $\frac{3}{4} - \frac{5}{6} = -\frac{1}{12}$

문제 2

1) $\frac{7}{8} - \frac{8}{9} = -\frac{1}{72}$ 2) $\frac{3}{5} - \frac{6}{7} = -\frac{9}{35}$

3) $\frac{5}{6} - \frac{6}{5} = -\frac{11}{30}$ 4) $\frac{5}{6} - \frac{3}{4} = \frac{1}{12}$

문제 3

1) $\frac{4}{5} - \frac{5}{6} = -\frac{1}{30}$ 2) $\frac{7}{8} - \frac{6}{7} = \frac{1}{56}$

3) $\frac{6}{7} - \frac{4}{5} = \frac{2}{35}$ 4) $\frac{5}{8} - \frac{4}{6} = -\frac{1}{24}$

문제 4

1) $\frac{3}{5} - \frac{6}{7} = -\frac{9}{35}$ 2) $\frac{5}{6} - \frac{4}{7} = \frac{11}{42}$

3) $\frac{3}{5} - \frac{6}{7} = -\frac{5}{14}$ 4) $\frac{4}{5} - \frac{8}{9} = -\frac{4}{45}$

형성평가 1
활동주제: 분수의 뺄셈 1

학년 (　　) 반 (　　) 이름 (　　　　)

※ 계산을 하시오(1번–6번)

1) $\dfrac{3}{6} - \dfrac{6}{7} = -\dfrac{5}{14}$

2) $\dfrac{6}{7} - \dfrac{4}{5} = \dfrac{2}{35}$

3) $\dfrac{5}{8} - \dfrac{4}{6} = -\dfrac{1}{24}$

4) $\dfrac{5}{6} - \dfrac{4}{7} = \dfrac{11}{42}$

5) $\dfrac{7}{8} - \dfrac{8}{9} = -\dfrac{1}{72}$

6) $\dfrac{5}{6} - \dfrac{6}{5} = -\dfrac{11}{30}$

※ 빈 칸을 메우시오(7번–9번)

7) $\dfrac{4}{5} - \dfrac{5}{6} = \dfrac{[24]}{30} - \dfrac{[25]}{30} = -\dfrac{[1]}{30}$

8) $\dfrac{7}{8} - \dfrac{6}{7} = \dfrac{[49]}{56} - \dfrac{[48]}{56} = \dfrac{[1]}{56}$

9) $\dfrac{3}{4} - \dfrac{5}{6} = \dfrac{[18]}{24} - \dfrac{[21]}{24} = -\dfrac{[1]}{12}$

※다음을 읽고 답하시오(10번)

10) 영희와 수미는 케이크를 한 조각 잘라 나누어 먹었습니다. 영희는 케이크 한 조각의 $\dfrac{5}{6}$ 먹고, 수미는 한 조각의 $\dfrac{5}{7}$ 만큼 먹었습니다. 영희가 수미보다 얼마만큼의 케이크를 더 먹었을까요?

($\dfrac{5}{42}$)

- 문제를 다 풀었으면 친구에게 채점을 부탁합니다.
- 8점 이상 맞췄으면 합격이고, 7점 이하일 경우 불합격입니다.
- 합격했으면 종합평가지를 풉니다.
- 불합격했으면 친구나 선생님에게 모르는 문제를 물어보고 형성평가 2를 풉니다.

종합평가

활동주제: 분수의 뺄셈 1

학년 (   ) 반 (   ) 이름 (   )

※ 계산을 하시오(1번−5번)

1) $\dfrac{5}{6} - \dfrac{4}{7} = \dfrac{11}{42}$

2) $\dfrac{5}{8} - \dfrac{4}{6} = -\dfrac{1}{24}$

3) $\dfrac{3}{4} - \dfrac{5}{6} = -\dfrac{1}{12}$

4) $\dfrac{3}{5} - \dfrac{6}{7} = -\dfrac{9}{35}$

5) $\dfrac{4}{5} - \dfrac{8}{9} = -\dfrac{4}{45}$

※ 빈 칸을 메우시오(6번−8번)

6) $\dfrac{5}{8} - \dfrac{4}{6} = \dfrac{[30]}{48} - \dfrac{[32]}{48} = -\dfrac{[1]}{24}$

7) $\dfrac{5}{6} - \dfrac{4}{7} = \dfrac{[35]}{42} - \dfrac{[24]}{42} = \dfrac{[11]}{42}$

8) $\dfrac{3}{5} - \dfrac{6}{7} = \dfrac{[21]}{35} - \dfrac{[30]}{35} = -\dfrac{[9]}{35}$

※ 다음을 읽고 답하시오(9번−10번)

9) 영수는 달리기코스에서 $\dfrac{3}{5}$ 을 달렸고 민희는 달리기코스의 $\dfrac{5}{6}$ 를 달렸습니다. 민희는 영수보다 얼마만큼의 거리를 더 달렸는지 구하시오.

($-\dfrac{7}{30}$)

10) 민지는 탑쌓기에서 $\dfrac{3}{5}$ 만큼의 탑을 쌓았고 경희는 $\dfrac{6}{7}$ 만큼의 탑을 쌓았습니다. 경희는 민지보다 얼마만큼의 탑을 더 쌓았는지 구하시오.

($-\dfrac{9}{35}$)

• 제일 먼저 종합평가를 마친 친구에게 채점을 부탁합니다.

총점	

5회기 받아내림이 없는 분모가 다른 분수 뺄셈하기

 학습 활동지

활동주제: 분수의 뺄셈 2

- $1\frac{1}{2} - 1\frac{2}{5}$ 를 계산하시오.

- 두 분수를 통분한 다음 자연수는 자연수끼리, 분수는 분수끼리 뺄셈을 합니다.

- $1\frac{1}{2} - 1\frac{2}{5} = 1\frac{5}{10} - 1\frac{4}{10} = (1 - 1) + \left(\frac{5}{10} - \frac{4}{10}\right) = \frac{1}{10}$

- 대분수를 가분수로 고친 다음, 통분하여 뺄셈을 할 수도 있습니다.

- $1\frac{1}{2} - 1\frac{2}{5} = \frac{3}{2} - \frac{7}{5} = \frac{15}{10} - \frac{14}{10} = \frac{1}{10}$

 기능학습지

혼자서 풀어보고, 친구와 함께 풀어봅시다

- 주어진 4개의 문제를 먼저 혼자 풀어보고 친구들과 답을 맞춰 봅시다.
- 처음 <문제 1>에 있는 4개의 문제를 모두 맞추면 형성평가로, 하나라도 틀린 문제가 있을 경우 <문제 2>의 4문제를 풀어봅시다. 4개의 문제를 모두 맞출 때까지 다음 문제를 풀어봅니다.
- 문제를 잘 모르겠으면 친구들에게 물어보거나 선생님에게 물어봅니다.

활동주제: 분수의 뺄셈 2

문제 1	문제 2
1) $4\frac{1}{2} - 1\frac{1}{3} = 3\frac{1}{6}$ 2) $3\frac{6}{7} - 1\frac{1}{3} = 2\frac{11}{21}$	1) $4\frac{1}{3} - 1\frac{1}{5} = 3\frac{2}{15}$ 2) $4\frac{4}{6} - 4\frac{2}{7} = \frac{16}{42}$
3) $4\frac{2}{4} - 2\frac{2}{6} = 2\frac{1}{6}$ 4) $4\frac{4}{6} - 2\frac{4}{7} = 2\frac{4}{42}$	3) $4\frac{7}{9} - 3\frac{2}{3} = 1\frac{1}{9}$ 4) $7\frac{6}{7} - 3\frac{1}{3} = 4\frac{11}{21}$

문제 3	문제 4
1) $4\frac{1}{3} - 4\frac{1}{5} = \frac{2}{15}$ 2) $4\frac{4}{6} - 3\frac{1}{7} = 1\frac{22}{42}$	1) $4\frac{1}{2} - 3\frac{1}{3} = 1\frac{1}{6}$ 2) $5\frac{1}{2} - 5\frac{1}{4} = \frac{1}{4}$
3) $4\frac{5}{9} - 3\frac{1}{3} = 1\frac{2}{9}$ 4) $7\frac{3}{8} - 6\frac{1}{4} = 1\frac{1}{8}$	3) $4\frac{4}{9} - 4\frac{1}{3} = \frac{1}{9}$ 4) $3\frac{2}{3} - 3\frac{1}{4} = \frac{5}{12}$

형성평가 1

활동주제: 분수의 뺄셈 2

학년 (   ) 반 (   ) 이름 (   )

※ 계산을 하시오(1번-3번)

1) $5\dfrac{1}{3} - 3\dfrac{1}{4} = 2\dfrac{1}{12}$

2) $3\dfrac{1}{2} - 3\dfrac{2}{5} = \dfrac{1}{10}$

3) $3\dfrac{2}{4} - 1\dfrac{2}{5} = 2\dfrac{4}{24}$

※ 자연수와 분수를 따로 빼는 방법을 사용하여 계산을 하시오(4번-5번)

4) $4\dfrac{1}{4} - 3\dfrac{1}{8} = (4-3) + (\dfrac{1}{4} - \dfrac{1}{8})$
$= 1\dfrac{1}{8}$

5) $6\dfrac{1}{3} - 2\dfrac{1}{6} = (6-2) + (\dfrac{1}{3} - \dfrac{1}{6})$
$= 4\dfrac{1}{6}$

※ 대분수를 가분수로 바꾸는 방법을 사용하여 계산을 하시오(6번-7번)

6) $8\dfrac{1}{4} - 7\dfrac{1}{8} = \dfrac{33}{4} - \dfrac{57}{8} = 1\dfrac{1}{8}$

7) $7\dfrac{2}{4} - 4\dfrac{1}{6} = \dfrac{30}{4} - \dfrac{25}{6} = 3\dfrac{8}{24}$

※ 빈 칸을 메우시오(8번-9번)

8) $2\dfrac{2}{3} - 1\dfrac{1}{4}$

$= 2\dfrac{[8]}{12} - 1\dfrac{[3]}{12}$

$= (2-1) + (\dfrac{[8]}{12} - \dfrac{[3]}{12})$

$= [1]\dfrac{[5]}{12}$

9) $1\dfrac{5}{6} - \dfrac{2}{3}$

$= \dfrac{[11]}{6} - \dfrac{[2]}{3}$

$= (\dfrac{[11]}{6} - \dfrac{[4]}{6})$

$= [1]\dfrac{[1]}{6}$

※다음을 읽고 답하시오(10번)

10) 철수는 주스를 $2\dfrac{5}{8}$ 컵을 마시고 영수는 $1\dfrac{3}{7}$ 컵을 마셨습니다. 철수가 영수보다 얼마나 더 주스를 마셨는지 계산하시오.

$(1\dfrac{11}{56})$

• 문제를 다 풀었으면 친구에게 채점을 부탁합니다.
• 8점 이상 맞췄으면 합격이고, 7점 이하일 경우 불합격입니다.
• 합격했으면 종합평가지를 풉니다.
• 불합격했으면 친구나 선생님에게 모르는 문제를 물어보고 형성평가 2를 풉니다.

종합평가

활동주제: 분수의 뺄셈 2

학년 (　　) 반 (　　) 이름 (　　　　　)

※ 계산을 하시오(1번-5번)

1) $1\frac{2}{5} - 1\frac{1}{4} = \frac{3}{20}$

2) $3\frac{2}{3} - 2\frac{2}{5} = 1\frac{4}{15}$

3) $6\frac{3}{4} - 3\frac{1}{6} = 3\frac{14}{24}$

※ 자연수와 분수를 따로 빼는 방법을 사용하여 계산을 하시오(4번)

4) $6\frac{3}{5} - 3\frac{2}{6} = (6-3) + (\frac{3}{5} - \frac{2}{6}) = 3\frac{8}{30}$

※ 대분수를 가분수로 바꾸는 방법을 사용하여 계산을 하시오(5번)

5) $5\frac{3}{4} - 3\frac{1}{3} = \frac{23}{4} - \frac{10}{3} = 2\frac{5}{12}$

※ 계산 결과를 비교하여 [　] 안에 <, =, >를 적어 넣으시오(6-7번)

6) $5\frac{3}{4} - 1\frac{2}{5}$ [>] $8\frac{1}{4} - 7\frac{1}{8}$

7) $3\frac{2}{4} - 1\frac{1}{8}$ [>] $4\frac{1}{5} - 2\frac{1}{8}$

※ 빈 칸을 메우시오(8번-9번)

8) $3\frac{1}{3} - 2\frac{1}{4}$

$= 3\frac{[4]}{12} - 2\frac{[3]}{12}$

$= (3-2) + (\frac{[4]}{12} - \frac{[3]}{12})$

$= [1]\frac{[1]}{12}$

9) $1\frac{3}{4} - \frac{1}{6}$

$= \frac{[7]}{4} - \frac{[1]}{6}$

$= (\frac{[21]}{12} - \frac{[2]}{12})$

$= [1]\frac{[7]}{12}$

※ 다음을 읽고 답하시오(10번)

10) 현승이는 빵을 $5\frac{6}{7}$ 개를 먹고 현아는 $2\frac{2}{6}$ 개를 먹었습니다. 현승이가 현아보다 얼마나 더 빵을 먹었는지 계산하시오.
($3\frac{22}{42}$)

• 제일 먼저 종합평가를 마친 친구에게 채점을 부탁합니다. | 총점 |

6회기 받아내림이 있는 분모가 다른 대분수 뺄셈하기

👩 학습 활동지

활동주제: 분수의 뺄셈 3

- $2\dfrac{1}{4} - 1\dfrac{1}{2}$ 을 계산하시오.

- 두 분수를 통분한 다음 자연수는 자연수끼리, 분수는 분수끼리 뺄셈을 합니다.

- 크기가 작아 분수의 뺄셈이 되지 않을 경우 자연수에서 받아내림을 하고 계산합니다.

- $2\dfrac{1}{4} - 1\dfrac{1}{2} = 2\dfrac{1}{4} - 1\dfrac{2}{4} = 1\dfrac{5}{4} - 1\dfrac{2}{4} = (1-1) + \left(\dfrac{5}{4} - \dfrac{2}{4}\right) = \dfrac{3}{4}$

- 대분수를 가분수로 고친 다음, 통분하여 뺄셈을 할 수도 있습니다.

- $2\dfrac{1}{4} - 1\dfrac{1}{2} = \dfrac{9}{4} - \dfrac{3}{2} = \dfrac{9}{4} - \dfrac{6}{4} = \dfrac{3}{4}$

 기능학습지

혼자서 풀어보고, 친구와 함께 풀어봅시다

- 주어진 4개의 문제를 먼저 혼자 풀어보고 친구들과 답을 맞춰 봅시다.
- 처음 <문제 1>에 있는 4개의 문제를 모두 맞추면 형성평가로, 하나라도 틀린 문제가 있을 경우 <문제 2>의 4문제를 풀어봅시다. 4개의 문제를 모두 맞출 때까지 다음 문제를 풀어봅니다.
- 문제를 잘 모르겠으면 친구들에게 물어보거나 선생님에게 물어봅니다.

활동주제: 분수의 뺄셈 3

문제 1	문제 2
1) $4\dfrac{1}{3} - 1\dfrac{1}{2} = 2\dfrac{5}{6}$ 2) $3\dfrac{6}{7} - 2\dfrac{1}{3} = 3\dfrac{14}{24}$	1) $4\dfrac{1}{5} - 1\dfrac{1}{3} = 2\dfrac{13}{15}$ 2) $2\dfrac{2}{7} - 1\dfrac{4}{6} = \dfrac{26}{42}$
3) $4\dfrac{2}{6} - 2\dfrac{2}{4} = 1\dfrac{10}{12}$ 4) $7\dfrac{4}{7} - 4\dfrac{4}{6} = 3\dfrac{14}{24}$	3) $4\dfrac{2}{3} - 3\dfrac{7}{9} = \dfrac{8}{9}$ 4) $7\dfrac{1}{3} - 3\dfrac{6}{7} = 3\dfrac{10}{21}$
문제 3	문제 4
1) $5\dfrac{1}{5} - 4\dfrac{1}{3} = \dfrac{13}{15}$ 2) $4\dfrac{1}{7} - 3\dfrac{3}{4} = \dfrac{7}{21}$	1) $5\dfrac{1}{3} - 4\dfrac{1}{2} = \dfrac{5}{6}$ 2) $5\dfrac{1}{4} - 1\dfrac{1}{2} = 3\dfrac{3}{4}$
3) $4\dfrac{1}{3} - 3\dfrac{5}{9} = \dfrac{7}{9}$ 4) $7\dfrac{1}{4} - 1\dfrac{5}{8} = 5\dfrac{5}{8}$	3) $3\dfrac{1}{3} - 2\dfrac{4}{9} = \dfrac{8}{9}$ 4) $5\dfrac{1}{4} - 3\dfrac{2}{3} = 1\dfrac{7}{12}$

형성평가 1

활동주제: 분수의 뺄셈 3

학년 (　　) 반 (　　) 이름 (　　　　　)

※ 계산을 하시오(1번~3번)

1) $5\frac{1}{4} - 3\frac{1}{3} = 1\frac{11}{12}$

2) $5\frac{2}{5} - 3\frac{1}{2} = 1\frac{9}{10}$

3) $3\frac{2}{6} - 1\frac{3}{4} = 1\frac{7}{12}$

※ 자연수와 분수를 따로 빼는 방법을 사용하여 계산을 하시오(4번~5번)

4) $4\frac{1}{8} - 3\frac{1}{4} = (3-3) + (\frac{9}{8} - \frac{1}{4}) = \frac{7}{8}$

5) $6\frac{1}{6} - 2\frac{1}{2} = (5-2) + (\frac{7}{6} - \frac{1}{2}) = 3\frac{4}{6}$

※ 대분수를 가분수로 바꾸는 방법을 사용하여 계산을 하시오(6번~7번)

6) $8\frac{1}{8} - 7\frac{1}{4} = \frac{65}{8} - \frac{29}{4} = \frac{7}{8}$

7) $7\frac{1}{6} - 4\frac{2}{4} = \frac{14}{12} - \frac{6}{12} = \frac{8}{12}$

※ 빈 칸을 메우시오(8번~9번)

8) $3\frac{1}{4} - 1\frac{2}{3}$

$= 3\frac{[3]}{12} - 1\frac{[8]}{12}$

$= 2\frac{[15]}{12} - 1\frac{[8]}{12}$

$= (2-1) + (\frac{[15]}{12} - \frac{[8]}{12})$

$= [1]\frac{[7]}{12}$

9) $3\frac{2}{3} - \frac{5}{6}$

$= \frac{[11]}{3} - \frac{[5]}{6}$

$= (\frac{[22]}{6} - \frac{[5]}{6})$

$= [2]\frac{[5]}{6}$

※다음을 읽고 답하시오(10번)

10) 영희는 물을 $2\frac{3}{7}$ 컵을 가지고 있고 영호는 물을 $1\frac{6}{8}$ 컵을 가지고 있습니다. 영희가 영호보다 얼마나 물을 가지고 있는지 계산하시오.

($\frac{38}{56}$)

- 문제를 다 풀었으면 친구에게 채점을 부탁합니다.
- 8점 이상 맞췄으면 합격이고, 7점 이하일 경우 불합격입니다.
- 합격했으면 종합평가지를 풉니다.
- 불합격했으면 친구나 선생님에게 모르는 문제를 물어보고 형성평가 2를 풉니다.

종합평가

활동주제: 분수의 뺄셈 3

학년 (   ) 반 (   ) 이름 (   )

※ 계산을 하시오(1번–3번)

1) $4\frac{1}{2} - 1\frac{6}{8} = 3\frac{6}{8}$

2) $3\frac{3}{5} - 1\frac{3}{4} = 1\frac{7}{20}$

3) $5\frac{5}{9} - 2\frac{7}{8} = 2\frac{49}{72}$

※ 자연수와 분수를 따로 빼는 방법을 사용하여 계산을 하시오(4번)

4) $8\frac{4}{9} - 3\frac{3}{4} = (7-3) + (\frac{13}{9} - \frac{3}{4}) = 4\frac{25}{36}$

※ 대분수를 가분수로 바꾸는 방법을 사용하여 계산을 하시오(5번)

5) $9\frac{5}{6} - 8\frac{7}{8} = \frac{59}{6} - \frac{71}{8} = 2\frac{23}{24}$

※ 계산 결과를 비교하여 [   ] 안에 <, =, >를 적어 넣으시오 (6–7번)

6) $5\frac{2}{5} - 1\frac{3}{4}$ [>] $8\frac{1}{8} - 7\frac{1}{4}$

7) $3\frac{1}{8} - 1\frac{1}{4}$ [>] $4\frac{1}{8} - 2\frac{1}{5}$

※ 빈 칸을 메우시오(8번–9번)

8) $5\frac{1}{4} - 2\frac{1}{3}$

$= 5\frac{[3]}{12} - 2\frac{[4]}{12}$

$= 4\frac{[15]}{12} - 2\frac{[4]}{12}$

$= (4-2) + (\frac{[15]}{12} - \frac{[4]}{12})$

$= [2]\frac{[11]}{12}$

9) $3\frac{1}{6} - \frac{3}{4}$

$= \frac{[19]}{6} - \frac{[3]}{4}$

$= (\frac{[38]}{12} - \frac{[9]}{12})$

$= [2]\frac{[3]}{12}$

※ 다음을 읽고 답하시오(10번)

10) 지현이는 음료수를 $2\frac{2}{6}$ 개 만큼 마셨고 현지는 음료수를 $\frac{9}{10}$ 개 만큼 마셨습니다. 지현이가 현지보다 얼마나 더 음료수를 마셨는지 계산하시오.

$(1\frac{13}{30})$

• 제일 먼저 종합평가를 마친 친구에게 채점을 부탁합니다.

총점	

Jigsaw 협동학습전략

1. 프로그램 이름

Jigsaw 협동학습으로 함께 학습하기

2. 프로그램 필요성

협동의 필요성은 특히 오늘날 개인주의에 익숙한 젊은 세대에게 더욱 강조되고 있다. 협동학습 구조는 소집단 학습목표를 제공하고 학생들이 학습목표를 달성하기 위해 서로 도와 학습하도록 하여 긍정적인 상호 의존성을 가질 수 있도록 한다. 다른 학생이 학습에서 성공할때 자기 자신도 학습에서 성공 경험을 할 수 있도록 인식하여 궁극적으로 학습에 참여하는모든 학생들에게 이익이 되는 결과를 얻도록 하는 것이다.

Lewin과 Deutch은 구조화된 협동학습의 이론적 기초를 형성하였으며, Aronson은 정서발달과 지적 발달이 상호 긍정적 관계를 가진다고 주장하며 소집단 협동학습 구조인 직소 모형을 구상하였다.

Aronson(1978)은 전통적으로 경쟁하는 학습에 초점을 둔 교실 환경 구조를 협동적인 구조로 변화시켜 집단 구성원들 서로를 통해 학습을 할 수 있도록 했고, 소집단 내에서 협동의 결과로만 성공을 얻을 수 있게 하였다. 또한 협동학습을 할 때, 한 학생이 집단 내 다른 학생의도움이 반드시 있어야 전체 학습목표 달성을 가능하도록 각 개인이 집단 구성원의 성공에 결정적으로 기여하는 직소(Jigsaw) 모형을 만들었다. Jigsaw라는 명칭은 원래 모둠이 전문가 모둠으로 나뉘었다가 다시 원래의 모둠으로 돌아오는 과정이 마치 직소퍼즐(Jigsaw Puzzle)과 유사하여 붙여졌다(정문성, 2006). 직소퍼즐에서 각각의 퍼즐이 합쳐져야 전체 그림이 완성되는 것처럼, 모둠의 각 구성원들이 모두 협동하여 학습이 이루어져야 전체 학습이 완성되며, 이러한 협동의 과정을 통해 Jigsaw 모형이 학습을 효과적으로 만든다(Aronson, 2000).

직소(Jigsaw) 모형은 경쟁이 없는 환경에서 학생들이 각자 학습의 주체가 되어 서로가 서로를 가르치고 배우는 소집단 협동학습의 한 형태로, 이후 직소(Jigsaw)Ⅰ모형을 수정한 직소(Jigsaw)Ⅱ, 직소(Jigsaw)Ⅲ, 직소(Jigsaw)Ⅳ 모형이 제시되었다.

직소(Jigsaw) 수업 모형을 활용한 수업은 근본적으로 학습 집단 구성원끼리의 상호 의존을 기본으로 하기 때문에 집단 구성원인 학생들이 각자의 책임을 가지고 학습하며, 서로 격려하며 학습하게 된다. 각 학습자는 학습할 단원의 일부분에 대한 학습자료를 받게 되고, 이러한 부분이 전체로 모여야 학습 단원 전체가 되며, 평가는 전체 학습 단원에 대해 진행된다. 따라서 소집단의 구성원은 한 학습 단원을 공부하기 위해서 각 부분을 담당하는 모든 구성원들의 도움을 받아야 한다. 따라서 학습자들은 자신이 담당한 학습 과업뿐만 아니라 전체 학습을 담당하는 모두의 과업을 중시하게 된다. 이렇게 집단적인 과정을 통해 학습함으로써 집단의 사회적 기능을 체득하는 기회를 갖게 된다.

3. 프로그램 목표 및 기대효과 Ⅰ/Ⅱ

1) 프로그램 목표

직소(Jigsaw) 수업 모형의 특징을 고려한 수업목표는 다음과 같다.

첫째, 집단을 구성하는 각 학습자들은 전체학습 내용 중 일부분을 담당하여 주어진 학습목표를 달성하기 위해 협동한다.

둘째, 개인적인 학습이 소집단에서의 협동을 통한 학습과 연결되어 학습에서의 성공을 결정짓는다는 사실을 이해한다.

셋째, 집단 내에서의 협동학습은 집단에 포함된 다른 학습자의 도움이 필수적임을 이해하고 상호의존적인 환경을 구성한다.

2) 기대효과

직소(Jigsaw) 수업 모형은 구성원 각자가 자신의 일을 한 가지씩 부분적으로 맡고, 그 결과를 나누어 갖는 이점이 있다. 이 때, 각 집단 구성원이 자신이 맡은 영역에서 적극적인 행동을 보여야 다른 집단 구성원들도 보상을 받을 수 있는 구조이기 때문에 협동적 보상 구조는 매우 역동적으로 작용할 수 있다. 또한 개인의 합보다는 전체가 더 큰 의미를 지닌다는 차원에서 교과에 대한 지식이 증대되고, 이는 구성원 간의 상호 의존성과 협동심도 유발할 수 있다.

학습 구성원은 서로가 서로에게 학습 모형이 되어, 학습자들은 구성원들을 통해 다른 학습자들의 장점을 발견하고 각자의 능력, 태도, 기질, 시간 활용법, 성향 등을 활용하는 것을 눈으로 보고 배울 수 있다. 각 학습 구성원들은 협동하면서도 분담하여 학습을 수행하는 작업을 통해 자기 자신에 대한 이해는 물론이며 타인에 대한 이해도 확장시킬 수 있다. 따라서 학습자들은 각기 자신의 자원, 자신의 시간, 능력, 에너지 등을 스스로 점검하고 관리할 수 있다. 학습자들은 자신이 담당한 과제 수행을 위해 필요한 태도, 성향 등을 서로 배워 개발하여 여럿이 한다는 의식을 가지고 기꺼이 도전하는 동기 또한 형성할 수 있다.

또한 학생들 각자는 자기가 맡은 주제에 대하여 전문가가 될 수 있기 때문에 자신감과 긍지를 가질 수 있는 장점이 있다. 개별 학습자나 팀은 자신들이 좋아하거나 원하는 주제를 할당받을 수 있기 때문에 교사는 세분화될 수 있는 학습 과제를 선정하는 것이 중요하다. 성·능력·계층 등의 이질적인 학습 구성원으로 구성된 소집단활동은 교우관계 증진에 효과적이며, 직소(Jigsaw)Ⅱ 모형은 직소(Jigsaw)Ⅰ모형에서 개별적인 학습자 보상에 더하여 집단적인 보상이 추가된 것으로 보상 상호 의존성과 과제 상호 의존성이 함께 포함되어 있다. 따라서 인지적·정의적 학업성취의 영역에서 전통적 수업보다 효과적이다.

4. 이론적 배경

1) 직소모형의 정의

직소모형은 Aronson, Blaney, Stephan, Sikes와 Snapp(1978)에 의해 개발된 협동학습 모형 중의 하나이며, 형성된 각각의 소집단이 전문가 집단으로 나뉘어 졌다 다시 원래의 소집단으로 모이는 형태로 인해 직소 퍼즐과 비슷하다 하여 이름이 붙여졌다(유상은, 손흥찬, 2016; 이현구, 2014). Arson과 동료들은 협동학습 모형을 구성하기 위해 교수자의 일방적인 학습을 학습자끼리의 협동학습으로 바꾸자고 했으며, 학습을 위해서는 모든 학습자가 서로의 도움 없이는 목표를 이룰 수 없도록 하였다(유상은, 손흥찬, 2016). 따라서 직소모형에서는 참여하는 학생 모두가 자신이 담당하는 학습 주제를 자신이 소속된 소집단원들에게 가르칠 의무를 가지기 때문에 개인적인 노력뿐만 아니라 소집단원 사이의 협력이 필수적이다.

2) 직소모형의 구성요소

직소모형은 Jigsaw 모형을 시작으로 전 모형의 단점을 보완한 Jigsaw II, Jigsaw III, Jigsaw IV 등이 개발되어 왔다(Slavin, 1978, Steinbrink, Stahl, 1994; Holliday, 2002). 이 모든 모형에는 공통적인 수업절차가 존재하며 그 절차는 5−6명의 원소속 집단 구성, 각 구성원이 담당할 전문과제 선택하기, 과제에 따라 전문가 집단 형성, 전문가 집단에서 협동을 통해 부여된 과제 해결, 원소속 집단에 복귀하여 전문가 집단에서 학습한 내용은 원소속 집단원들에게 가르치기 등으로 구성된다(이현구, 2014). 이와 관련해 유상은과 손홍찬(2016)은 다음과 같이 Jigsaw 모형의 특징을 설명하였다.

① 전문가 학습지 구성은 모형의 가장 중요한 요소의 하나이며 학생들의 수준 및 상태를 고려해야 한다.
② 전문가 학습과제는 위계적이거나 계통적이면 안되고 상호 독립적이어야 한다.
③ 교사는 학습자들에게 학습에 대해 안내하고 조력하며, 촉진하는 역할을 해야 한다.
④ 학생들이 책임감 있게 학습할 수 있도록 지도가 필요하다.

3) 직소 모형의 발달

1978년 Aronson이 Jigsaw 모형 개발 이후, 집단에 대한 보상이 없는 것을 보완하기 위해 Slavin(1980)은 STAD 평가방식을 적용하여 Jigsaw II를 개발하였다. 또한, 5-6명으로 구성되었던 집단을 4명의 이질 집단으로 변경하고 학습 후 즉시 평가를 하여 개인과 집단에 보상을 하였다. 학습 후 즉시 평가가 진행됨에 따라 학생들이 학습 내용을 정리하고 생각해 볼 유예 기간이 없다는 문제가 제기되었으며, 이러한 문제점을 보완하기 위해 Steinbrink와 Stahl(1994)는 학습 후 평가 전에 유예기간을 주는 내용의 변화를 통해 Jigsaw III를 개발하였다. 추후에 Jigsaw II와 Jigsaw III의 문제점으로 수업 진행에 대한 공식적인 도입단계의 부재가 교수자들에 의해 지적되었으며, Holiday(2002)는 이러한 문제를 보완하여 Jigsaw IV를 개발하였다.

4) 협동학습전략 예시프로그램

이현구(2006)는 Jigsaw IV 모형을 사용하여 영어읽기 학습에 적용하였다. 충남의 대학교 영어학과 3학년 영어 학습론의 영어읽기 수업을 Jigsaw IV 방식으로 진행 후 과목 수강생 29명 가운데 25명의 학습 흥미도, 만족도, 학습태도, 학습동기를 측정하였다. Jigsaw 프로그램의 구성은 [그림 2.2]와 같이 구성되었다. 우선 흥미도에서는 학생들이 Jigsaw 활동을 선호하고 있는 것으로 나타났으며 만족도는 높은 것으로 나타났고, 수업태도가 긍정적으로 변했으며 동기에 가장 큰 긍정적인 변화를 가진 것으로 나타났다. 다음으로 성별에 따른 흥미, 만족, 학습태도, 학습동기의 차이가 있는지 보았으나 유의한 차이는 없는 것으로 나타났다. 설문 응답자 25명 가운데 5명을 선정하여 인터뷰가 실시되었으며, 직소 모형을 활용한 학습의 효과, 독해력에 대한 영향, Jigsaw 활동의 장단점에 대해 질문하였다. 그 결과 학습의 효과와 독해력에 대한 영향은 응답자 모두 긍정적으로 대답하였으며 장점으로는 상호적으로 배우고 학습하는 것을, 단점으로는 책임에 대한 부담감, 불성실한 집단원, 너무 바쁘게 돌아간다 등을 뽑았다.

그림 2.2   직소 조직 구성

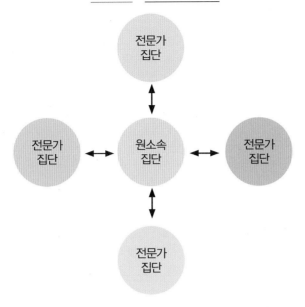

참조: 이현구(2014). 직소 IV(Jigsaw IV) 협동학습을 통한 영어읽기 교수-학습이 학습자의 정의적 요인에 미치는 효과.

5. 프로그램 구성

① 기간: 4주간 주 1회(시간)

② 대상자: 초등학교 고학년

③ 진행자: 교사

④ 진행방법: 소집단 및 전문가 집단

⑤ 실시상의 유의점

한 집단에서 계속 활동하는 것이 아니라 전문가 집단 활동 후 원집단으로 복귀해야 하므로 구성원에게 절차를 잘 설명해 줄 필요가 있다.

본인이 전문가 집단에서 협동을 통해 배운 내용을 원래의 원집단에서 집단원들에게 가르쳐야 하므로 의욕이 없거나 지도가 필요한 학생의 경우 진행자가 격려해줄 필요가 있다.

개인 보상 및 집단 보상을 통해 구성원이 개인 보상만을 추구하기보다, 협동하여 집단 활동에 대해서도 적극적으로 협동할 수 있도록 지도해야 한다.

⑥ 프로그램 내용

회기	회기별 제목	세부 활동 내용
1회기	과거에 한 일 묻고 답하기 소감 묻고 답하기 (동사 과거형)	− 도입 및 학습 내용 제시 − 집단구성 − 전문집단 활동 − 원집단 활동 − 평가유예 및 평가 − 개별보상 및 집단 보상
2회기	허락 여부 묻기 허락 요청에 답하기 (허락 나타내는 조동사 can)	− 도입 및 학습 내용 제시 − 집단구성 − 전문집단 활동 − 원집단 활동 − 평가유예 및 평가 − 개별보상 및 집단 보상
3회기	길 묻고 답하기 주의 끌기 (Let's+동사원형, and로 연결된 명령문)	− 도입 및 학습 내용 제시 − 집단구성 − 전문집단 활동 − 원집단 활동 − 평가유예 및 평가 − 개별보상 및 집단 보상
4회기	외모에 대해 묻고 답하기 옷차림에 대해 묻고 답하기 (동사 look의 쓰임, 형용사의 순서)	− 도입 및 학습 내용 제시 − 집단구성 − 전문집단 활동 − 원집단 활동 − 평가유예 및 평가 − 개별보상 및 집단 보상

회기	1회기	주제	과거에 한 일 묻고 답하기 소감 묻고 답하기(동사 과거형)
목표	· 전문가 집단 및 원소속 집단을 구성한다. · 과거에 한 일을 묻고 답하는 문장을 해석할 수 있다. · 소감을 묻고 답하는 문장을 해석할 수 있다. · 동사의 과거형이 사용된 문장을 이해할 수 있다.		

준비물	개인별 전문과제, 필기구, 집단 수만큼의 번호표	시간	40

과정	내용	유의점
도입	○ 활동 명: 학습내용 소개 ○ 활동 목표 　1) 참여자들이 당 회기의 학습 목표와 학습 내용을 이해한다. ○ 활동 내용 　1) 참여자들과 인사 후 오늘의 학습목표와 학습 내용을 안내한다.	
전개	○ 활동 명: 직소 III 활용한 영어교육 활동 ○ 활동 목표 　1) 소감을 묻고 답하거나 과거에 한 일을 묻는 문장을 해석할 　　수 있다. 　2) 동사의 과거형이 사용된 문장을 해석할 수 있다. ○ 활동 내용 　1) 전문가 집단 구성 　　- 집단별 이름 짓기 　2) 개인별 전문과제 제시 　3) 전문가 집단별로 협동학습 　　- 제시된 문장을 해석하고 궁금한 점이 있을 경우 지도자 　　　에게 묻기 　4) 원소속 집단 구성 　　- 전문가 집단별로 번호를 나눠주고, 같은 번호 참가자끼리 　　　원소속 집단 구성하기 　5) 원소속 집단 활동 　　- 각자의 전문가 집단에서 집단활동을 통해 배운 내용을 　　　발표하기 　6) 평가유예 　　- 배운 내용을 각자 정리하고 지도자가 최종 정리해 주기 　7) 평가	

| 정리 | ○ 활동 명: 마무리 활동
○ 활동 목표
　1) 활동의 우수 팀과 우수 개인에게 보상한다.
○ 활동 내용
　1) 개인점수, 향상점수, 집단점수 제출
　2) 오늘 활동의 우수 팀과 우수 개인에게 보상한다.
　3) 정리하기 | |

 1회기 **과거에 한 일 묻고 답하기**

전문가 집단별 해석 과제

전문가 집단	전문가 집단별 과제	전문가 집단별 해석 단어
1	Hi, Susie! How are you doing? A: B: C: D:	weekend boring
2	I'm good. How was your weekend? A: B: C: D:	fun tired
3	What did you do last Sunday? A: B: C: D:	baseball uncle
4	What did you do last yesterday? A: B: C: D:	look ~ with ~
5	How was your trip? You look tired. A: B: C: D:	museum last ~

회기	2회기	주제	허락 여부 묻기 허락 요청에 답하기(허락 나타내는 조동사 can)		
목표	· 전문가 집단 및 원소속 집단을 구성한다. · 허락 여부를 묻는 문장을 해석할 수 있다. · 허락요청에 답하는 문장을 해석할 수 있다. · 허락을 나타내는 조동사 can이 사용된 문장을 이해할 수 있다.				
준비물	개인별 전문과제, 필기구, 집단 수만큼의 번호표			시간	40
과정	내용			유의점	
도입	○ 활동 명: 학습내용 소개 ○ 활동 목표 　1) 참여자들이 당 회기의 학습 목표와 학습 내용을 이 　　해한다. ○ 활동 내용 　1) 참여자들과 인사 후 오늘의 학습목표와 학습 내용을 　　안내한다.				
전개	○ 활동 명: 직소 III 활용한 영어교육 활동 ○ 활동 목표 　1) 허락 여부를 묻고 허락 요청에 답하는 문장을 해석 　　할 수 있다. 　2) 조동사 can이 사용된 허락과 관련된 문장을 해석할 　　수 있다. ○ 활동 내용 　1) 전문가 집단 구성 　　－ 집단별 이름 짓기 　2) 개인별 전문과제 제시 　3) 전문가 집단별로 협동학습 　　－ 제시된 문장을 해석하고 궁금한 점이 있을 경우 　　　지도자에게 묻기 　4) 원소속 집단 구성 　　－ 전문가 집단별로 번호를 나눠주고, 같은 번호 참 　　　가자끼리 원소속 집단 구성하기 　5) 원소속 집단 활동 　　－ 각자의 전문가 집단에서 집단활동을 통해 배운 　　　내용을 발표하기 　6) 평가유예 　　－ 배운 내용을 각자 정리하고 지도자가 최종 정리 　　　해 주기 　7) 평가				

| 정리 | ○ 활동 명: 마무리 활동
○ 활동 목표
    1) 활동의 우수 팀과 우수 개인에게 보상한다.
○ 활동 내용
    1) 개인점수, 향상점수, 집단점수 제출
    2) 오늘 활동의 우수 팀과 우수 개인에게 보상한다.
    3) 정리하기 | |

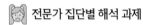 허락 여부 묻고 답하기

전문가 집단별 해석 과제

전문가 집단	전문가 집단별 과제	전문가 집단별 해석 단어
1	Do you have an eraser? A: B: C: D:	pencil borrow
2	Can I borrow your pencil? A: B: C: D:	no problem
3	Thanks for your pencil. A: B: C: D:	painting great
4	Minji, your painting looks great. A: B: C: D:	touch sorry
5	Can I touch your painting? A: B: C: D:	eraser sure

회기	3회기	주제	길 묻고 답하기 주의 끌기(Let's+동사원형, and로 연결된 명령문)

목표	· 전문가 집단 및 원소속 집단을 구성한다. · 특정 장소로 찾아가는 길을 묻고 답하는 문장을 해석할 수 있다. · Let's+동사원형, and로 연결된 명령문 문장을 해석할 수 있다. · 위치와 관련된 전치사가 사용된 문장을 이해할 수 있다.		

준비물	개인별 전문과제, 필기구, 집단 수만큼의 번호표	시간	40

과정	내용	유의점
도입	○ 활동 명: 학습내용 소개 ○ 활동 목표 　1) 참여자들이 당 회기의 학습 목표와 학습 내용을 이해한다. ○ 활동 내용 　1) 참여자들과 인사 후 오늘의 학습목표와 학습 내용을 안내 　　한다.	
전개	○ 활동 명: 직소 III 활용한 영어교육 활동 ○ 활동 목표 　1) 특정 장소로 찾아가는 길을 묻고 답하거나 Let's+동사 　　원형, and로 연결된 명령문 문장을 해석할 수 있다. 　2) 위치와 관련된 전치사가 사용된 문장을 이해할 수 있다. ○ 활동 내용 　1) 전문가 집단 구성 　　- 집단별 이름 짓기 　2) 개인별 전문과제 제시 　3) 전문가 집단별로 협동학습 　　- 제시된 문장을 해석하고 궁금한 점이 있을 경우 지 　　　도자에게 묻기 　4) 원소속 집단 구성 　　- 전문가 집단별로 번호를 나눠주고 같은 번호 참가자 　　　끼리 원소속 집단 구성하기 　5) 원소속 집단 활동 　　- 각자의 전문가 집단에서 집단활동을 통해 배운 내용 　　　을 발표하기 　6) 평가유예 　　- 배운 내용을 각자 정리하고 지도자가 최종 정리해 주기 　7) 평가	

| 정리 | ○ 활동 명: 마무리 활동
○ 활동 목표
　1) 활동의 우수 팀과 우수 개인에게 보상한다.
○ 활동 내용
　1) 개인점수, 향상점수, 집단점수 제출
　2) 오늘 활동의 우수 팀과 우수 개인에게 보상한다.
　3) 정리하기 | |

3회기 길 묻고 답하기

다음 문장을 해석하고 빈칸을 채우시오.

전문가 집단	전문가 집단별 과제	전문가 집단별 해석 단어
1	Excuse me. How do I get to the hospital? 대답) A: B: C: D:	
2	Excuse me. I am looking for a restroom 대답) A: B: C: D:	
3	Excuse me. Where is the bank? 대답) A: B: C: D:	
4	Can you tell me the way to the bank? 대답) A: B: C: D:	

| 5 | Is there the bank near here?
대답)
A:
B:
C:
D: | |

👦 다음 문장을 해석하고 빈칸을 채우시오.

전문가 집단	전문가 집단별 과제	전문가 집단별 해석 단어
1	Let's로 시작하는 제안의 말 A: B: C: D: E: F:	
2	Let's로 시작하는 제안의 말 A: B: C: D: E: F:	
3	and로 연결된 명령문 A: B: C: D:	
4	and로 연결된 명령문 A: B: C: D:	
5	and로 연결된 명령문과 If가 포함된 문장으로 바꾸기 A: B: C:	

회기	4회기	주제	외모에 대해 묻고 답하기 옷차림에 대해 묻고 답하기(동사 look의 쓰임, 형용사의 순서)
목표			· 전문가 집단 및 원소속 집단을 구성한다. · 외모에 대해 묻고 답하는 문장을 해석할 수 있다. · 옷차림에 대해 묻고 답하는 문장을 해석할 수 있다. · 동사 look의 쓰임, 형용사의 순서에 맞게 문장을 만들 수 있다.

준비물	개인별 전문과제, 필기구, 집단 수만큼의 번호표	시간	40

과정	내용	유의점

도입	○ 활동 명: 학습내용 소개
	○ 활동 목표
	  1) 참여자들이 당 회기의 학습 목표와 학습 내용을 이해
	    한다.
	○ 활동 내용
	  1) 참여자들과 인사 후 오늘의 학습목표와 학습 내용을
	    안내한다.	

전개	○ 활동 명: 직소 III 활용한 영어교육 활동
	○ 활동 목표
	  1) 외모에 대해 묻고 답하는 문장을 해석할 수 있다.
	  2) 옷차림에 대해 묻고 답하는 문장을 해석할 수 있다.
	○ 활동 내용
	  1) 전문가 집단 구성
	    − 집단별 이름 짓기
	  2) 개인별 전문과제 제시
	  3) 전문가 집단별로 협동학습
	    − 제시된 문장을 해석하고 궁금한 점이 있을 경우 지
	      도자에게 묻기
	  4) 원소속 집단 구성
	    − 전문가 집단별로 번호를 나눠주고 같은 번호 참가
	      자끼리 원소속 집단 구성하기
	  5) 원소속 집단 활동
	    − 각자의 전문가 집단에서 집단활동을 통해 배운 내
	      용을 발표하기
	  6) 평가유예
	    − 배운 내용을 각자 정리하고 지도자가 최종 정리해
	      주기
	  7) 평가	

정리	○ 활동 명: 마무리 활동 ○ 활동 목표 　1) 활동의 우수 팀과 우수 개인에게 보상한다. ○ 활동 내용 　1) 개인점수, 향상점수, 집단점수 제출 　2) 오늘 활동의 우수 팀과 우수 개인에게 보상한다. 　3) 정리하기	

4회기　외모/옷차림에 대해 묻고 답하기

다음 문장을 해석하고 빈칸을 채우시오.

전문가 집단	전문가 집단별 과제	전문가 집단별 해석 단어
1	What does she/he look like? A: B: C: D:	
2	What does she/he look like? A: B: C: D:	
3	What does she/he look like? A: B: C: D:	
4	What does she/he look like? A: B: C: D:	
5	What does she/he look like? A: B: C: D:	

교사용

 1회기 **과거에 한 일 묻고 답하기**

👨 전문가 집단별 해석 과제

전문가 집단	전문가 집단별 과제	전문가 집단별 해석 단어
1	Hi, Susie! How are you doing? A: Not bad. How are you? B: I'm doing great C: Fine and you? D: so so.	weekend boring
2	I'm good. How was your weekend? A: It was boring. B: It was great C: I had a good time D: Not bad.	fun tired
3	What did you do last Sunday? A: I went to a museum last Sunday. B: I went to my uncle's house. C: I played soccer with my friends D: I went to a water park.	baseball uncle
4	What did you do last yesterday? A: I visited my uncle. B: I played baseball with my uncle. C: I took a nap all day long. D: I visited my grand parents with my parents.	look ~ with ~
5	How was your trip? You look tired. A: It was fun. It took me five hours. B: It was boring. There was nothing fun. C: It was not bad. D: Yes I am. But I had a great time.	museum last ~

2회기 허락 여부 묻고 허락하기

전문가 집단별 해석 과제

전문가 집단	전문가 집단별 과제	전문가 집단별 해석 단어
1	Do you have an eraser? A: Yes I do. B: Yeah, do you need one? C: No I don't. D: I forgot to bring one.	pencil borrow
2	Can I borrow your pencil? A: Yes, you can. B: No you may not. C: Never. D: Sure, take it.	no problem
3	Thanks for your pencil. A: No problem. B: Don't mention it. C: Your welcome. D: Not at all.	painting great
4	Minji, your painting looks great. A: Thank you. B: Thanks. C: Thanks a lot. D: It's good to hear that.	touch sorry
5	Can I touch your painting? A: Sorry, you can't B: No you may not. C: Never. D: Sure you can.	eraser sure

3회기   길 묻고 답하기

 다음 문장을 해석하고 빈칸을 채우시오.

전문가 집단	전문가 집단별 과제	전문가 집단별 해석 단어
1	Excuse me. How do I get to the hospital? 대답) A: Turn left at the corner. It's on your right. B: Go straight. Walk two blocks. It's on your left. C: It's just around the corner, right beside a convenience store. D: Go one block. Turn left. You can see it on your right.	
2	Excuse me. I am looking for a restroom 대답) A: Go straight (for) two blocks and turn left at the corner. It's next to the bakery. B: Go straight (for) ~ blocks. C: Turn left(right). D: Turn right at the second corner.	
3	Excuse me. Where is the bank? 대답) A: It's turn your right(left). B: It's next to the bookstore. C: Make a left turn and you can't miss it. D: Turn right(left) at the first corner.	
4	Can you tell me the way to the bank? 대답) A: Turn right(left). B: Go up one block and turn left. C: You will find it on your right. D: It's on your right.	
5	Is there the bank near here? 대답) A: It's in front of the bookstore. B: It's behind the bookstore. C: It's across from(opposite) the bookstore. D: It's between the bookstore and the bakery.	

다음 문장을 해석하고 빈칸을 채우시오.

전문가 집단	전문가 집단별 과제	전문가 집단별 해석 단어
1	Let's로 시작하는 제안의 말 A: Let's eat out. B: Let's get started. C: Let's get together at two. D: Let's line up. E: Let's go to a movie tonight. F: Let's go for a walk, shall we?	
2	Let's로 시작하는 제안의 말 A: Let's have a break, shall we? B: Let's call it a day. (= let's stop here today.) C: Let's just go somewhere else. D: Let's not go there from now. E: Let's go out for a fresh air F: Let's go on a picnic.	
3	and로 연결된 명령문 A: Hurry up, and you'll be on time. B: Get up early, and you can get there on time. C: Don't be late again, and you will not be punished again. D: Study english hard, and you will definitely succeed.	
4	and로 연결된 명령문 A: Don't be late, and we can take the last train. B: Leave now, and you will meet your mother. C: Listen to me, and you will make it. D: Hurry up, and you'll make it on time.	

5	and로 연결된 명령문과 If가 포함된 문장으로 바꾸기
	
	A: Start now, and you will catch the bus
	   = If you start now, you will catch the bus
	B: Be kind to Kathy, and she will like you
	   = If you are kind to Kathy, she will like you
	C: Study hard, and you'll pass the exam
	   = If you study hard, you'll pass the exam	

외모/옷차림에 대해 묻고 답하기

다음 문장을 해석하고 빈칸을 채우시오.

전문가 집단	전문가 집단별 과제	전문가 집단별 해석 단어
1	What does she/he look like? A: She is short and slender. B: He is out of shape and has shaved head. C: He has beautiful blue eyes and is in white shirt. D: He is plump and has beer belly.	slender shaved head plump beer belly
2	What does she/he look like? A: She is petite and pretty and wearing black jeans. B: She looks like a toothpick. C: He is skinny and has big nose. D: She is short, average size, and cute.	petite looks like a toothpick skinny
3	What does she/he look like? A: She is a bit overweight and is in red dress. B: He is fit and tall and wearing a baseball cap. C: She has a great figure and her jeans are too tight. D: He is good-looking and wearing slacks and pullover sweater.	good-looking great figure
4	What does she/he look like? A: He has mustache, beard and wearing glasses. B: She wears a great smile and her shirt and too baggy. C: She is graceful/elegant is wearing blouse. D: He is average height, slim, and is in nice suit.	mustache graceful/ elegan
5	What does she/he look like? A: He is muscular, and handsome. B: He has whisker and curly hair. C: She is wearing lots of necklaces and carrying green handbag. D: She has freckles and dimples and wearing cardigan sweater.	muscular whisker freckle dimple

한국아동청소년
상담학회
상담학시리즈1

PART 03

통합적 접근

자기조절 학습전략

1. 프로그램 이름

자기조절 학습전략 프로그램: 인지, 동기, 행동 조절하기

2. 프로그램 필요성

교사 1인당 배정된 학급 인원 수가 20명~40명에 이르기 때문에 학생들은 수동적인 반응을 하는 데 그치기 쉽고, 각 교과에 따른 효과적 학습활동과 학습결과를 기대하기 어렵다. 따라서 학생들이 스스로 학습하고, 자기 감시, 조절하는 학습방법인 자기조절 학습방법을 사용해야 할 필요성이 대두되었다(김동일, 2005).

이에 Zimmeman(1990)은 인간이란 자신의 학습과정을 스스로 조절하고 통제할 수 있는 존재라고 규정하면서 학습의 주체자가 되려는 학습자의 의도적인 노력을 자기조절 학습이라고 설명하고 있다. 이러한 자기조절 학습자는 학업성취를 위해 초인지적, 동기적, 능동적 행동을 보이며(Zimmeman, 1990), 학습전략을 사용하여 내외적 자극으로부터 자신의 학습동기를 보호하고 유지하기 위해 의지적으로 자기를 조절할 수 있다(Corno, 1993). 자기조절 학습능력이 뛰어난 학습자는 높은 학업성취와 긍정적인 학습태도를 보인다(Pintrich, 2000). 그러나 자기조절 학습 능력은 타고난 것이 아니라 연습이나 훈련을 통해 후천적으로 계발되는 것이며 이를 위해서는 자기조절 학습전략을 활용해야 한다(Zimmeman & Martinez-Pons. 1986).

학습과정의 관리를 학습자 스스로 하는 것으로, 학습자가 수업목표를 설정하고, 학습자원을 확인하며, 중요한 학습전략을 선택하고, 학습결과를 평가하는 일련의 작업을 수행하는 '관리적 자기주도 학습능력 함양'을 목표로 한다.

학습자 개별적인 수준, 관심, 흥미, 특성에 근거해서 능동적으로 지식을 구성해 가는 '구성적 자기주도 학습능력 함양'을 목표로 한다.

4. 이론적 배경 및 참고문헌　　I/II

1) 자기조절 학습의 정의

자기조절 학습은 자기조절 학습연구의 관점에 따라 달리 정의되는데, 이는 자기조절 학습의 구성요소를 중심을 두고 설명하는 접근과 자기조절 학습의 과정에 중심을 둔 접근으로 크게 두 가지로 나누어 볼 수 있다. 먼저 첫째, 구성요소적 접근은 주로 경험적인 연구방식을 취하며, 학습이 이루어지는 데 필요한 여러 구성요소를 통해 자기조절 학습의 성격을 규명하고 개인차를 측정하고자 하는 입장이다(Zimmerman & Martinez-Pons, 1986; Pintrich & DeGroot, 1990). Zimmerman(1986, 1989)은 자기조절된 학습자란 학습자 자신의 학습 과정에 초인지적, 동기적, 행동적으로 적극적인 참여를 하는 자라 정의하였다. 이와 맥을 같이 하여 Corno와 Mandinach(1983)은 자기조절 학습은 초인지적, 동기적, 행동적으로 학업성취를 촉진하여 학급에서 지식을 획득하는 과정이라고 하였다. Printrich와 DeGroot(1990)은 학습자가 자신에게 주어진 학습 자료를 지각한 후에 그것을 조직하여 장기기억에 저장했다가 필요할 때 인출해 내는 인지 능력과 인지를 관리하고 통제하는 초인지 능력을 자기조절 학습으로 정의하고, 자기조절 속에는 학습자의 계획, 조절, 인지의 수정과 학습과제에 대한 노력, 관리와 통제 및 학습자가 학습하고, 기억하며, 이해하기 위해 사용하는 인지전략이 포함된다고 하였다.

두 번째, 과정적 접근은 자기조절 학습을 이루는 핵심적인 과정을 밝히고자 하는 것으로 특정 과정에 초점을 두어 이들의 기능과 역할을 밝히는 것으로, 주로 이론적 연구방식을 취한다(McCombs, 1986; Schunk, 1984). 이들은 학습자를 능동적인 존재로 보며, 효과적인 학습이 외적 환경에 의해 발생하기보다는 학습자 스스로가 자신이 학습 과정을 조절함으로써 이루어진다고 보고, 효과적인 학습자가 어떤 방식으로 학습을 진행해 나가는지를 탐구하고자 한다. Schunk(1991)는 자기조절 학습은 ① 수업에 참석하고 집중하기, ② 기억된 정보를 조직화, 부호화시키기, 시연하기, ③ 생산적인 학습 환경을 조성하기, ④ 자원을 효과적으로 활용하기, ⑤ 개인의 능력, 학습의 중요성, 학습에 영향을 주는 요소들과 활동의 예상된 결과, ⑥ 개인의 노력에 대한 만족과 자신감 경험하기 등의 활동을 포함한다고 하였다.

이와 같이 자기조절 학습에 대하여 다양한 연구 및 정의가 이뤄졌으며 결론적으로, 자기조절 학습이란 '학습자가 스스로 자신의 학습 활동을 통제, 평가, 점검하기 위해 사용하는 전략'이라고 정의내릴 수 있다.

2) 자기조절 학습의 구성요소

자기조절 학습의 구성요소에 대한 최근의 연구들을 살펴보면, 자기조절 학습을 조작적 분류를 통해 초인지적 측면, 동기적 측면, 행동적 측면(전략적 측면)으로 구분하는 연구들이 대부분을 차지하고 있다(신민희, 1998; 양명희, 2000).

인지조절 학습은 크게 인지전략과 메타인지 전략으로 구성된다(Flavell, 1979; 양명희, 2000). 인지전략이란 학습자가 자료를 기억하고 이해하는 데 사용하는 실제적인 전략으로서 일반적으로 시연, 정교화, 조직화 전략이 여기에 해당한다(Pintrich & DeGroot, 1990). 인지전략이 학습을 효율적으로 기억하는데 도움이 되는 학습의 방법에 대한 것이라면 메타인지 전략은 학습자가 학습하면서 자신의 인지 과정에 대한 개념을 형성하는 것으로서, 이를 통해 효과적인 인지전략을 선택하고 통제하게 된다. 인지전략은 학습 내용의 이해를, 메타인지 전략은 자신의 인지과정을 조절하고 통제하는 것을 목적으로 한다는 점에서 차이가 있다. 메타인지 전략은 Brown과 그의 동료 연구자들(1993)의 분류에 따라 계획, 점검, 조절이라는 하위변인을 각각 설정하였다(양명희, 2000).

동기조절 학습은 숙달목적 지향성 높이기, 자아효능감 높이기, 성취가치 인식으로 구성된다. 높은 동기를 유지할 때 학습자들은 도전감을 주는 과제를 선택하게 되며 더 노력하여 어려움에 부딪혔을 때도 끈질긴 인내심을 보이고, 효과적인 학습전략을 사용하며, 높은 학업성취를 보인다(Pintrich & De Groot, 1990). 따라서 동기조절은 자기조절 학습능력에서 필수적인 구성요소라 할 수 있다(이승원, 2012). 주어진 과제를 숙달하고자 하는 숙달목적 지향하기는 학습에 흥미를 가지게 하며, 과제에 대한 도전을 유도하고, 학업에 대한 만족감과 긍정적 태도를 가지게 만든다. 특정 과제를 수행하는 능력에 대한 믿음인 자아효능감의 향상은 학습동기를 높이고 과제에 몰두할 수 있도록 해준다. 성취가치 인식은 크게 세 가지로 나뉘는데 과제의 중요성 가치, 활용성 가치, 내재적 가치를 인식하는 것이다. 과제의 중요성과 유용성을 알고 있으며 그에 깊은 흥미를 가지고 있는 학습자는 더 많은 노력과 오랜 지속력, 높은 수행을 보여준다.

행동조절 학습은 행동통제, 도움 구하기, 학업시간의 관리로 구성된다. 자기조절 학습능력은 효율적이고 자발적인 학습 활동능력이라는 점에서 행동적인 요소 또한 내포한다. 행동통제를 잘 하는 학습자들은 심층적인 학습전략을 사용하고, 숙달목적을 지향하며, 자신을 유능하게 지각하여 자기조절 학습에 뛰어남을 보인다. 자기조절 학습은 목적을 성취하기 위하여 여러 전략을 자발적으로 사용하는 과정이므로, 자신의 힘으로는 해결하기 어려운 과제에 부딪혔을 때 자신보다 더 알고 있다고 여겨지는 사람들에게 도움을 요청하는 것도 자기조절의 한 형태이다. 또한 효과적인 학습시간의 관리는 학습자들이 자신의 학습과 수행을 조절한 결과로서 자기조절 학습에 속한다.

자기조절 학습은 여러 단계를 거치면서 복잡하게 진행되는 목적지향적인 활동이다. 학습을 인지, 동기, 행동 어느 한 측면만 고려하면 자기조절 학습의 요소를 충분히 설명할 수 없다. 따라서 보다 높은 수준의 자기조절 학습능력의 향상을 위해 인지, 동기, 행동 요인이 통합된 형태의 자기조절 학습전략 프로그램을 구성하고자 하였다.

표 3.1　자기조절 학습 능력의 구성요소와 전략

구성요소		학습전략
인지조절	인지전략의 활용	학습내용을 배우고, 기억하고, 이해하는 방법 혹은 전략
	메타인지 전략의 활용	자신의 인지를 계획, 검토, 조절하는 전략
동기조절	숙달목적 지향성	학습하는 이유가 자신의 능력을 입증하는 것이나 혹은 다른 사람과의 비교에 있기 보다는, 학습의 내재적 가치와 노력을 강조하는 것
	자아효능감	개인의 성취 상황에서 자신의 능력에 대해 가지고 있는 기대, 자신의 인지 능력에 대한 판단
	성취가치	학습자들이 자신의 학습을 중요하게 여기고, 미래에 도움이 될 것이라 지각하며, 학습하면서 그 자체로 즐거움을 느끼는 동기적 상태
행동조절	행동통제	학습 과정에 나타나는 여러 어려움에 부딪혀도 포기하지 않고 학습을 계속해 나가는 능력
	학업시간의 관리	학습자가 유한하게 주어진 시간을 계획적으로 조직하여 최대한 효율적으로 활용하는 능력
	도움 구하기	자신의 힘으로는 해결하기 어려운 과제에 부딪혔을 때 자신보다 더 알고 있다고 여겨지는 이들에게 질문을 하거나 관련 자료를 찾아보는 등 적극적으로 문제해결을 하는 학습 행동

참조: 김명선, 2009.

3) 자기조절 학습전략 프로그램 예시

이승원(2012)은 자기조절 학습능력이 낮은 초등학교 미성취 영재의 자기조절 학습능력을 신장시키기 위한 집단상담 프로그램을 개발하여 자기조절 학습능력 신장에 미치는 영향을 검증하였다. 미성취 영재로 선별된 초등학교 5, 6학년 29명을 대상(실험집단: 12명, 통제집단: 12명)으로 5주간 1주에 60분씩 2회기로 프로그램을 실시하였다. 그 결과 프로그램을 적용한 실험집단과 그렇지 않은 통제집단 간에 자기조절 학습능력 점수가 유의한 차이가 있는 것으로 밝혀졌으며, 집단원의 회기별 경험보고서와 상담자의 관찰 내용을 분석한 결과, 본 프로그램이 실험집단의 자기조절 학습능력을 신장시키는 데 긍정적인 영향을 준 것으로 나타났다.

표 3.2 프로그램의 목표와 하위영역별·회기별 목표

프로그램의 목표		
초등학교 미성취 영재의 자기조절 학습능력 신장		

⇩

프로그램의 하위영역별 목표		
첫째, 스스로 학습을 계획하고 점검하고 조절할 수 있도록 한다. 둘째, 자신의 능력을 긍정적으로 인정하고 학습의 즐거움을 느끼도록 한다. 셋째, 학습시간을 효율적으로 활용하며 적극적으로 문제를 해결하도록 한다.		

⇩

영역	회기	프로그램의 회기별 목표
사전	1회기	• 집단상담 프로그램의 목표와 방법에 대해 이해하고, 집단구성원 상호간의 협력적 관계를 형성한다.
동기조절	2회기	• 친밀감 향상 활동을 통해 선생님께 인정받으면서 친밀하게 지내는 능력을 기른다.
	3회기	• 학교에서 공부를 재밌게 할 수 있는 다양한 방법을 알아보고 실천할 수 있는 목표를 설정한다.
	4회기	• 나의 능력이 부족하여 비록 실수를 하더라도 나에게 도움이 된다면 꾸준히 노력할 수 있는 믿음을 형성한다.
인지조절	5회기	• 학습한 내용을 실생활과 관련지어 생각함으로써 스스로 학습을 점검하고 조절할 수 있도록 한다.
	6회기	• 새로운 내용을 학습할 경우 이미 알고 있는 내용과 연관 지어 생각할 수 있도록 한다.
	7회기	• 시험 공부를 할 때 시간이 여유치 않으면 중요한 내용만 골라 공부하는 방법을 익힌다.
행동조절	8회기	• 역할놀이를 통하여 문제상황에 대처해 봄으로써 친구들에게 도움을 청하여 문제 해결하는 방법을 익힌다.
	9회기	• 자신이 결심한대로 실천하기 위해 다른 유혹의 손길을 뿌리칠 수 있는 결단력을 기른다.
	10회기	• 자신이 이루고자 하는 결과를 생각하며 자신을 통제하면서 끝까지 그 일을 완성할 수 있는 자세를 갖는다.
	11회기	• 공부를 할 때 집중하기 위해 잡생각을 버리기 위한 방법을 이야기해보고 자신을 되돌아보는 기회를 갖는다.
종결	12회기	• 변화된 자신의 모습을 정리하고 축하하며 집단 상담에서 배운 것을 실천할 수 있도록 다짐한다.

참조: 이승원, 2012.

4) 자기조절 학습전략의 정의와 예시

Zimmerman과 Martinez-Pons(1986, 1988)는 아동들의 자기조절 학습전략 사용을 측정하기 위한 척도(Self-Regulated Learning Interview Schedule)를 개발하였고, 이러한 자기조절 학습전략에는 동기적 측면을 제외한 인지적, 행동적 요소 14가지를 8가지 범주로 구분하였다(김동일, 2005). 이렇게 14가지 전략을 8가지로 범주화한 정의와 예는 다음 <표 3.3>과 같다.

표 3.3   자기조절 학습전략의 정의와 예시

번호	전략	정의	예시
1	자기평가	학습의 질이나 진도 정도를 학생 자신이 주도적으로 평가한 것에 대한 진술	나는 내가 그것이 옳았다는 것을 확신하기 위해 나의 일을 체크한다.
2	조직과 변형	학습을 증진하기 위해 학생 자신이 주도적으로 학습 내용을 내현적으로 재배열하거나 변경한 것에 대한 진술	나는 글을 쓰기 전에 대체적인 윤곽을 잡는다. 교과서의 중요한 부분을 표시하며 요약한다.
3	목표설정과 계획	교육적인 목표나 하위 목표를 설정하는 것과 목표에 관련된 활동의 순서를 계획하고 시간을 정하고 완성하는 것에 대한 진술	나는 시험보기 몇 주 전에 공부할 계획을 세우고 계획한다.
4	정보탐색	학습을 수행할 때, 비사회적 자원으로부터 과제정보를 찾기 위한 노력에 대한 진술	나는 글을 쓰기 전에 많은 자료를 얻기 위해 도서관에 간다.
5	기록유지와 점검	사건이나 결과에 대한 노력의 진술	나는 토론의 내용을 공책에 기록한다. 모르는 단어를 선정하여 카드를 만든다.
6	환경의 구조화	보다 쉬운 학습을 위해 물리적 상황을 선택하거나 재배열하기 위한 노력을 진술	나는 공부가 잘되는 곳에 가서 공부한다.
7	자기 결론화	성공과 실패에 대한 보상이나 벌에 대한 심상을 진술	만약 시험을 잘 친다면 영화를 보러 갈 것이다.
8	시연과 기억	학생이 주도적으로 학습내용을 내적, 외적으로 암기하고 반복하는 방법 및 노력에 대한 진술	나는 수학시험을 위해 공식을 기억할 때까지 써본다.
9-11	사회적 도움 구하기	친구, 선생님, 그리고 어른들에게 학생 주도적으로 도움을 요청하는 노력에 대한 진술	모르는 문제가 있으면 친구에게 물어본다.
12-14	기록, 복습	수업이나 다음 학습을 준비하기 위해 내용, 시험지, 교과서 등을 다시 읽고 복습하려는 노력에 대한 진술	시험을 위해 교과서를 복습하였다. 모든 숙제를 철저히 한다.

참조: Zimmerman & Martinez-Pons(1988)(김용수, 1998 재인용).

① 기간: 8주간 주 1회(1시간)

② 대상자: 초등학교 고학년

③ 진행자: 교사

④ 진행방법: 집단

⑤ 실시상의 유의점

− 자기조절 수준에 맞는 적정한 학습목표를 설정할 수 있도록 도와야 한다.

− 동기, 인지, 행동 조절의 영역에서 학생에 따라 가장 중점적으로 조절이 필요한 영역을 파악하여 활동에 주의를 기울이도록 한다.

− 프로그램 이후의 목표 설정이 개인에게 맞고 적정하게 설정되었는지 피드백 해야 한다.

⑥ 프로그램 내용

	영역	하위 영역	세부 활동 내용 및 목표
1회기	오리엔테이션	자기평가 목표설정	− 프로그램 소개 − 자기소개를 통한 라포 형성 − 자기평가(자기조절 학습)를 통한 학업적 목표 설정
2회기	동기조절	자기효능감 귀인통제	− 스스로 칭찬하기 및 격려하기 − 학업의 성공 혹은 실패의 바람직한 원인 찾기
3회기	동기조절	동기향상 성취가치	− 학습동기 탐색하기 − 긍정적인 성취가치 높이기
4회기	인지조절	인지전략	− 효과적인 기억법, 학습전략 − 이미 알고 있는 내용과 연관 짓기 − 학습내용을 실생활과 연관 짓기 − 학습법 브레인스토밍(나에게 맞는 학습전략 찾기)
5회기	인지조절	메타인지 전략	− 프로그램 중반부의 나에 대해 점검 − 교과목에 대한 선호를 분석하여 단기 학습 목표를 설정함으로써 공부에 대한 자신감 향상 − 다양한 공부 방법을 과목별로 적용해보기
6회기	행동조절	행동통제 학업시간의 관리	− 집중력 향상을 위한 게임 or 아이디어 − 나의 공부방 점검하기(행동통제요인 관리하기) − 나의 시간매트릭스 작성 − 자기 보상체계(강화요인) 만들기
7회기	행동조절	도움 구하기	− 역할 놀이를 통해 친구/선생님에게 도움 요청 − 정보검색 활용능력 기르기
8회기	마무리	자기평가 목표설정	− 검사 − 프로그램 이후 목표설정 − 집단 마무리

회기	1회기	주제	오리엔테이션 및 자기소개
목표	· 프로그램의 목적 및 프로그램의 진행 과정에 대해 이해한다. · 자기소개와 별칭 짓기를 통해 집단원 간 친밀감을 형성한다. · 자기조절 학습 검사와 학업적 목표 설정을 통해 프로그램 참여 동기를 향상한다.		
준비물	OT자료, 이름표, 자기조절 학습 평가지, 워크북	시간	60
과정	내용	유의점	

과정	내용	유의점
도입	○ 활동 명: 자기조절 학습전략 프로그램 오리엔테이션 ○ 활동 목표 　1) 본 프로그램의 목적, 진행과정 및 유의사항을 이해한다. ○ 활동 내용: 지도자 소개 및 프로그램 OT자료 설명 　1) 지도자 소개 　2) 프로그램 진행과정 소개 　3) 유의사항 안내	
전개	○ 활동 명: 나를 소개합니다. (자기소개, 별칭 짓기) ○ 활동 목표 　1) 자신의 소개를 통해 집단원 간 친밀감을 형성한다. ○ 활동 내용: 자기소개, 별칭 짓기 　1) (프로그램 참여 목표를 담고 있는) 별칭 짓기 　2) 별칭과 함께 자신에 대해서 옆 친구에게 소개하기 　3) 자기 짝꿍을 집단원들에게 소개하기 ○ 활동 명: 나에 대해 알아봅니다. ○ 활동 목표 　1) 자기조절 학습 검사를 통해 나의 학습에 대해 평가하고, 목표를 설정하여 프로그램 참여에 대한 동기를 향상한다. ○ 활동 내용: 자기조절 학습 검사, 목표 설정 　1) 자기조절 학습 검사 실시 　2) 검사 결과를 통해 지금까지 나의 학습법에 대해 평가 　3) 프로그램 참여를 통해 바라는 점에 대해 이야기	자기조절 학습 검사 양명희(2000). : 인지조절, 동기조절, 행동조절의 3차원으로 구분. 인지전략, 메타인지 전략, 숙달목적지향, 자기효능감 등 8가지 하위 변인. 84문항. 5점 리커트 척도.
정리	○ 활동 명: 마무리 활동 ○ 활동 목표 　1) 오늘 배운 내용에 대해서 복습하고, 다음에 배울 내용에 대해 안내한다. ○ 활동 내용 　1) 오늘 배운 내용에 대해 복습한다. 　2) 다음에 배울 내용에 대해 안내한다.	

자기조절 학습전략 프로그램

1. 프로그램 설명

2. 프로그램 목표

3. 회기별 안내

<자기조절 학습전략>

– 동기조절
– 인지조절
– 행동조절

4. 우리들의 약속(유의사항)

나는 집단상담 프로그램에 참여하면서 다음과 같은 사항들을 반드시 지킬 것을 약속합니다.

1) 나는 집단상담 프로그램에 빠짐없이 참여하고 약속된 시간을 잘 지키겠습니다.
2) 나는 집단상담 프로그램의 모든 활동에 적극적인 태도로 참여하겠습니다.
3) 나는 친구들의 이야기를 귀 기울여 듣겠습니다.
4)
5)

별칭:

프로그램을 통해 바라는 점(변하고 싶은 점):

1.

자기조절 학습 검사

 평소 나의 모습과 가장 가깝다고 생각되는 곳에 표시해 주세요.

1. 나는 중요한 개념이 있으면 쉬운 말로 풀어 본다.	1	2	3	4	5
2. 나는 공부시작 전에 무엇을, 어떻게 공부할지 미리 머릿속으로 생각해 본다.	1	2	3	4	5
3. 나는 어떤 주제에 대해 공부할 때 나름대로 내 생각을 정리해본다.	1	2	3	4	5

생략

53. 나는 선생님의 인정을 받고 있다.	1	2	3	4	5
54. 학교생활이 앞으로 사회생활을 하는데 도움이 될 것이다.	1	2	3	4	5

참조: 양명희(2000). 자기조절 학습의 모형 탐색과 타당화 연구. 서울대학교, 박사학위논문.

자기조절 학습카드

자신의 현재 상태를 파란색, 이루고 싶은 목표치를 빨간색으로 표시해보세요.

1. 나는 담임선생님께 인정받고 있다.	1	2	3	4	5
2. 학교에서 공부를 재미있게 한다.	1	2	3	4	5
3. 나에게 도움이 되는 것을 꾸준히 노력한다.	1	2	3	4	5
4. 학습한 내용을 실생활과 관련지어 생각한다.	1	2	3	4	5
5. 새로운 내용은 이미 알고 있는 내용과 연관짓는다.	1	2	3	4	5
6. 시간이 없으면 중요한 내용만 골라 공부한다.	1	2	3	4	5
7. 어려운 문제는 친구에게 물어본다.	1	2	3	4	5
8. 한 번 결심하면 유혹의 손길을 뿌리칠 수 있다.	1	2	3	4	5
9. 끝까지 일을 완성하려고 한다.	1	2	3	4	5
10. 잡생각이 없고 집중을 잘할 수 있다.	1	2	3	4	5

참조: 이승원(2012). 초등학교 미성취 영재의 자기조절 학습능력 신장을 위한 집단상담 프로그램 개발. 한국교원대학교,
석사학위논문.

자기조절 학습 검사

자기조절 검사를 통해 알아본 나의 학습법에 대해 되돌아보고, 칭찬할 점과 보완할 점에 대해 생각해 봅시다.

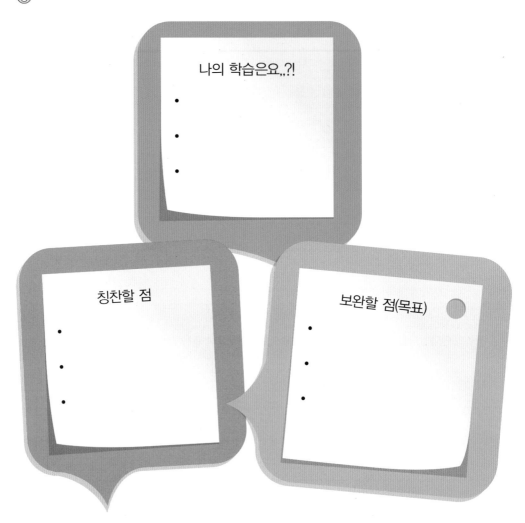

회기	2회기	주제	자기효능감 향상과 바람직한 귀인통제
목표	· 나의 장점에 대해 이야기함으로써 학습에 대한 자기효능감을 향상시킬 수 있다. · 과거의 경험에서 나의 귀인통제를 확인하고, 바람직한 귀인을 할 수 있다.		

준비물	이름표, 필기구, 워크북	시간	60

과정	내용	유의점
도입	○ 활동 명: 나의 장점 Best 3 ○ 활동 목표 　1) 나의 장점에 대해 이야기하고, 나의 장점이 학업 상황 　　에서 어떻게 도움을 줄 수 있었는지 생각한다. ○ 활동 내용 　1) 나의 장점 세 가지에 대해서 생각하기 　2) 나의 장점이 지금까지 학업 상황에서 어떤 도움을 주었 　　는지 적기 　3) 앞으로 어떤 방향으로 학업 상황에 도움을 줄 수 있을 　　지 적기	
전개	○ 활동 명: 나의 공부 곡선 그래프 ○ 활동 목표 　1) 학업 상황에서 성공한 경험과 실패한 경험을 찾아 나 　　의 귀인통제에 대해 알고, 바람직한 귀인통제를 위해 　　지속적으로 노력할 수 있다. ○ 활동 내용 　1) 지금까지 공부에 대한 성공과 실패의 그래프 그리기 　2) 각 시기의 성공 혹은 실패의 이유에 대해 적기 　3) 귀인 분류해보기 　4) 나의 학습에 대한 귀인을 확인하기 　5) 성공과 실패의 원인을 무엇으로 생각하는 것이 학습에 　　도움이 되는지 토론하기(대안반응 생각해보기)	
정리	○ 활동 명: 마무리 활동 ○ 활동 목표 　1) 오늘 배운 내용에 대해서 복습하고, 다음에 배울 내용 　　에 대해 안내한다. ○ 활동 내용 　1) 오늘 배운 내용에 대해 복습한다. 　2) 다음에 배울 내용에 대해 안내한다.	

나의 장점 세 가지에 대해서 생각해보고, 나의 장점이 지금까지 나의 학습에 어떤 도움을 주었는지 생각해 봅시다. 혹은 나의 장점이 앞으로의 나의 학습에 어떤 방향으로 도움이 될 수 있을지 생각해 봅시다.

장점 1:

나의 학습에 도움이 된 경우/ 도움이 될 수 있는 방법:

장점 2:

나의 학습에 도움이 된 경우/ 도움이 될 수 있는 방법:

장점 3:

나의 학습에 도움이 된 경우/ 도움이 될 수 있는 방법:

나의 공부 곡선 그래프

공부 곡선 그래프는 지금까지 여러분의 학업 상황에서의 성공과 실패에 대해 기록하는 곳입니다. 나의 학업 성공과 실패에 대해 살펴보고 성공 혹은 실패했던 이유에 대해 생각해 봅시다.

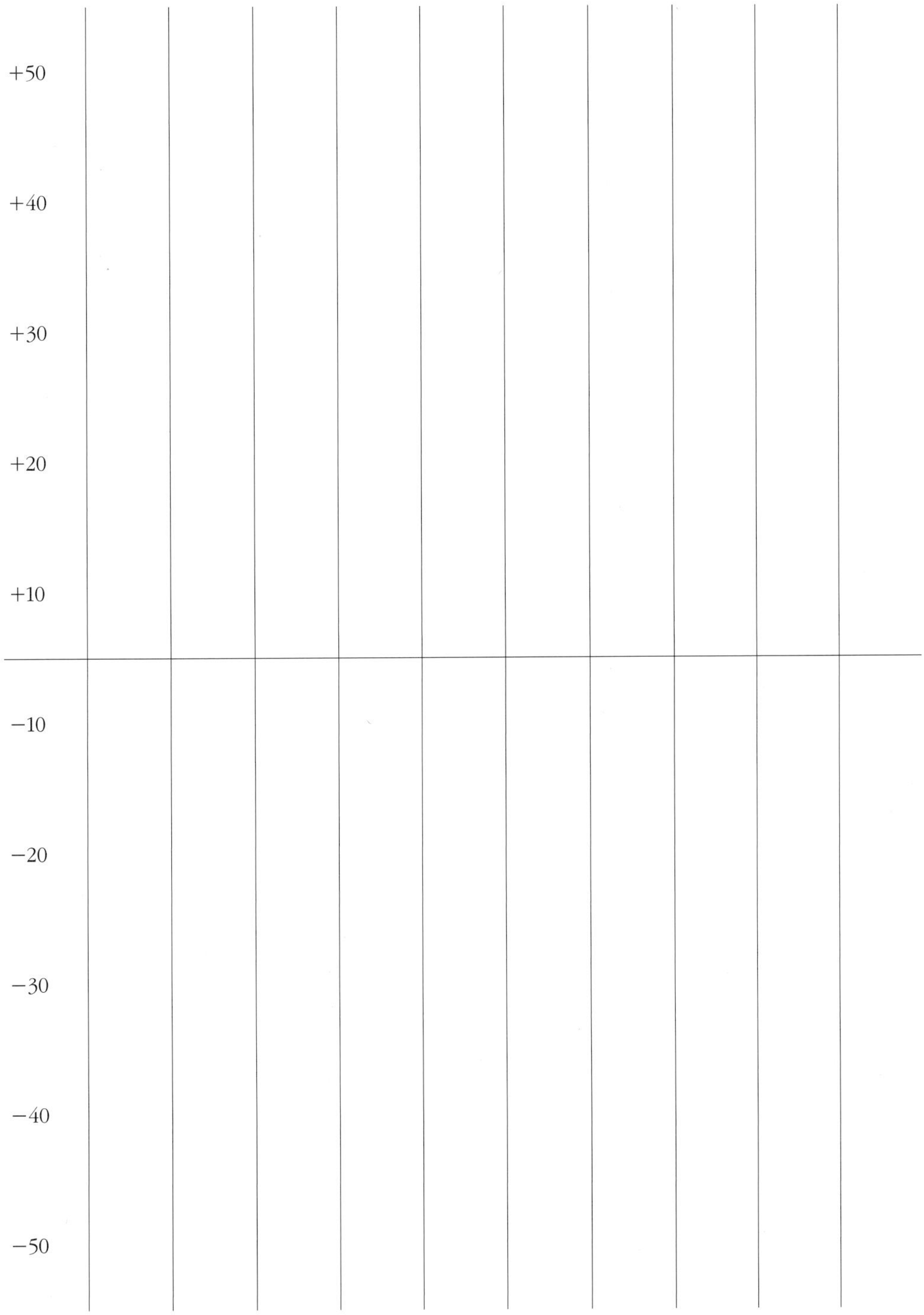

+50

+40

+30

+20

+10

−10

−20

−30

−40

−50

👤 귀인(성공 혹은 실패에 대한 원인에 대한 믿음!) 분류해 봅시다.

	통제할 수 있는 것		통제할 수 없는 것	
	안정적	불안정적	안정적	불안정적
내적		ex) 노력		
외적				

👩 나의 학습에서 성공 혹은 실패에 대한 이유는 무엇인가요? 학습에 도움이 되기 위한 대안반응을 제안해 봅시다.

공부하면서 성공했다고 느낀 일

---

1. [시기 혹은 상황]

⇒ 내가 성공한 이유는 _____ 때문이다.

⇒ 대안 반응은? _____.

2. [시기 혹은 상황]

⇒ 내가 성공한 이유는 _____ 때문이다.

⇒ 대안 반응은? _____.

공부하면서 실패했다고 느낀 일

---

1. [시기 혹은 상황]

⇒ 내가 실패한 이유는 _____ 때문이다.

⇒ 대안 반응은? _____.

2. [시기 혹은 상황]

⇒ 내가 실패한 이유는 _____ 때문이다.

⇒ 대안 반응은? _____.

회기	3회기	주제	학습동기 향상과 성취 가치

목표	· 자신의 학습동기에 대해 점검한다. · 친구들의 학습동기와 비교해보고, 긍정적인 가치를 야기하는 동기를 확립한다.		
준비물	이름표, 필기구, 워크북	시간	60

과정	내용	유의점
도입	○ 활동 명: 내가 공부하는 이유 Best 3 ○ 활동 목표 　1) 나의 학습동기에 대해 생각해 본다. ○ 활동 내용 　1) 나의 학습동기를 세 가지 생각하기 　2) 친구들의 학습동기 알아보기	
전개	○ 활동 명: '공부하는 이유' 경매시장 ○ 활동 목표 　1) 다양한 학습동기에 대해 알아보고, 그러한 동기가 나에게 주는 느낌에 대해서 생각해 보도록 한다. ○ 활동 내용 　1) 간단한 게임을 통해 학생들이 경매에 참여할 수 있는 코인 지급 　2) 친구들의 다양한 학습동기를 놓고 경매 게임을 진행 　3) 내가 구매하고 싶은 공부 동기에 대해 생각하고, 결정하기(동기+그러한 동기를 선택한 이유) 　4) 경매 게임을 통해 공부 동기를 구매하기	
정리	○ 활동 명: 마무리 활동 ○ 활동 목표 　1) 오늘 배운 내용에 대해서 복습하고, 다음에 배울 내용에 대해 안내한다. ○ 활동 내용 　1) 오늘 배운 내용에 대해 복습한다. 　2) 다음에 배울 내용에 대해 안내한다.	

3회기 내가 공부하는 이유 Best 3

공부하는 이유에는 다양한 것들이 있을 수 있습니다. 지금까지 내가 공부해왔던 이유에는 무엇이 있을까요? 또, 친구들이 공부하는 이유는 무엇인가요? 나와 비슷한 이유, 혹은 다른 이유에 대해서 알아봅시다.

내가 공부하는 이유	친구들이 공부하는 이유
1.	1.
	2.
2.	3.
	4.
3.	5.

3회기 **'공부하는 이유' 경매시장**

지금까지 알아본 공부하는 다양한 이유에 대한 경매를 시작할 것입니다. 칠판에 적혀 있는 다양한 이유들 중 내가 가장 원하는 '공부하는 이유'를 적어보고, 왜 그 이유를 선택했는지, 그 이유가 나에게 어떤 종류의 감정을 가져다주는지 생각해봅시다. 경매 목록을 다 적었으면 내가 가진 코인을 가지고, 경매를 통해 '공부하는 이유'를 구매해봅시다.

내가 구매하고 싶은 공부하는 이유	내가 구매한 공부하는 이유
1. ⇒ 선택한 이유는 나에게 _____(감정)_____ 주기 때문이다.	1.
2. ⇒ 선택한 이유는 나에게 _____ 주기 때문이다.	2.
3. ⇒ 선택한 이유는 나에게 _____ 주기 때문이다.	3.

회기	4회기	주제	메타인지 전략

목표	· 프로그램 중반부의 나에 대해 점검한다. · 교과목에 대한 선호를 분석하여 단기 학습 목표를 설정함으로써 공부에 대한 자신감을 향상한다. · 교과목별 효율적인 공부 방법에 대해 알아본다.		

준비물	이름표, 필기구, 워크북	시간	60

과정	내용	유의점
도입	○ 활동 명: 나에 대해 돌아보기 ○ 활동 목표 　1) 프로그램에 참여한 나의 모습과 프로그램 초반에 설정해 놓았던 나의 목표에 대해 점검한다. ○ 활동 내용 　1) 프로그램에 참여했던 나의 모습에 대해 평가 　2) 프로그램 초반에 설정했던 나의 목표에 달성 정도에 대해 평가하고, 수정 및 보완	
전개	○ 활동 명: 내가 제일 좋아하는 과목은? ○ 활동 목표 　1) 교과목에 대한 선호를 분석하여 단기 학습 목표를 설정함으로써 공부에 대한 자신감을 향상한다. ○ 활동 내용 　1) 좋아하는 과목과 싫어하는 과목, 그 과목을 좋아하는, 싫어하는 이유, 그 과목을 공부하는 데 쏟는 노력, 공부 방법 등을 적기 　2) 각 과목별로 분명한 목표치 설정하기 　3) 목표를 위한 구체적인 공부 방법을 적어보기 ○ 활동 명: 친구가 제일 좋아하는 과목은? ○ 활동 목표 　1) 과목별 자신만의 공부 방법에 대해 발표하고, 효율적인 공부 방법에 대해서 알 수 있다. ○ 활동 내용 　1) 다양한 과목들 중 제일 좋아하거나 자신 있는 과목과 공부 방법에 대해 발표 　2) 친구들이 이야기한 다양한 공부 방법에서 나에게 맞는 공부 방법을 추가적으로 적기	
정리	○ 활동 명: 마무리 활동 ○ 활동 목표 　1) 오늘 배운 내용에 대해서 복습하고, 다음에 배울 내용에 대해 안내한다. ○ 활동 내용 　1) 오늘 배운 내용에 대해 복습한다. 　2) 다음에 배울 내용에 대해 안내한다.	

프로그램 초반에 설정해 놓았던 나의 목표에 대해 다시 한 번 생각해 봅시다. 얼마나 달성되었나요? 수정 보완하여 목표를 재설정해봅시다.

1. 목표 달성 정도

0%	20%	40%	60%	80%	100%

2. 목표 재설정

4회기 내가 제일 좋아하는 과목은?

 내가 좋아하는 과목과 싫어하는 과목을 적고 왜 그 과목을 좋아하는지, 싫어하는지, 매주 그 과목을 공부하는데 쏟는 시간은 어느 정도인지, 그리고 그 과목을 어떤 방법으로 공부하는지 적어봅시다.

1. 좋아하는 과목

과목명	좋아하는 이유	매주 공부시간	점수	공부 방법
			상/중/하	
			상/중/하	
			상/중/하	

2. 싫어하는 과목

과목명	좋아하는 이유	매주 공부시간	점수	공부 방법
			상/중/하	
			상/중/하	
			상/중/하	

3. 친구의 효과적인 공부 방법

과목명	좋아하는/싫어하는 이유	공부 방법

회기	5회기		주제	효과적인 학습전략 익히기
목표	효과적인 기억법에 대해 배우고 나에게 맞는 학습전략을 찾는다.			
준비물	노트, 필기구		시간	40분
과정	내용		유의점	
도입	○ 활동 명: 효과적인 학습의 원리 ○ 활동 목표 　1) 기억 및 학습의 원리에 대해 이해한다. ○ 활동 내용 　1) 학습의 여덟 가지 근본 원리: ① 집중 ② 의미와 이해 ③ 관심사 ④ 연상작용 ⑤ 시각화 ⑥ 개요와 논리 ⑦ 암송 ⑧ 반복 　2) 이해에 대하여: 이해의 수준 / 이해 VS. 암기 / 이해력을 키우는 방법			
전개	○ 활동 명: 기억력을 높이는 방법 ○ 활동 목표 　1) 기억력을 높일 수 있는 다양한 방법에 대해 배운다. 　2) 이미지 공부법, 오감 활용법에 대해 배운다. ○ 활동 내용 　1) 이미지 공부법 　　① 시각화의 중요성 　　② 효과적인 이미지의 세 가지 특징 　　③ 영상화 훈련, 영상이 떠오르지 않는 내용도 기억할 수 있다. 　　④ 영상화 훈련의 업그레이드: 힌트를 잡아 영상을 떠올린다. 　　⑤ 자신만의 노하우: 자신만의 힌트를 떠올리는 방법을 개발하라. 　2) 학습카드 만들기			
정리	○ 활동 명: 마무리 활동 ○ 활동 목표 　1) 오늘 배운 내용에 대해서 복습하고, 다음에 배울 내용에 대해 안내한다. ○ 활동 내용 　1) 오늘 배운 내용에 대해 복습한다. 　2) 다음에 배울 내용에 대해 안내한다.			

그림으로 떠올려보자

다음 단어를 나타내는 그림을 그려봅시다.

welcome

meet

listen

teacher

morning

dog

254

카드박스 학습방법

1. 1단계 박스에 있는 카드내용을 암기해서 2단계 박스로 이동시킨다. 모르는 내용의 카드
   는 1단계 박스 맨 뒤로 보낸다.

2. 다음 박스가 채워지면 현재 진행 중인 박스의 카드암기를 중단하고 다음 단계의 박스로
   이동해서 학습을 한다.

3. 각 박스에서 카드암기가 되면 다음 박스로, 못하면 1단계 박스로 카드를 이동한다.

4. 모든 카드를 맨 마지막 5단계 박스에 채우고 5단계 박스를 암기해서 비우면 끝이 난다.

5. 박스크기는 이전 박스크기의 2배의 크기이다.

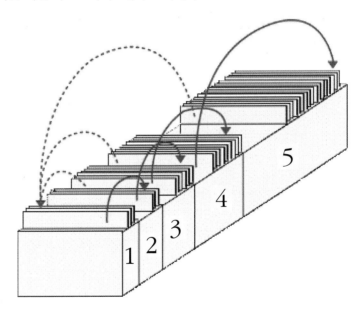

회기	6회기	주제	효과적인 통제전략 익히기
목표	효과적인 통제전략에 대해 배우고 나에게 맞는 통제전략을 찾는다.		
준비물	노트, 필기구	시간	40분
과정	내용	유의점	

과정	내용	유의점

도입	○ 활동 명: 효과적인 자기통제의 원리
	○ 활동 목표
	  1) 학습의 효율성과 효과성을 높이기 위한 휴식의 중요성을 인식한다.
	  2) 잠들기 전 시간 활용과 긍정적 사고의 중요성을 인식한다.
	○ 활동 내용
	  1) 뇌의 피로를 풀어주는 공부 사이 휴식은 필수
	  2) 뇌는 긍정적일 때 효과가 크다.
	  3) 행복한 기분으로 잠자리에 들어야 효과적!
	  4) 잠자기 30분 전 혼자만의 시간을 확보해야 하는 이유
	  5) 아침 습관을 바꾸는 잠자기 전 30분의 힘
	  6) 잠자기 전 긍정적인 생각으로 꿈을 조종하라.
	  7) 잠자기 30분 전은 즐겁게 보낸다.
	  8) 긍정적인 효과를 가져오는 아침 복습 후 산책	

전개	○ 활동 명: 자기통제를 높이는 방법
	○ 활동 목표
	  1) 시간을 사용하는 습관을 점검하고 시간 활용 전략을 배운다.
	  2) 공부 효율을 높일 수 있는 자기 관리 전략을 개발한다.
	○ 활동 내용
	  1) 시간 활용 전략
	    ① 당신의 일주일을 해부해 드립니다.
	    ② 핵심 과목에 더 많은 시간을 할애하라.
	    ③ 자투리 시간 활용하기
	    ④ 하루 10분의 투자가 성패를 가른다.
	    ⑤ 공간 정리가 곧 시간 관리다.
	    ⑥ 시간과 에너지를 아껴 주는 습관
	  2) 자기 관리 전략
	    ① 최소한의 자유 시간을 확보하라.
	    ② 공부를 잘하고 싶다면 운동하라.
	    ③ 숙면 습관 들이기
	    ④ 게임의 원리를 파악하기: 1. 암호를 해독하라
	      2. 계획을 세워라 3. 수시로 점검하라	

정리	○ 활동 명: 마무리 활동	
	○ 활동 목표	
	1) 오늘 배운 내용에 대해서 복습하고, 다음에 배울 내용에 대해 안내한다.	
	○ 활동 내용	
	1) 오늘 배운 내용에 대해 복습한다.	
	2) 다음에 배울 내용에 대해 안내한다.	

시간 사용 점검표

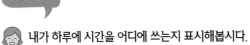 내가 하루에 시간을 어디에 쓰는지 표시해봅시다.

	월	화	수	목	금	토	일
08:00~09:00							
09:00~10:00							
10:00~11:00							
11:00~12:00							
12:00~13:00							
13:00~14:00							
14:00~15:00							
15:00~16:00							
16:00~17:00							
17:00~18:00							
18:00~19:00							
19:00~20:00							
20:00~21:00							
21:00~22:00							

내가 가장 시간을 많이 쓰는 활동: _____

내가 줄여야 할 활동: _____

무엇으로 바꿀 수 있을까? _____→_____

무엇을 먼저 해야 할지 아이젠하워의 시간관리 매트릭스에 따라 정리해봅시다.

긴급도 낮음　━━━━━━▶　긴급도 높음

아이젠하워 매트릭스	덜 급한 것	급한 것
중요한 것	①	②
덜 중요한 것	③	④

중요도 높음

↑

중요도 낮음

내가 시간을 쓰는 순서:　　　　→　　　　　→　　　　　→

나의 학습을 방해하는 것들:

나의 책상에서 학습을 방해하는 것들:

회기	7회기	주제	집중력 향상 전략과 자원 활용 전략 익히기

목표	– 집중력 향상 전략에 대해 배운다 – 효과적인 자원 활용 전략을 배운다.		

준비물	노트, 필기구	시간	40분

과정	내용	유의점
도입	○ 활동 명: 집중력 향상 기술 ○ 활동 목표 　1) 집중력을 높일 수 있는 기술을 배우고 익힌다. ○ 활동 내용 　1) 스트룹 테스트로 집중력을 올려라. 　2) 집중력을 높이는 창의적 이완기술 　3) 명상의 기술로 릴렉스하라.	
전개	○ 활동 명: 학습에 도움이 되는 자원 활용하기 ○ 활동 목표 　1) 학습에 도움을 줄 수 있는 사람 및 정보의 출처를 나열한다. 　2) 학습에 도움이 되는 보상 목록을 나열한다. ○ 활동 내용 　1) 도움 체계 만들기 　　① 도움을 구할 수 있는 사람(과목별) 목록화하기 　　② 정보를 찾을 수 있는 곳(과목별, 웹사이트, 어플 등) 목록화하기 　　③ (실습) 한 과목의 탐구문제를 택하여 도움을 구할 수 있는 사람에게 도움을 청하고, 정보를 찾을 수 있는 곳에서 얻은 정보를 활용하여 문제해결하기 　2) 보상 체계 만들기 　　① 학습목표를 달성한 후에는 나에게 긍정적인 것을 주자. 　　② 나에게 긍정적인 것 목록화하기	
정리	○ 활동 명: 마무리 활동 ○ 활동 목표 　1) 오늘 배운 내용에 대해서 복습하고, 다음에 배울 내용에 대해 안내한다. ○ 활동 내용 　1) 오늘 배운 내용에 대해 복습한다. 　2) 다음에 배울 내용에 대해 안내한다.	

스트룹 테스트

아래 그림처럼 문자의 색깔과 문자가 뜻하는 색깔이 다른 것을 보여주고, 단어를 말하지 않고 단어의 색깔을 말하는 것인데요. 일시적으로 뇌의 혼란을 주어 두뇌를 자극하고 발달시키는 놀이입니다.

<예시>

빨 강

노 랑

초 록

파 랑

스트룹 테스트 기록지

	참가자 1	참가자 2
이름		
성별	남 · 여	남 · 여
가 세트 (단어 읽기)	초	초
나 세트 (색상 읽기)	초	초

7회기 도움체계와 보상체계

 학습에 도움을 줄 수 있는 사람과 학습에 도움이 되는 정보를 찾을 수 있는 곳(웹사이트, 어플 등)을 적어보세요.

자원 과목	도움을 줄 수 있는 사람	정보를 찾을 수 있는 곳
	(도움을 구할 수 있는 방법)	(주소 등)

학습 후 나에게 줄 수 있는 긍정적인 것들은 무엇이 있을지 적어보세요.

-
-
-
-

-
-
-
-

-
-
-
-

-
-
-
-

회기	8회기		주제	향후 학습목표 설정
목표	− 1~7회기 학습 내용을 요약하고 복습한다. − 목표 달성 여부를 점검하고 새로운 학습 목표를 세운다.			
준비물	노트, 필기구		시간	40분
과정	내용		유의점	

도입	○ 활동 명: 활동 점검
	○ 활동 목표
	  1) 1~7회기의 학습내용을 점검하고 목표달성 여부를 확
	    인한다.
	○ 활동 내용
	  1) 1~7회기 활동 되돌아보기
	  2) 자기조절 학습검사 실시
	  3) 1회기에 설정했던 목표 달성 여부 체크하기			

전개	○ 활동 명: 향후 학습목표 설정
	○ 활동 목표
	  1) 학습 목표를 세우고 자신이 세운 목표를 점검한다.
	  2) 통제, 보상 전략을 학습계획에 포함시킨다.
	○ 활동 내용
	  1) 학습목표 설정하기
	    ① 좋은 학습목표란?
	    ② 목표 설정하기
	    ③ 목표 설정 체크리스트
	    ④ 통제, 보상 전략 추가하기			

정리	○ 활동 명: 마무리 활동
	○ 활동 목표
	  1) 오늘 배운 내용에 대해서 복습하고, 다음에 배울 내
	    용에 대해 안내한다.
	○ 활동 내용
	  1) 오늘 배운 내용에 대해 복습한다.
	  2) 다음에 배울 내용에 대해 안내한다.			

8회기 목표 세우기

 다음에 제시된 목표에 들어가야 할 조건들이 들어갔는지 확인해보고 그에 따라 목표를 수정하고 완성해 봅시다.

· 방향을 제시하는 목표: 영어

· 대략적인 목표: 단어 외우기

· 세부적인 목표: 매주 2일씩 영어단어 5개(1일) 외우기

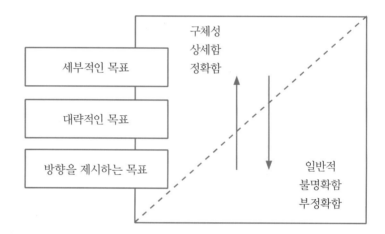

나의 목표

• 무엇을 달성해야 하는가?(목표)

• 얼마만큼 달성해야 하는가?(조건, 수준)

• 언제까지 달성해야 하는가?(시간)

• 왜 그런 목표를 달성해야 하는가?(이유)

교사용

1회기 **오리엔테이션 자료**

자기조절 학습전략 프로그램

1. 프로그램 설명

2. 프로그램 목표

3. 회기별 안내

<자기조절 학습전략>

– 동기조절
– 인지조절
– 행동조절

4. 우리들의 약속(유의사항)

나는 집단상담 프로그램에 참여하면서 다음과 같은 사항들을 반드시 지킬 것을 약속합니다.

1) 나는 집단상담 프로그램에 빠짐없이 참여하고 약속된 시간을 잘 지키겠습니다.

2) 나는 집단상담 프로그램의 모든 활동에 적극적인 태도로 참여하겠습니다.

3) 나는 친구들의 이야기를 귀 기울여 듣겠습니다.

4) 나는 선생님의 이야기를 잘 듣겠습니다.

5) 나는 집단상담 프로그램 숙제를 빠짐없이 하겠습니다.

1회기 나를 소개합니다

별칭: 크레파스

프로그램을 통해 바라는 점(변하고 싶은 점):

1. 크레파스 색처럼 다양한 학습전략 알기

2. 그림을 그리는 것처럼 재미있게 공부하기

3. 내가 공부하는 방법에 대해 알기

1회기 **자기조절 학습 검사**

자기조절 검사를 통해 알아본 나의 학습법에 대해 되돌아보고, 칭찬할 점과 보완할 점에 대해 생각해 봅시다.

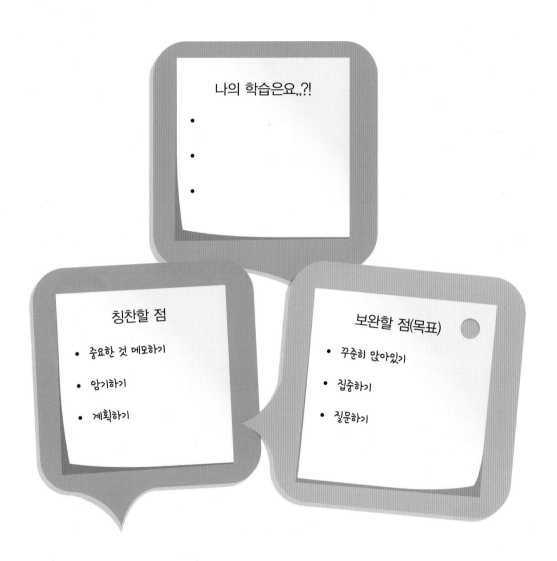

2회기 나의 장점 Best 3

 나의 장점 세 가지에 대해서 생각해보고, 나의 장점이 지금까지 나의 학습에 어떤 도움을 주었는지 생각해 봅시다. 혹은 나의 장점이 앞으로의 나의 학습에 어떤 방향으로 도움을 될 수 있을지 생각해 봅시다.

장점 1: 친구들과 친하다.

나의 학습에 도움이 된 경우/ 도움이 될 수 있는 방법:

모르는 것이 있을 때 친구들에게 물어볼 수 있다.

장점 2: 필기를 잘 한다.

나의 학습에 도움이 된 경우/ 도움이 될 수 있는 방법:

중요한 내용이 있을 때 필기를 해 놓을 수 있다.

장점 3: 책 읽는 것을 좋아한다.

나의 학습에 도움이 된 경우/ 도움이 될 수 있는 방법:

잘 모르는 과목은 책을 읽으면서 배울 수 있다.

나의 공부 곡선 그래프

공부 곡선 그래프는 지금까지 여러분의 학업 상황에서의 성공과 실패에 대해 기록하는 곳입니다. 나의 학업 성공과 실패에 대해 살펴보고 성공 혹은 실패했던 이유에 대해 생각해 봅시다.

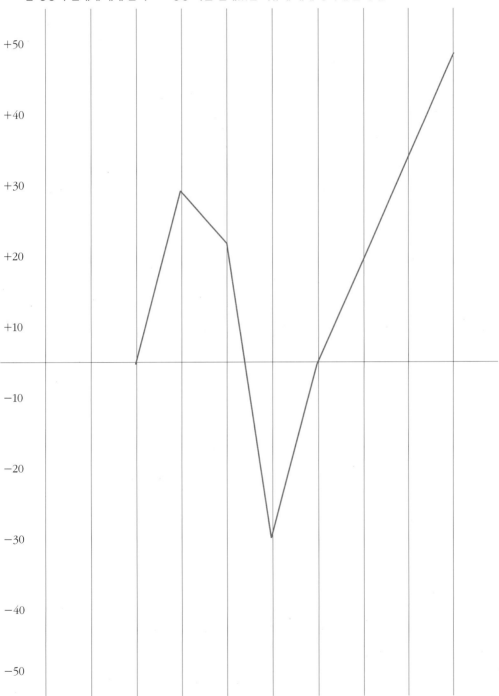

귀인(성공 혹은 실패에 대한 원인에 대한 믿음!) 분류해 봅시다.

	통제할 수 있는 것		통제할 수 없는 것	
	안정적	불안정적	안정적	불안정적
내적		노력	능력	
외적			과제 난이도	운

나의 학습에서 성공 혹은 실패에 대한 이유는 무엇인가요? 학습에 도움이 되기 위한 대안반응을 제안해 봅시다.

공부하면서 성공했다고 느낀 일

1. [시기 혹은 상황] <u>6살 때 한글 배운 것</u>

⇒ 내가 성공한 이유는 <u>유치원에서 재미있게 한글을 배웠기</u> 때문이다.

⇒ 대안 반응은? <u>배운 것으로 책을 읽거나 했다면 더 빨리 잘했을 것이다.</u>

2. [시기 혹은 상황] <u>고학년 때 수학경시대회 잘 본 것</u>

⇒ 내가 성공한 이유는 <u>수학을 좋아했기</u> 때문이다.

⇒ 대안 반응은? <u>기출문제를 풀어봤다면 더 잘 봤을 것이다.</u>

공부하면서 실패했다고 느낀 일

1. [시기 혹은 상황] <u>한자공부</u>

⇒ 내가 실패한 이유는 <u>한자를 안 외웠기</u> 때문이다.

⇒ 대안 반응은? <u>효율적인 방법으로 외우기</u>

2. [시기 혹은 상황]

⇒ 내가 실패한 이유는 <u>공부시간에 핸드폰을 하기</u> 때문이다.

⇒ 대안 반응은? <u>공부시간에는 핸드폰 꺼놓기</u>

3회기 내가 공부하는 이유 Best 3

공부하는 이유에는 다양한 것들이 있을 수 있습니다. 지금까지 내가 공부해왔던 이유에는 무엇이 있을까요? 또, 친구들이 공부하는 이유는 무엇인가요? 나와 비슷한 이유, 혹은 다른 이유에 대해서 알아봅시다.

내가 공부하는 이유	친구들이 공부하는 이유
1. 부모님의 칭찬(선물)	1. 시험을 잘 보면 기분이 좋다.
	2. 시험을 잘 보면 뿌듯하다.
2. 좋은 성적을 받으면 기분이 좋다.	3. 용돈을 받을 수 있다.
	4. 내 꿈을 이루기 위해서
3. 수학이 재미있어서	5. 칭찬받기

3회기 '공부하는 이유' 경매시장

지금까지 알아본 공부하는 다양한 이유에 대한 경매를 시작할 것입니다. 칠판에 적혀 있는 다양한 이유들 중 내가 가장 원하는 '공부하는 이유'를 적어보고, 왜 그 이유를 선택했는지, 그 이유가 나에게 어떤 종류의 감정을 가져다주는지 생각해봅시다. 경매 목록을 다 적었으면 내가 가진 코인을 가지고, 경매를 통해 '공부하는 이유'를 구매해봅시다.

내가 구매하고 싶은 공부하는 이유	내가 구매한 공부하는 이유
1. 재미있어서 ⇒ 선택한 이유는 나에게 <u>즐거움을</u> 주기 때문이다.	1. 흥미
2. 칭찬받기(선물받기) ⇒ 선택한 이유는 나에게 <u>내가 원하는 것을</u> 주기 때문이다.	2. 칭찬
3. 내 꿈을 이루기 위해서 ⇒ 선택한 이유는 나에게 <u>뿌듯함과 장래희망을</u> 주기 때문이다.	3. 능력

4회기 나에 대해 돌아보기(중간점검)

프로그램 초반에 설정해 놓았던 나의 목표에 대해 다시 한 번 생각해 봅시다. 얼마나 달성되었나요? 수정 보완하여 목표를 재설정해봅시다.

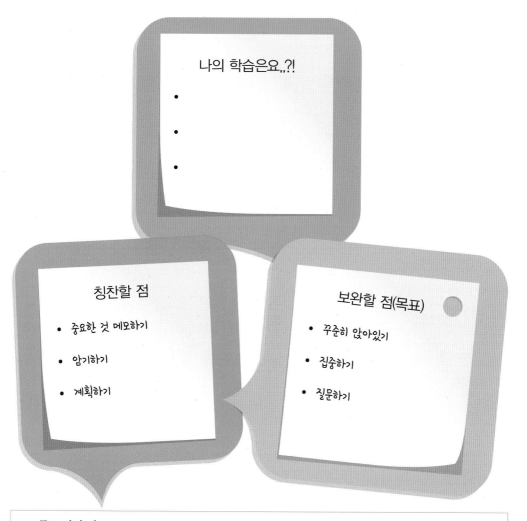

1. 목표 달성 정도

0%	20%	40%	60%	80%	100%

2. 목표 재설정

– 공부할 때는 핸드폰을 사용하지 않고 집중하기

– 모르는 것이 생기면 친구, 부모님, 선생님께 질문하기

4회기 내가 제일 좋아하는 과목은?

내가 좋아하는 과목과 싫어하는 과목을 적고 왜 그 과목을 좋아하는지, 싫어하는지, 매주 그 과목을 공부하는데 쏟는 시간은 어느 정도인지, 그리고 그 과목을 어떤 방법으로 공부하는지 적어봅시다.

1. 좋아하는 과목

과목명	좋아하는 이유	매주 공부시간	점수	공부 방법
수학	재미있다	6시간	상	학원, 학교 숙제
영어	영어로 된 책 읽는 것이 재밌다	3시간	중	영어책 읽기, 애니메이션 보기

2. 싫어하는 과목

과목명	좋아하는 이유	매주 공부시간	점수	공부 방법
한자	외우는 게 싫다	—	하	그냥 외우기
과학	어렵다	—	하	공식 외우기

3. 친구의 효과적인 공부 방법

과목명	좋아하는/싫어하는 이유	공부 방법
과학	실생활에서 적용되는 게 신기하다.	유튜브로 공부하기
사회	우리나라 역사를 아는 게 재미있다.	만화로 된 역사책 읽기

5회기 그림으로 떠올려보자

다음 단어를 나타내는 그림을 그려봅시다.

welcome

meet

listen

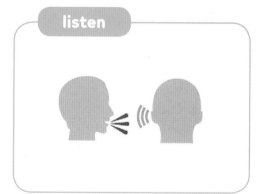

teacher

morning

dog

5회기 나만의 카드만들기

🧑‍🦱 카드박스 학습방법

1. 1단계 박스에 있는 카드내용을 암기해서 2단계 박스로 이동시킨다. 모르는 내용의 카드는 1단계 박스 맨 뒤로 보낸다.

2. 다음 박스가 채워지면 현재 진행 중인 박스의 카드암기를 중단하고 다음 단계의 박스로 이동해서 학습을 한다.

3. 각 박스에서 카드암기가 되면 다음 박스로, 못하면 1단계 박스로 카드를 이동한다.

4. 모든 카드를 맨 마지막 5단계 박스에 채우고 5단계 박스를 암기해서 비우면 끝이 난다.

5. 박스크기는 이전 박스크기의 2배의 크기이다.

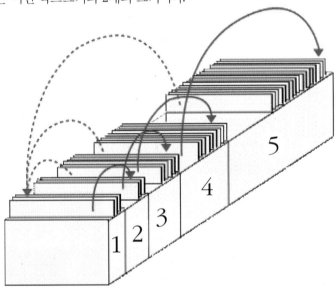

Grandparents

6회기 　시간 사용 점검표

🧑 내가 하루에 시간을 어디에 쓰는지 표시해봅시다.

	월	화	수	목	금	토	일
08:00~09:00	기상 및 등교	기상 및 등교	기상 및 등교	기상 및 등교	기상 및 등교		
09:00~10:00	수업	수업	수업	수업	수업	기상 및 식사	기상 및 식사
10:00~11:00						자유시간	자유시간
11:00~12:00							
12:00~13:00	식사 및 휴식	식사 및 휴식	식사 및 휴식	식사 및 휴식	식사 및 휴식	식사 및 휴식	식사 및 휴식
13:00~14:00	수업	수업	수업	수업	수업	학원	과외
14:00~15:00							
15:00~16:00	청소 방과후 활동	청소 하교	청소 방과후 활동	청소 하교	청소 하교	학원과제	과외복습
16:00~17:00	하교	학원	하교	학원	학원	과외 과제	자유 시간
17:00~18:00	휴식		휴식			식사 및 휴식	식사 및 휴식
18:00~19:00	식사 및 휴식	식사 및 휴식	식사 및 휴식	식사 및 휴식	식사 및 휴식		
19:00~20:00	학교 과제	학교 과제	학교 과제	학교 과제	학교 과제	자유 시간	자유 시간
20:00~21:00	자유 시간	자유 시간	자유 시간	자유 시간	자유 시간		
21:00~22:00	취침	취침	취침	취침	취침	취침	취침

내가 가장 시간을 많이 쓰는 활동: _____수업듣기_____

내가 줄여야 할 활동: _____휴식 시간 중 스마트폰 만지기_____

무엇으로 바꿀 수 있을까? __스마트폰 만지기__ → __운동/산책 또는 책읽기__

6회기 시간관리 매트릭스

무엇을 먼저 해야 할지 아이젠하워의 시간관리 매트릭스에 따라 정리해봅시다.

긴급도 낮음 ➡️ 긴급도 높음

아이젠하워 매트릭스	덜 급한 것	급한 것
중요한 것	① 수업/학원/과외 예습 수업/학원/과외 복습 책 읽기 운동하기	② 수업/학원/과외 과제 시험 공부
덜 중요한 것	③ 게임하기 친구들과 놀기	④ 동아리 활동 소모임

중요도 높음 ⬆️ 중요도 낮음

내가 시간을 쓰는 순서: ③ → ④ → ② → ①

나의 학습을 방해하는 것들: 예시) 스마트폰, 컴퓨터, 친구들

나의 책상에서 학습을 방해하는 것들: 예시) 거울, 컴퓨터, 만화책

7회기 **스트룹 테스트**

아래 그림처럼 문자의 색깔과 문자가 뜻하는 색깔이 다른 것을 보여주고, 단어를 말하지 않고 단어의 색깔을 말하는 것인데요. 일시적으로 뇌의 혼란을 주어 두뇌를 자극하고 발달시키는 놀이입니다.

<예시>

> **빨 강**

> **노 랑**

> **초 록**

> **파 랑**

스트룹 테스트 기록지

	참가자 1	참가자 2
이름	이지은	박찬우
성별	남 ⓥ 여	ⓝ 남 · 여
가 세트 (단어 읽기)	12 초	9 초
나 세트 (색상 읽기)	11 초	10 초

7회기   도움체계와 보상체계

학습에 도움을 줄 수 있는 사람과 학습에 도움이 되는 정보를 찾을 수 있는 곳(웹사이트, 어플 등)을 적어보세요.

과목 \ 자원	도움을 줄 수 있는 사람	정보를 찾을 수 있는 곳
수학	(도움을 구할 수 있는 방법) 학교 선생님, 학원 선생님, 과외 선생님께 물어보기	(주소 등) EBSi, Photomathe, 콴다 애플리케이션
영어	학교 선생님, 학원 선생님	EBSi, 웅진빅박스, 핑크퐁 영어동화32 애플리케이션
국어	학교 선생님, 엄마	EBSi, 호시탐탐 논리국어 애플리케이션
과학	학교 선생님, 과학과목 잘하는 친구	EBSi, 와이튜브 애플리케이션, 공부 Q&A앱
사회	학교 선생님, 사회과목 잘하는 친구	EBSi, 스마트통 우리역사 애플리케이션, 공부 Q&A앱

학습 후 나에게 줄 수 있는 긍정적인 것들은 무엇이 있을지 적어보세요.

- 컴퓨터 게임 1시간하기

- 친구들과 2시간 놀기, 맛있는 음식 먹으러 가기

- 가족들과 외식해서 내가 좋아하는 음식 먹으러 가기

- TV 1시간 시청 또는 유튜브 1시간 보기

8회기 목표 세우기

다음에 제시된 목표에 들어가야 할 조건들이 들어갔는지 확인해보고 그에 따라 목표를 수정하고 완성해 봅시다.

· 방향을 제시하는 목표: 영어

· 대략적인 목표: 단어 외우기

· 세부적인 목표: 매주 2일씩 영어단어 5개(1일) 외우기

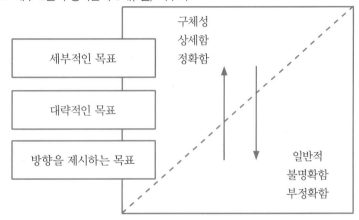

나의 목표

• 무엇을 달성해야 하는가? (목표) 예시) 영어 단어 외우기

• 얼마만큼 달성해야 하는가? (조건, 수준) 예시) 영어단어 매일 하루 5개씩 외우기

• 언제까지 달성해야 하는가? (시간) 예시) 아침부터 밤 9시 전까지

• 왜 그런 목표를 달성해야 하는가? (이유) 예시) 영어 단어를 많이 외우면 영어 과목 성적을 올릴 수 있기 때문에

통제 방법

예시)
스마트폰 꺼놓기
컴퓨터 유해사이트 차단 프로그램
설치하기

보상 방법

예시)
월요일부터 토요일까지 다 외웠을
경우 일요일 친구들과 1시간 더 놀기

학습전략의 효과: 메타분석[*]

학습전략 중재가 학업성취에 미치는 효과에 관련된 1995년부터 2017년까지 출판된 학술 논문 총 71편의 효과 크기를 연구대상 관련변인, 중재 관련변인, 중재효과 관련변인에 따라 분석하였다. 학습전략 중재의 전체 효과는 중간 효과 크기와 큰 효과 크기 사이에 해당하며, 통계적으로 유의하였다. 변인에 따른 학습전략 중재의 효과는 1) 연구대상 관련변인의 학교급 측면에서는 초등학교 저학년에서 가장 큰 효과 크기를 보였고, 학습자 특성 측면에서는 일반, 학습부진, 통합집단에서 통계적으로 유의한 효과가 나타났다. 2) 중재 관련변인에서 중재집단 크기는 일대일, 소집단과 혼재형, 대집단 또는 전체학급의 순서로 모든 값이 유의하였다. 중재 회기수는 11회기 이상 20회기 이하일 때, 학습전략 유형은 상위인지전략이, 그리고 검사도구는 표준화 검사도구를 활용하였을 때 가장 큰 효과 크기를 나타냈다.

1. 글을 시작하며

초등학교 시기는 기초학력을 습득하여 다음 시기를 준비하는 학습과정의 중요한 기초단계이며, 청소년기는 상급학년으로 진급함에 따라 학업부담이 증가하는 시기로 학습이 가장 중요한 발달과제로 여겨진다(김동일, 방나미, 정여주, 허은, 2010). 초등학생뿐만 아니라 중·고등학생에게도 학습문제는 성적이나 평가를 넘어 학생의 전반적인 자아개념, 대인관계의 발달, 가족관계, 인지 및 정서적 영역 등에 광범위하게 영향을 주는 중요한 요인이다(김동일, 신을진, 황애경,

---

[*] 본 장은 다음 논문에 기반을 두어 수정한 내용으로 구성되었습니다. 김동일, 안예지, 오지원, 윤지수, 박새미, 최수미(2018). 학습전략이 학업성취에 미치는 영향: 학습자 특성과 중재조건에 따른 메타분석. *교육문화연구*, 24(5). 57~82.

2002). 학업성취도가 높은 학생은 담임교사의 암묵적인 지지를 많이 받고, 친구들에게 부러움과 호기심의 대상이 되기 때문이다(조한익, 2013). 구체적으로 초등학생인 아동의 경우 높은 학업성취로 인한 담임교사의 지지가 큰 영향을 미치고, 중·고등학생인 청소년의 경우 학업성취가 또래관계에 미치는 영향력이 매우 크다. 이에 연구자들은 학교급별로 학생들의 학업성취도에 따른 영향력을 인식하고, 이를 높일 수 있는 효과적인 학습전략 및 교수방법에 대한 지속적인 연구를 수행해왔다. 더불어 최근 고등교육의 기회가 확대됨에 따라 학령기 학생은 물론, 성인학습자를 대상으로 한 효과적인 학습전략을 밝히는 연구에 대한 관심은 점차 높아지고 있다(조성연, 문미란, 2007).

학습전략은 학습의 성취도와 수월성을 높이기 위하여 효율적으로 정보를 기억하고 학습하는 것과 관련된 일종의 자기 지시적인 기술, 접근 등으로 학습을 촉진하고, 정보를 수용하고, 인출하기 위한 학습자의 모든 의도적 노력을 포함한다(김계현, 2000; Chamot, 1987; O'Malley, Chamot, 1990). 학습의 성취도와 수월성을 높이기 위한 하나의 도구로 이해되는 학습전략이 학업성취에 미치는 영향에 관하여 대부분의 연구에서는 긍정적인 영향을 보고한다(이원이, 2002; Warr & Downing, 2000). 그 영향은 일반적 인지전략 및 초인지적 학습전략과 교과 특수적인 학습전략으로 구분하여 살펴볼 수 있는데(손충기, 손계정, 2011), 읽기와 수학 교과의 경우 내용 특수적인 학습전략 사용이 효과가 있음이 확인되었다(Golinkoff, 1976; Paris & Oka, 1986; Rohrkemper & Bershon, 1984; Schoenfeld, 1985). 또한, 교수자의 교수방법이 학습전략으로 기능하는 경우와 학습자가 학습전략의 하위요소인 인지전략을 많이 수행할 때 능동적인 학습참여와 학습 효과를 높인다는 연구결과가 제시되었으며(Flavell, 1979; Zimmerman & Martinez-Pons, 1986), 학습전략의 하위요소인 시간관리 능력은 학업성취의 중요한 요인이라는 연구결과도 제시되었다(Britton & Tesser, 1991; Macan et al., 1990). 한편, 이원이(2002)의 연구에서는 인지전략과 상위인지전략은 학습정보를 처리하는 과정에 직접적인 영향을 발휘하여 학업성취에 효과적이었으나, 자원관리전략은 다른 전략과 함께 적용될 때 학업성취에 긍정적인 영향을 미침을 밝혔다(임언, 박혜석, 추지윤, 2014). 이처럼 다수의 연구를 통해 학습전략이 학업성취에 미치는 긍정적인 효과를 알 수 있다. 그러나 학습전략은 학업능력, 상위인지 활용능력, 동기 수준 등과 같은 개인 특성과 학습자의 인지적 능력에 영향을 미치는 환경적인 특성, 즉 중재조건에 의해 그 활용정도 및 효과가 결정될 수 있기에(김형수, 김동일, 황애경, 2006), 이러한 특성을 고려한 효과적인 학습전략을 탐색하고 적용하는 것은 교육현장에서 매우 중요한 과제라 할 수 있다.

이에 학습전략 관련 국내 선행연구들은 학습자의 개인 특성에 따른 학습전략 활용 및 효과를 살펴보기 위해 다수의 연구를 실시하였으며, 그 결과가 누적됨에 따라 다음과 같은 주요한 특징을 발견할 수 있었다. 첫째, 학교급별로 학습전략의 효과가 상이하게 나타났다(김영빈, 함은혜, 황매향, 2017). 예컨대, 오상철, 이문복(2009)과 정미경(2008)은 학습전략 활용과 직접적인 관계가 있는 자기조절 학습능력이 연령에 따라 향상된다고 보고하였으나, 김효원(2010)은 오히려 자기조절 학습능력이 연령증가와 함께 감소된다는 상반된 결과를 보고하였다. 초등학생과 중학생의 자기관리, 수업참여, 과제해결, 시험치기, 정보처리 등과 같은 학습전략의 효과를 비교한 김명희, 하정희(2008) 또한 초등학생과 중학생이 사용하는 전략의 세부영역은 시험치기기술, 과제해결기술로 유사하게 관찰되었으나, 그 영향력은 초등학생에게 더 큰 것으로 나타났다고 보고하여 연령별 학습전략의 효과가 달라질 수 있음을 시사하였다. 둘째, 학습자의 특성 및 학습전략별 중재의 효과에 관한 선행연구의 결과 또한 교과목에 따라 상이한 결과가 보고되었다. 서유진, 이주영, 문주영, 손승현(2010)은 초등학생 대상 수학 중재 연구의 효과 크기를 분석하면서 학급 전체 학생 대상 중재의 효과보다 학습부진 학생 대상 중재 효과 크기가 높게 나타났으며, 학습부진학생 대상 중재에 비하여 학습장애 학생을 대상으로 한 중재의 효과 크기가 더 높게 나타났음을 밝혔다. 임남순과 김윤옥(2006)의 연구에서는 초등학교 학습부진 및 학습장애 아동을 대상으로 문장작성전략의 중재 효과를 살펴보았는데, 학습장애 아동보다 학습부진 아동의 기초선 점수, 전략 사용 점수, 사후 검사 점수가 조금 더 높게 나타났음을 보고하였다. 마지막으로, 학습전략 관련 선행연구들은 연구의 범위를 특정 교과목으로 제한하여 그 효과성을 검증하고 있었다. 교과목별로 효과적인 학습전략의 효과에 대한 이정수와 정영란(2014)의 연구에서는 중학생의 과학성취도에 자기조절 학습전략이 직접적인 영향을 미치는 것으로 나타났으며, 이승구와 박승희(2011)의 연구에서는 수학 교과에 대한 학습차원 또래교수가 수학학업성취도에 긍정적인 영향을 미치는 것으로 나타났다. 특정 교과목으로 제한하여 학습전략의 효과성을 검증하는 것은 교과 특수적인 학습전략을 탐색하는 데 의미가 있다. 그러나 구체적인 학습전략의 효과를 교과목별로 살펴 전략의 일반화 가능성을 탐색한 연구는 미흡한 상황이다. 종합하면, 학습전략이 단순한 학습에서 더 나아가 효율적인 방법으로 개인의 학습을 촉진하는 도구적인 성격을 가진다는 것을 감안할 때, 학습자 특성과 전략은 물론 학습 내용에 따라서도 효과적인 전략이 달라질 수 있음을 의미한다. 선행연구들과 같이 학습전략에 대한 구체적인 효과를 확인한다는 것은 매우 중요한 작업이다. 그러나 학습전략이 학업성취도에 미치는 효과에 대하여 학교급, 학습자의 특성 그리고 교과별 특성에 대한 결과는 상반된 결과가 축적되고 있음을 고려할 때, 이러한 차이를 야기하는 변인을 밝히기 위한 종합적인 연구가 필요하다. 이에 상이한 연구결과들을 체계적으로 종합·분석하여 학습자의 특성 및 중재 조건에 따라 현장에 적용될 수 있는 중재 탐색의 필요성이 강조된다.

선행연구들의 결과를 체계적인 차원으로 종합하고 분석하는 방법으로 메타분석을 들 수 있으며, 학습전략이 학업성취에 미치는 효과를 종합하기 위한 메타분석 또한 이원이(2002), 김형수, 김동일, 황애경(2006), 김동일, 라수현, 이혜은(2016), 김동일, 조영희, 전호정(2015)에 의해 연구가 이루어졌다. 이원이(2002)는 학습전략 프로그램의 효과성을 검증하기 위하여 1990년부터 2001년까지의 석·박사학위논문 49편을 대상으로 연구를 수행하였다. 이 연구에서는 학습전략의 유형을 인지전략, 상위인지전략, 자원관리전략, 그리고 통합전략으로 구분하여 학업성취를 포함한 인지능력, 학습전략사용, 정의적 능력에 미치는 영향을 분석하였다. 그러나 학술지 논문에 비해 연구의 질이 확보되지 않은 학위논문만을 대상으로 분석을 실시하였고, 연령 변인에 따른 개인 특성만을 살펴보았다는 제한점이 있다. 김동일, 조영희, 전호정(2015) 연구의 경우, 2005년부터 2015년까지 출판된 국내 학술지 논문 24편을 대상으로 학습전략 중재 효과에 영향을 미치는 다양한 변인을 살펴보았다. 분석대상논문을 선정함에 있어 일반학생, 학습부진 및 학습장애 학생을 비롯한 지적장애 학생을 대상으로 다층메타분석 방법을 활용해 분석을 실시하였다는 특징을 가진다. 학업성취도를 파악하기 위해 사용한 검사 도구와 해당 도구에 대한 기록 정도가 연구에 따라 다른 결과가 보고되었고, 학업성취도를 측정하는 교과 영역이 다양하게 나타난 점을 밝혔다. 이 연구를 통해 학습전략의 의미 및 구성요소, 학습전략 프로그램과 학업성취의 관계를 구체적으로 살펴볼 수 있었다. 그러나 총 24편의 논문을 분석하여 적은 논문 수로 연구결과를 일반화하기에 어려움이 있으며, 전략의 구성요소나 교수방법에 따라 이질적일 수 있는 학습전략의 유형을 구분하지 않고 학습전략의 종합적인 효과를 학업성취, 전략사용, 인지적 영역, 정의적 영역에 미치는 효과를 탐색했다는 점에서 한계가 있다. 이밖에 김형수, 김동일, 황애경(2006)과 김동일, 라수현, 이혜은(2016)의 연구에서는 인지학습전략 또는 메타인지 전략으로 학습전략의 유형을 범주화하여 학업성취 및 활용분야의 효과성을 검증하였다.

살펴본 바와 같이, 학습전략 관련 선행 메타분석 연구들은 기존의 학습전략 중재가 학업성취를 비롯한 다양한 영역에 미치는 종합적인 효과를 탐색하였다는 데 의의가 있다. 그러나 학습전략의 유형을 세부적으로 분류하고 학습자의 개인 특성 및 중재 특성 변인에 따라 학습전략 적용의 궁극적인 목표인 학업성취에 미치는 구체적인 효과를 검증한 연구는 부재한 실정이다. 특히, 학습전략 유형에 대한 세부 분류가 부재하거나 연구마다 포함하는 문헌의 수가 매우 다른 이유는 학습전략의 유형을 구분하는 기준이 학자마다 상이하기 때문으로 해석될 수 있다. 예컨대, Derry와 Murphy(1986)는 학습전략을 기억 전략(항목, 어휘), 읽기 전략(특정유형 교재), 문제해결기능 전략(산수영역), 정의적 지원전략(모든 영역 기본 기능 학습) 등으로 분류하였다. 문선모(1994)는 학습전략을 주의집중 전략, 시연 전략, 정교화 전략, 조직화 전략, 정의적 전략, 상위인지전략으로, Hattie, Biggs, Purdie(1996)는 인지전략, 상위인지전략, 정의적 전략으로 구분하였다. 이처럼 학습전략은 학자의 견해에 따라 분류되는 기준과 방법이 매우 다양한 것을 알 수 있다. 따라서 본 연구는 학습전략에 대한 다양한 학자들의 분류와 논의를 통합하여 기준을 설정하고, 학습전략 중재가 학업성취에 미치는 전반적인 효과를 분석하고자 하였다. 이를 위하여 학습전략 중재가 학업성취에 미치는 영향과 관련된 연구의 전반적인 동향을 확인하고, 중재의 유형과 효과 크기를 학습자 특성 및 중재 조건에 따라 분석하고자 한다.

1) 분석대상 논문 설정

학습전략 중재가 학업성취에 미치는 전반적인 효과를 분석하고자 본 연구는 PRISMA (Preferred Reporting Items for Systematic review and Meta-analysis)의 기준에 따라 (준)집단설계 연구를 분석 대상 논문으로 수집하였으며, 그 절차를 자세히 살펴보면 다음과 같다. 우선, 한국교육학술정보원 전자 정보서비스(www.riss4u.net), 한국학술정보 서비스 시스템(www.kiss.kstudy.com), 누리미디어(www.dbpia.co.kr)의 데이터베이스를 활용하여 '학습', '학업', '전략', '방략', '프로그램', '중재', '학업성취' 등의 주제어 조합으로 검색되는 학술지 논문을 720편 확인하였다. 이때, 학습전략 관련 연구들의 전반적인 동향을 살펴보고자 논문의 출판연도를 제한하지 않았다. 또한 검색된 연구들의 참고문헌을 통해 누락된 연구가 없도록 하는 과정을 통해 65편의 논문을 추가로 확보하였다. 이와 같이 1차적으로 검색된 785편의 논문들은 초록을 검토하여 연구 주제에 부합하는 문헌 133편만 분석대상 논문으로 포함하였다. 다음으로, 133편의 논문 전문을 검토하여 선정된 논문의 분석 대상 적합성을 확인하고자 하였다. 이 과정에서 효과 크기 산출에 필요한 통계치를 제공하고 있지 않은 논문(53편), 실험연구가 아닌 논문(5편), 원문접근이 불가한 논문(1편), 그리고 학술지 논문이 아닌 논문(3편)을 제외하였다. 결과적으로, 1995년부터 2017년까지 총 71편의 논문이 본 연구의 최종 분석대상 논문으로 포함되었다.

2) 분석절차

(1) 자료코딩

수집된 자료의 코딩은 연구자 5인에 의해 다음과 같은 절차로 진행되었다. 첫째, 71편의 자료를 코딩하기 앞서 연구자들은 선행연구를 통해 개발된 분석틀에 맞춰 1편의 연구를 동일하게 코딩하였으며, 코딩과정에서 나타난 불일치는 논의를 통해 합의를 도출하였다. 둘째, 연구들을 동일한 비율로 나누어 개별적으로 코딩을 실시하고, 각 연구자가 코딩한 문헌 중 3편을 무작위로 선정하여 검토하는 과정을 거쳤다. 이 과정에서 산출된 코딩자 간 신뢰도는 98.5%로 매우 높게 나타났다. 마지막으로, 연구자들 간의 재합의된 내용을 바탕으로 전반적인 검토과정을 거쳐 코딩자 간의 신뢰도를 더욱 높이고자 하였다.

(2) 자료분석

자료의 분석은 연구문제에 따라 이루어졌다. 학습전략 중재가 학업성취에 미치는 영향을 살펴보기 위한 전체 효과 크기 분석이 우선적으로 실시되었고, 이후 효과 크기에 영향을 미치는 변인들(moderator variables)을 구분하여 분석을 실시하였다. 조절변인은 연구대상 관련변인(학교급, 대상특성), 중재 관련변인(집단크기, 중재 회기수, 학습전략 유형, 검사도구), 중재효과 관련변인(학업성취 영역)으로 설정하였으며, 김동일, 조영희, 전호정(2015), 김형수, 김동일, 황애경(2006), 송인섭, 김수란(2012), 그리고 Mekeachie 등(1986)의 분석틀을 본 연구목적에 맞게 <표 3.4>와 같이 수정·보완하여 적용하였다.

표 3.4 본 연구의 분석틀

분류		내용
연구대상 관련변인	학교급	초등학교 저학년(1~3), 초등학교 고학년(4~6), 중학생, 고등학생, 대학생, 혼합
	특성	일반학생, 학습부진 및 학습장애, 학습우수, 통합집단
중재 관련변인	집단크기	소집단(2~6명), 중집단(7~14명), 대집단 또는 전체학급(15명 이상), 혼재형
	회기 수	10회 이하, 11회 이상~20회 이하, 21회 이상~30회 이하, 31회 이상
	학습전략 유형	인지전략, 상위인지전략, 자원관리전략, 통합전략
	검사도구	표준화 검사, 비표준화 검사(자작), 비표준화 검사(인용), 혼합
중재효과 관련변인	학업성취 영역	국어, 영어, 수학, 과학, 사회, 혼합, 기타

① 연구대상 관련변인

연구대상 관련변인의 학교급은 초등학교 저학년(1~3학년), 초등학교 고학년(4~6학년), 중학생, 고등학생, 대학생으로 구분하였으며, 이들의 특성은 일반학생, 학습부진 및 학습장애, 학습우수, 통합집단으로 범주화하였다. 여기서 통합집단은 통합학급 학생들을 대상으로 연구를 수행하거나 일반학생과 학습부진 또는 학습장애 학생 모두를 대상으로 연구를 수행한 경우를 의미한다.

② 중재 관련변인

중재 집단크기는 일반학생, 학습부진 및 학습장애, 그리고 지적장애 학생들을 대상으로 학습전략 중재의 효과를 분석한 김동일, 조영희, 전호정(2015)에 근거하여 소집단(2명 이상 7명 미만), 중집단(7명 이상 15명 미만), 대집단 또는 전체학급(15명 이상), 혼재형으로 구분하였다. 중재 회기 수는 김동일, 조영희, 전호정(2015)과 김형수, 김동일, 황애경(2006), 송인섭, 김수란(2012)의 분석기준을 참고하여 10회를 기준으로 10회 이하, 11회 이상~20회 이하, 21회 이상~30회 이하, 31회 이상으로 범주화하여 분석하였다.

학습전략의 유형을 구분하는 기준은 학자마다 상이하며 각 분류에 포함되는 전략 또한 여

전히 매우 다양하게 논의가 이루어지고 있다. 본 연구에서는 일반적인 학습전략 분류기준으로 활용되는 Mekeachie 등(1986)의 연구에 근거하여 학습전략을 인지전략, 상위인지전략, 자원관리전략으로 구분하였으며, 장기간 중재기간 동안 다수의 전략을 복합적으로 사용하는 연구들의 특성을 고려하여 통합전략을 분류기준으로 추가하였다. 인지전략은 학습내용을 읽고 이해하는 것과 관련된 전략으로 자료의 부호화 전략, 시연 전략, 정교화 전략 등을 포함한다. 또한 상위인지전략은 학습한 내용에 대해 학습자 스스로가 점검하고 평가할 수 있는 능력으로 계획, 조정, 조절전략을 의미한다. 마지막으로 자원관리전략은 학습 환경의 사원을 조정하여 학습을 지원하는 것으로 시관관리전략, 공부환경관리전략, 노력관리전략 등을 포함한다.

검사도구는 일반적으로 표준화 검사와 비표준화 검사로 구분된다. 그러나 학업성취를 종속변인으로 설정하여 분석을 실시한 선행연구에서는 비표준화 검사를 사용한 연구가 표준화 검사를 사용한 연구에 비해 상대적으로 높은 비율로 나타났으며, 그 유형 또한 다양했다. 따라서 비표준화 검사를 개별 연구의 목적에 따라 개발된 자작 검사와 유사한 연구들에서 개발된 검사도구를 응용한 인용 검사로 구분하여 분류기준을 보다 구체화시켜 검사도구 변인이 전체 학업성취 효과 크기에 미치는 영향을 민감하게 탐색하고자 하였다.

③ 중재효과 관련변인

학업성취 영역을 의미하는 중재효과 관련변인은 국어, 영어, 수학, 과학, 사회, 혼합, 기타로 범주화하여 분석하였다. 이때 혼합은 전반적인 학업성취를 측정한 연구이나 하나 이상의 교과 영역의 성취를 종속변인으로 설정하여 연구를 실시한 경우로 국어, 과학, 수학 등의 영역이 중복되는 경우가 많았다. 기타 학업성취 영역은 앞서 언급된 분류기준에 포함되지 않는 교과로 컴퓨터 또는 프로그래밍을 포함한다.

(3) 중재의 효과 크기 분석

본 연구에서는 개별 연구에서 산출되는 다수의 효과 크기 간 의존성을 통제하기 위하여 연구별 효과 크기를 산출하였다. 개별 연구에서 다수의 효과 크기는 동일한 대상에게서 얻어진 결과로 효과 크기 간에 높은 상관성을 가지며, 이는 제1종 오류 확률을 높일 수 있다 (Becker, 2000). 따라서 본 연구에서는 학업성취만을 종속변인으로 설정한 연구를 분석대상으로 선정하고, 다수의 학업성취 효과 크기가 산출되는 경우에는 평균 효과 크기를 사용하여 효과 크기 간 의존성으로 인해 발생하는 제1종 오류를 통제하고자 하였다.

본 연구의 분석대상으로 포함된 (준)집단설계연구의 개별적인 효과 크기는 CMA (Comprehensive Meta−Analysis) 2.0을 활용하여 메타분석을 산출하고 분석되었다. 크게 단일집단의 사전−사후 설계모형(8편, 11.27%)과 실험−통제집단 사전−사후 설계모형(63편, 88.7%)이 포함되었다. 동일집단의 평균차 효과 크기를 산출하기 위해서는 사후검사와 사전검사의 평균(Y_{trt}, Y_{crt})의 차이 값을 표준편차로 나누어 계산한다. 따라서 (준)집단설계연구의 단일집단 사전-사후검사 설계모형을 통해 효과성을 검증한 연구들의 경우는 아래의 계산공식을 활용하여 효과 크기가 산출된다.

$$d = \frac{Y_{trt-}Y_{crt}}{S_{within}}$$

이 공식에서 S_{within} 을 산출하는 공식은 아래와 같으며, r 은 사전-사후 검사 점수의 상관관계를 의미한다.

$$S_{within} = \frac{S_{diff}}{\sqrt{2(1-r)}}$$

(준)집단설계연구의 실험-통제집단 사전-사후검사 설계모형을 통해 효과성을 검증한 연구들의 효과 크기는 아래의 공식을 활용하여 산출된다. 우선, 실험집단과 통제집단의 사전-사후 평균값의 차이를 표준편차로 나눈 값을 구하고, 산출된 값들의 차이($\Delta = g^{trt} - g^{crt}$)를 계산하여 효과 크기가 산출된다.

$$g^{trt} = \frac{Y_{trt} - X_{trt}}{S_x} \quad g^{crt} = \frac{Y_{crt} - X_{crt}}{S_x}$$

3. 결과

1) 분석대상 논문의 출판편의 검증

본 연구에서는 연구의 질이 확인되지 않은 논문을 분석에서 제외하고자 연구의 질이 검증된 학술지만을 분석 대상으로 선정하였다. 그러나 학술지는 연구결과가 통계적으로 유의할 경우 학술지에 출판될 확률이 높아 학술지만을 대상으로 분석을 실시하면 출판편의를 가질수 있다. 따라서 본 연구에서는 연구의 질이 검증된 학술지만을 대상으로 분석을 실시한 결과가 출판편의를 가지는지를 확인하기 위해 출판편의 여부를 시각적으로 나타나는 깔때기 도표(funnel plot)와 Duval과 Tweedie(2000)의 추정치 가감법(trim & fill)을 활용하여 분석을 실시하였다. 깔때기 도표는 깔때기 모양 내 관측 값들이 대칭적으로 위치할 경우 출판편의가 없다고 해석되는데, 본 연구의 경우 비교적 대칭적인 도표가 산출되어 출판편의가 없다고 판단하였다. 추정치 가감법(trim & fill) 분석 결과 또한 분석대상 연구들의 관찰 값과 보정 값이 동일하여 출판편의가 없다고 해석된다(<표 3.5> 참고).

표 3.5 추정치 가감법 검증 결과

	조율된 연구물	효과 크기	95% 신뢰구간		Q
			하한값	상한값	
관찰 값	−	.620	.506	.735	389.895
보정 값	0	.620	.506	.735	389.895

2) 분석모형 선택을 위한 동질성 검증

결과의 분석은 동질성 검정 결과를 바탕으로 고정효과 모형(fixed−effects model), 랜덤효과 모형(random−effects), 고정효과 범주분석(fixed−effects categorical analysis) 방법 중 하나의 방법이 활용될 수 있다. 동질성 검정은 각 연구에서 산출된 효과 크기들이 동일한 모집단에서 추출되었는지를 확인하는 과정으로 효과 크기에 통계적으로 유의한 영향을 미치는 변인을 탐색하는데 중요한 전제가 된다. 동질성 검정 결과, Q값은 389.895로 .001수준에서 통계적으로 유의한 것으로 나타났다. 또한 25%이면 낮은 수준, 50%이면 중간 수준, 75% 이상이면 높은 이질성을 가진다고 해석되는 I^2가 82%로 확인되어 개별 연구물들의 효과 크기가 매우 이질적임을 알 수 있다(Higgins & Green, 2008). 이러한 결과에 따라 본 연구에서는 개별 연구들의 효과 크기가 이질적인 경우에 활용하는 랜덤효과 모형을 통해 분석을 실시하였다.

표 3.6 동질성 검정 결과

연구 수	Q	p	I^2	효과 크기	95% 신뢰구간		표준오차
					하한값	상한값	
71	389.895	.000	82.046	.525	.480	.570	.023

3) 학습전략 중재의 전체 효과

본 연구는 학습전략 중재가 학업성취에 미치는 효과와 효과 크기에 영향을 미치는 변인을 살펴보기 위해 71편의 연구를 대상으로 메타분석을 실시하였다. 동질성 검증 결과에 따라 랜덤효과 모형으로 산출된 전체 효과 크기는 .620으로 Cohen(1977)이 제시한 해석기준(≤.20: 작은 효과 크기, =.50: 중간 효과 크기, ≥.80: 큰 효과 크기)에 따라 중간 효과 크기와 큰 효과 크기 사이에 해당하며, 이는 통계적으로 유의하였다.

표 3.7 전체 효과 크기

연구 수	효과 크기	표준오차	분산	95% 신뢰구간		Z	p
				하한값	상한값		
71	.620	.058	.003	.506	.735	10.615	.000

4) 변인에 따른 학습전략 중재의 효과

전체 효과 크기에 유의한 영향을 미치는 변인을 탐색하고자 연구대상 관련변인, 중재 관련 변인, 그리고 중재효과 관련변인을 조절변인으로 투입하여 분석을 실시하였다. 변인에 따른 학습전략 중재의 효과는 아래와 같다.

(1) 연구대상 관련변인

분석대상으로 포함된 71편의 연구들을 연구대상 관련변인에 따라 분석한 결과를 <표 3.8>에 제시하였다. 우선 학교급을 살펴보면, 학습전략 중재 연구들은 초등학교 저학년(1~3학년)부터 대학생에 이르기까지 다양한 연령대의 학생들을 대상으로 이루어지고 있음을 알 수 있었다. 특히, 초등학교 고학년(39.4%), 고등학생(22.5%), 중학생(19.7%), 초등학교 저학년(11.3%), 대학생(5.6%), 혼합집단(1.4%)의 순으로 학습전략 중재가 제공되고 있어 초등학교 고학년을 대상으로 제공되는 빈도가 가장 높았다. 중재의 효과는 초등학교 저학년에서 가장 큰 효과 크기를 보였고(d=1.774), 초등학교 고학년과 중학생이 혼합된 혼합집단(d=.814) 또한 큰 효과 크기를 보였다. 뒤를 이은 대학생(d=.785), 중학생(d=.633), 초등학교 고학년(d=.604) 집단의 효과 크기는 중간과 큰 효과 크기 사이에 위치했으며, 이들 값은 .001수준에서 모두 유의한 것으로 나타났다.

학업성취 향상을 종속변인으로 설정하여 학습전략 중재를 제공한 연구들의 연구참여자는 일반학생(57.7%), 학습부진 및 학습장애 학생(36.6%), 학업우수 학생(2.8%), 그리고 일반학생과 학습부진 또는 학습장애 학생 모두를 대상으로 하는 통합집단 학생(2.8%)으로 범주화할 수 있었다. 4개 범주에 따른 효과 크기 분석결과, 통계적으로 유의한 효과 크기는 학업우수 집단을 제외한 일반, 학습부진 및 학습장애, 통합집단에서 확인되었다. 즉, 학습전략 중재는 학습부진 및 학습장애 학생들과 일반 학생들에게 중간과 큰 효과 크기를(d=.819; d=.555), 통합집단에는 비교적 낮은 효과 크기(d=.390)를 보였다. 이러한 결과는 학습 문제가 우수한 학생들에게 학습전략 중재가 적용되었을 경우에는 중재의 효과를 기대하기 어려운 것으로 해석된다. 이러한 결과는 이미 자신에게 효과적인 학습전략을 적용하여 우수한 학업성취 능력을 가지고 있는 집단에서 자연스럽게 예상되는 결과이나 효과 크기의 수가 작아 해석에 주의가 필요하다.

표 3.8　연구대상 관련변인에 따른 분석결과

조절변인		효과 크기 수	효과 크기 하한값	표준오차 상한값	분산	95% 신뢰구간 하한값	95% 신뢰구간 상한값	Z	p
대상 학년	초등학교 저학년	8	1.774	.489	.239	.816	2.733	3.682	.000
	초등학교 고학년	28	.604	.087	.008	.434	.774	6.953	.000
	중학생	14	.633	.107	.011	.424	.841	5.936	.000
	고등학생	16	.352	.050	.002	.255	.450	7.104	.000
	대학생	4	.785	.074	.005	.640	.930	10.619	.000
	혼합	1	.814	.289	.083	.248	1.380	2.820	.005
	계	71	.532	.035	.001	.464	.601	15.300	.000
대상 특성	일반	41	.555	.068	.005	.421	.689	8.121	.000
	학습부진 및 학습장애	26	.819	.123	.015	.578	1.060	6.664	.000
	학업우수	2	.162	.117	.014	−.067	.392	1.387	.165
	통합집단	2	.390	.132	.017	.131	.649	2.947	.003
	계	71	.505	.049	.002	.408	.602	10.227	.000

(2) 중재 관련변인

중재 관련변인은 중재의 효과에 영향을 미치는 주요변인들이다. 집단크기, 중재 회기 수, 학습전략 유형, 검사도구 등 중재 관련변인이 전체 효과 크기에 미치는 영향을 분석한 결과는 <표 3.9>와 같다. 초등학교 저학년부터 대학생들을 대상으로 한 학습전략 중재 연구들의 대다수(69.0%)는 대집단 또는 전체학급을 대상으로 중재를 제공하는 것으로 나타났으며, 소집단(12.7%), 중집단(9.9%), 일대일(7.0%), 혼재형(1.4%)이 그 뒤를 이었다. 집단크기별 효과 크기를 살펴본 결과, 중집단(d=.886), 일대일(d=.716), 소집단과 혼재형(d=.654), 대집단 또는 전체학급(d=.561)으로 혼재형을 제외한 모든 값이 유의하였다.

중재 회기 수는 중재가 학생들에게 얼마나 자주 제공되는지를 검토하여 중재의 강도와 집중도를 확인할 수 있다. 이에 본 연구는 중재 회기 수를 10의 단위로 구분하여 분석한 결과, 11회기에서 20회기 사이에 중재가 가장 빈번하게 제공되고 있음을 확인하였다(59.2%). 효과 크기 또한 11회기 이상 20회기 이하가 d=.791로 가장 큰 효과를 보였다. 21회 이상 30회 이하(7.0%)로 중재가 제공된 경우에도 d=.771(p<.005)로 큰 효과 크기가 나타났지만, 10회 이하(26.8%) 또는 31회 이상(5.6%)으로 중재가 제공될 때의 효과 크기는 상대적으로 낮았다(d=.367; d=.456).

학습전략유형에 따른 분석을 실시한 결과, 학습전략의 한 개 이상의 전략을 복합적으로 적용하여 학업성취를 향상시키고자 한 연구들이 36.6%로 가장 많았다. 학습내용을 읽고 이해 하는 것과 관련된 인지전략 또한 32.4%로 높은 비율을 차지하였다. 효과 크기를 살펴보면, 상 위인지전략이 $d=.911$($p<.005$)로 매우 큰 효과 크기를 보였으며, 인지전략($d=.717$), 자원관리 전략($d=.562$), 그리고 통합전략($d=.502$)이 중간과 큰 사이에서 유의한 효과 크기를 보였다. 이 는 학습하는 데 있어서 효과적인 전략을 선택하고 이를 점검할 수 있는 능력이 학업성취에 긍 정적인 영향을 미친다는 것을 나타내는 결과로 해석될 수 있다.

검사도구 사용에 따른 분석결과를 살펴보면, 표준화 검사를 사용한 연구(11.3%)에 비해 연 구목적에 따라 연구자가 직접 검사도구를 개발하여 사용하는 자작 또는 선행연구의 검사를 인용하는 경우와 같은 비표준화 검사도구를 사용하는 비율(84.5%)이 현저히 높았다. 이들의 효과 크기를 분석한 결과, 규준을 가지고 있는 표준화 검사도구를 활용하여 학업성취를 측정 한 연구들의 효과 크기가 높게 나타났으며($d=.783$), 다른 연구에서 개발한 검사도구를 인용한 경우($d=.627$), 표준화 검사와 비표준화 검사를 모두 사용한 혼합($d=.591$), 개별 연구목적에 따 라 검사도구를 개발한 자작($d=.589$)의 순으로 큰 효과 크기가 나타났다. 혼합을 제외한 모든 효과 크기가 유의한 것으로 나타났고, 이들은 중간보다 크고 큰 효과 크기보다는 작은 값을 보였다.

표 3.9 중재 관련변인에 따른 분석결과

조절변인		효과 크기 수	효과 크기	표준오차	분산	95% 신뢰구간		Z	p
						하한값	상한값		
집단 크기	일대일	5	.716	.069	.005	.579	.852	10.302	.000
	소집단	9	.654	.133	.018	.393	.915	4.911	.000
	대집단 또는 전체학급	49	.561	.069	.005	.427	.696	8.188	.000
	중집단	7	.886	.402	.161	.099	1.673	2.207	.027
	혼재형	1	.654	.375	.140	−.081	1.388	1.745	.081
	계	71	.643	.045	.002	.554	.731	14.224	.000
중재 회기수	10회 이하	19	.367	.048	.002	.272	.462	7.593	.000
	11–20회	42	.791	.098	.010	.598	.983	8.042	.000
	21–30회	5	.776	.235	.055	.316	1.237	3.305	.001
	31회 이상	4	.456	.175	.031	.113	.798	2.605	.009
	결측	1	.920	.304	.092	.324	1.515	3.027	.002
	계	71	.468	.041	.002	.388	.549	11.407	.000

학습 전략 유형	인지전략	23	.717	.112	.012	.499	.936	6.423	.000
	상위인지전략	12	.911	.235	.055	.451	1.371	3.884	.000
	자원관리전략	10	.562	.106	.011	.355	.769	5.322	.000
	통합전략	26	.502	.071	.005	.363	.640	7.086	.000
	계	71	.580	.051	.003	.480	.679	11.407	.000
검사 도구	표준화	8	.783	.283	.080	.229	1.337	2.771	.006
	자작	24	.589	.072	.005	.447	.731	8.127	.000
	인용	36	.627	.090	.008	.451	.802	7.000	.000
	혼합	3	.591	.364	.132	−.122	1.304	1.625	.104
	계	71	.610	.055	.003	.503	.717	11.175	.000

4. 글을 마치며

학습전략 중재가 학업성취에 미치는 전체 효과 크기는 중간 효과 크기와 큰 효과 크기의 사이에 해당하였다. 즉, 학습전략 중재는 학습자들의 학업성취를 촉진하는 데에 있어 통계적으로 유의한 효과가 있다고 볼 수 있다. 이는 선행연구와도 상통하는 결과이며(김형수, 김동일, 황애경, 2006; 여태철, 임효진, 황매향, 2017; 이원이, 2002; 임언, 박혜석, 추지윤, 2014; Warr & Downing, 2000), 다양한 학습자의 학업성취를 촉진하고자 할 때 학습자가 자신의 인지 과정의 효율성을 높이기 위한 목적으로 고안하고 활용하는 다양한 전략, 즉 학습전략(김동일, 2007) 활용의 중요성을 시사하는 결과이다. 인간의 발달은 평생에 걸쳐 이루어지기 때문에 학습 또한 생애주기별 특성에 따라 이루어져야 한다(최운실, 이희수, 변종임, 2003). 연구 참여자의 연령을 제한하지 않고 초등학교 저학년부터 대학생까지 다양한 연령대를 대상으로 학습전략 중재의 효과성을 분석한 본 연구는 초등학교 수준에 제한되어 있던 학습전략 적용 대상의 범위를 전 연령대까지 확장시켜 적용가능성을 검증하였다는 점에서 의의가 있다.

연구대상의 연령에 따른 효과 크기를 보면 가장 큰 효과 크기를 나타내는 것은 초등학교 저학년 집단이었다. 그 다음으로 초등학교 고학년과 중학생이 혼합된 집단에서 효과 크기가 높게 나타났다. 대학생, 중학생, 초등학교 고학년 집단은 중간 효과 크기와 큰 효과 크기 사이였다. 하지만 연구대상의 연령별 빈도를 보면 초등학교 고학년 집단에서 학습전략 중재가 가장 많이 이루어졌고, 다음으로 고등학생, 중학생, 초등학교 저학년 집단, 대학생, 초등학교 고학년과 중학생이 혼합된 집단 순이었다. 즉, 실제 학습전략 중재가 가장 큰 효과 크기를 보이는 것은 초등학교 저학년 집단이지만 학교 현장에서는 저학년 집단보다는 고학년 집단에게 학습전략 중재를 많이 시도하는 경향성을 보여준다. 이는 학습전략을 학습하기 위해서는 초등학교 고학년 수준 이상의 학습능력이 필요하고, 실제 학습상황에 적용하기 시작하는 시기가 또한 심화된 교과 내용을 학습하는 고학년이라는 주장이 힘을 받아왔기 때문이라고 해석된다 (김윤옥, 김은정, 2013; Dignath, Buettner, & Langfeldt, 2008). 그러나 최근 초등학교 고학년 시기에 관찰되는 학습전략이 이미 아동기부터 형성된다는 실증적인 연구가 다수 발표되면서 초등학교 저학년 시기부터 학습전략 중재를 제공하는 것의 중요성이 새롭게 주목받고 있다(Bronson, 2000; Biemiller, Shany, Inglis, & Meichenbaum, 1998; Schneider & Lockl, 2002; Perry, VandeKamp, Mercer, & Nordby, 2002; Whitebread, 1999). 학습전략 중재의 효과 크기가 가장 큰 집단이 초등학교 저학년 집단으로 나타난 본 연구결과 또한 이러한 주장을 뒷받침한다. 초등학교 저학년은 유아와 달리 나름대로 자신의 학습 양식을 가지고 있지만, 그 학습 양식은 초등학교에서의 학습보다는 학령기 이전 놀이나 가정에서의 활동 방식을 통해 학습하던 양식을 활용하여 자신만의 학습전략을 형성하고 적응해나가는 특징을 가진다(정광순, 강충열, 권동택, 2011). 즉, 초등학교 저학년 시기는 새로운 학습상황에서 학습 자체에 대한 동기를 가지고 문제해결에 필요한 학습전략을 습득하고, 이를 효과적으로 적용하기 시작하는 중요한 시기이다. 그러므로 향후 학습전략 중재는 중재에 가장 효과적으로 반응하는 초등학교 저학년 집단에 보다 활발하게 적용되어야 할 것이다.

연구 참여자를 특성에 따라 집단을 구분하여 효과 크기를 분석한 결과, 학습부진 및 학습장애 집단에서 가장 큰 효과 크기, 일반학생 집단에서는 중간 효과 크기, 통합집단에서는 작은 효과 크기가 관찰되었다. 학습장애 학생은 일반적으로 문제해결 과정에서 효율적인 전략을 선택하고 적용하는 데 어려움이 있다는 인지적 특성이 보고된다(Kim, Vaughn, Wanzek, & Wei, 2004). 때문에 다양한 학습상황에서 적용할 수 있는 학습전략 관련 중재 연구들이 학습부진 및 학습장애 학생들의 학업성취를 향상시키는 데 큰 영향을 미치는 것을 밝힌 본 연구결과는 매우 고무적으로 해석된다. 또한 상대적으로 작은 효과 크기를 보인 일반 및 통합집단의 결과를 통해 볼 때, 학습전략 중재를 제공함에 있어 학생들의 인지적 특성에 따라 동질한 집단을 구성하는 것이 중요함을 시사한다. 동질집단 또는 이질집단과 같은 환경적 요인은 교육적 효과를 결정하는 중요한 요인으로 고려되고 연구되어 왔으나 연구마다 그 결과가 상이하여 합의된 결론에 이르지 못하였다(Baer, 2003; Esposito, 1973; Sanders, Wright, & Horn, 1997; Watson, Kumar, & Michaelsen, 1993). 동질집단의 교육적 효과를 주장하는 연구들은 이질집단에서 이루어지는 학생 간의 상호작용은 높은 학업 수행을 방해한다고 보고, 이질집단의 교육적 효과를 지지하는 연구들은 이질적인 특성이 오히려 고차적인 추리전략을 비롯한 학습 수행을 증진시킨다고 주장한다(이동원, 1995; 조영남, 배창식, 2001). 학생들의 학업능력에 따라 집단을 구분하여 분석한 본 연구의 결과는 학습전략 중재가 동질집단에서 제공되었을 때 더 큰 효과 크기를 보여 동질집단의 교육적 효과를 지지하는 것으로 나타났다. 이러한 결과를 바탕으로 향후 학습전략 중재는 학생들의 학업성취 능력을 고려한 동질한 집단에서 이들의 인지적 특성에 따라 제공되어야 할 것이다. 그러나 효과 크기의 수가 41개인 일반집단과 달리 통합집단의 효과 크기 수는 두 개로 일반화에 주의를 요한다.

중재의 효과에 영향을 미치는 주요 변인들, 즉 집단크기, 중재 회기 수, 학습전략 유형, 검사도구 등 중재 관련변인이 전체 효과 크기에 미치는 영향을 분석한 결과는 다음과 같았다. 첫째, 중재의 강도를 의미하는 집단크기 및 중재 회기 수의 효과 크기 중, 집단크기는 혼재형을 제외한 일대일, 소집단, 중집단, 대집단 또는 전체학급이 유의하였다. 효과 크기는 7명 이상, 10명 미만으로 구성된 중집단에서 가장 큰 값이 관찰되었다. 이러한 결과는 학습전략을 학습하는 과정에서 구성원과의 상호작용 또는 모델링을 통해 학습하는 것이 더 효과적일 수 있음을 보여주는 결과이다. 이는 학생들이 개별적으로 학업을 수행하는 것보다 또래로부터 긍정적 학습 지원을 받을 수 있는 짝활동 또는 그룹활동이 학생들의 자아효능감이나 학업성취 향상에 영향을 미친다는 Bertucci, Conte, Johnson, & Johnson(2010)의 연구와 40명보다 20명의 학생들이 짝을 지어 활동하는 집단의 학업성취가 더 높다는 Glass와 Smith(1979)의 메타분석 연구와 같은 맥락에서 해석될 수 있다. 중재 회기 수의 경우는 11회기 이상 20회기 이하가 가장 큰 효과 크기를 보였고 21회 이상 30회 이하로 중재가 제공된 경우에도 큰 효과 크기($d=$ .771)가 나타났지만, 10회 이하 또는 31회 이상으로 중재가 제공될 때의 효과 크기는 상대적으로 낮았다. 이는 학습부진 학생을 대상으로 한 연구에서 11회기에서 15회기 사이가 가장 큰 효과 크기를 보인 것과 상응하는 결과이다(송인섭, 김수란, 2012). 이러한 결과를 종합해 볼 때, 집단의 크기는 또래 간 상호작용이 활발하게 이루어질 수 있는 10명 미만의 중집단에서 11회기 이상 30회기 이하로 중재가 제공될 경우 가장 큰 중재효과가 나타난다고 볼 수 있다.

둘째, 학습전략유형에 따른 분석을 실시한 결과, 상위인지전략이 매우 큰 효과 크기($d=$ .911)를 보였으며, 인지전략, 자원관리전략, 통합전략은 중간과 큰 사이에서 유의한 효과 크기를 보였다. 이러한 결과는 본 연구와 동일하게 McKeachie 등(1986)의 학습전략 분류에 따라 전략별 효과 크기를 분석한 이원이(2002)의 연구와 상충되는 결과이다. 이원이(2002)의 연구에서는 인지전략, 상위인지전략, 통합전략, 자원관리전략 순으로 중간에서 큰 사이의 유의미한 효과 크기를 나타내었으며 자원관리 전략의 효과 크기는 작은 효과 크기($d=.20$)를 보고하였다. 본 연구에서 가장 큰 효과 크기를 나타낸 상위인지전략은 자신의 사고 상태와 능력에 대해 인지하는 것을 포함하여 학습을 계획하고 학습과정을 통제하고 점검하며, 학습 이후 결과를 평가하도록 하는 학습전략 중재를 제공하는 것이 학업성취에 있어 큰 영향을 미친다는 것을 의미한다. 따라서 현장에서는 본 연구결과를 바탕으로 학습자들에게 상위인지전략 사용의 중요성을 설명하여 학습동기를 자극하고 이를 연습할 수 있는 적절한 과제를 제공하거나 전략 사용의 체크리스트를 제공함으로써 학업성취 향상을 도모할 수 있을 것이라 기대한다. 더불어 통합전략은 분석대상 논문 71편 중 가장 많은 26편에서 제공된 중재유형으로, 연구자들이 가장 많이 실시한 중재 유형이었으나, 그 효과 크기는 가장 낮게 나타났다. 이러한 결과는 학습전략을 통합하여 중재를 제공하는 것보다 단일 유형의 학습전략 중재가 더 효과적일 수 있음을 시사한다고 볼 수 있다. 그러나 이는 김동일, 신을진, 황애경(2002)의 연구에서 통합전략이 학업성취에서 높은 효과(.78)를 보인 점과 이원이(2002)의 연구에서 자원관리전략이 다른 전략과 함께 적용될 때 학업성취에 긍정적인 영향을 미친다는 연구결과와는 상반되는 결과이기에 통합전략 중재효과에 대한 세밀한 추후연구가 수행될 필요가 있다.

셋째, 검사도구 사용에 따른 효과 크기를 분석한 결과, 표준화 검사도구를 활용한 경우, 인용한 경우, 표준화 검사와 비표준화 검사를 모두 사용한 혼합, 자작의 순으로 큰 효과 크기가 나타났다. 혼합을 제외한 모든 효과 크기가 유의한 것으로 나타났고, 이들은 중간보다 크고 큰 효과 크기보다는 작은 값을 보였다. 검사도구는 측정하고자 하는 것을 정확하게 측정하였는지가 중요하며 연구결과에 직접적인 영향을 미치는 요인이다(Neely, Gregory, & Platts, 1995). 따라서 좋은 연구를 수행하기 위해서는 선행연구 개관을 통해 연구의 주제와 목적에 부합되는 검사도구를 설정해야 한다. 본 연구에 포함된 학습전략 관련 중재연구들은 대부분 선행연구에서 제작된 검사도구를 그대로 인용하거나 개별 연구목적에 부합하게 개발하여 사용한 경우가 다수였다. 특히, 학업성취를 평가하기 위해 교사 또는 연구자 형성평가를 중간고사와 기말고사에 개발하여 적용한 경우도 쉽게 찾아볼 수 있었는데, 이러한 검사도구들은 연구주제와 목적을 잘 반영한다는 장점이 있으나 표준화된 규준을 바탕으로 하는 표준화검사에 비해 안정성을 확보했다고 보기는 힘들다. 표준화 검사도구를 활용하는 것이 전체 효과 크기에 가장 큰 영향을 미친다는 본 연구의 결과를 바탕으로 향후 학습전략 중재를 적용하는 연구에서는 표준화 검사도구를 사용하여 학생들의 학업성취를 측정하고자 하는 노력이 이루어져야 할 것이다.

참고문헌

고진주, 최일선(2013). STAD 모형에 기초한 협동 활동이 유아의 학습 관련 사회적 기술에 미치는 영향.
　　한국초등교육, 24(4), 223-241.

길현주(2001). ARCS 모형이 사회와 동기유발에 미치는 효과연구. 서울대학교 대학원. 석사학위논문.

김계완(2011). STAD 협동학습이 수학영재의 수학적 신념에 미치는 효과. 춘천교육대학교 교육대학원 석
　　사학위논문.

김나연(2012). 협동 학습을 통한 문단 구성 능력 신장 방안 연구. 서울교육대학교 교육대학원. 석사학위
　　논문.

김동일(2005). 학업상담을 위한 학습전략 프로그램. 서울: 학지사.

김동일, 김애화, 손승현, 정광조(2009). 학습장애학생 학습기술 습득프로그램. 인천광역시교육청, 교육
　　과학기술부.

김동일, 박경애, 김택호(1995). 청소년 시간·정신 에너지 관리 연구: 프로그램 종합보고서. *청소년 상담연
　　구, 21*. 서울: 청소년 대화의 광장.

김동일, 안예지, 오지원, 윤지수, 박새미, 최수미(2018). 학습전략이 학업성취에 미치는 영향: 학습자 특
　　성과 중재조건에 따른 메타분석. *교육문화연구, 24*(5), 57-82.

김명선(2009). 과학영재의 강점지능에 따른 자기조절학습 능력 연구. 충남대학교 석사학위논문.

김명화(2003). ARCS 모형 적용 수업이 수학과 학습동기와 학업성취에 미치는 효과. 대구교육대학교 교
　　육대학원. 석사학위논문.

김무선(2003). ARCS 동기유발 전략을 적용한 탐구수업이 초등학교 4학년 학생들의 과학 탐구능력에 미
　　치는 영향. 한국교원대학교 대학원. 석사학위논문.

김미숙(2012). 음악요소학습을 위한 개념도의 활용가능성 탐색. *음악교육연구, 41*(2), 101-123.

김소영(2006). 시간관리 상담 프로그램이 청소년의 시간관리, 자기 통제력, 학업성취에 미치는 효과. 고
　　려대학교 교육대학원 석사학위논문.

김아영, 이순묵, 조영미(2000). 남자고등학생 실용지능의 구성요인 연구. *교육심리연구, 14*(2), 165-186.

김영채(1991). 학습과 사고의 전략. 서울: 교육과학사.

김용수(1998). 자기조절학습 프로그램의 효과에 관한 실험연구. 한국교원대학교 박사학위논문.

김원자(2004). 인지전략 자기주도학습과 메타인지전략 자기주도 학습 프로그램이 초등학생의 자기주도
　　학습 능력 향상에 미치는 영향. 한국교원대학교 교육대학원. 석사학위논문.

김은영(2013). 대학생을 위한 행동조절 중심 자기조절학습 프로그램의 개발 및 효과. *교육종합연구,
　　11*(1), 21-44.

김정숙(2016). TAI 협동학습 모형을 활용한 교수학습 지도안 개발. *한국화장품미용학회지, 6*(2), 151-
　　161.

김정현(2013). 학습자 시간관리 전략과 학업성과간 관계분석: 학습분석학적 접근. 이화여자대학교 대학
　　원, 석사학위논문.

김정희(2003). 팀 보조개별학습(TAI)이 학습 능력이 다른 아동의 학업성취와 학습 태도에 미치는 효과.

한국교원대학교 석사학위 논문.

김진홍(2003). ARCS 전략을 적용한 STS 교수.학습방법이 초등학생들의 과학적 태도와 에너지에 대한 인식에 미치는 영향. 한국교원대학교 대학원. 석사학위논문.

김춘순(2002). 개념도를 적용한 구성주의 학습전략이 초등학생들의 과학 개념 학습에 미치는 영향. 전북대학교 석사학위 논문.

김형수, 김동일, 황애경(2006). 학습자 특성 및 적용 영역별 인지학습전략의 효과. *교육과학연구, 37*(2), 43-74.

김혜영(2009). 성취 과제 분담학습(STAD)이 고등학교 중국어 Ⅰ학습자의 말하기 학업성취도 및 학습태도의 변화에 미치는 영향. 이화여자대학교 교육대학원 석사학위논문.

김홍경(1999). Keller의 동기유발(ARCS) 수업전략이 학업성취와 학습동기에 미치는 효과. 서강대학교 교육대학원. 석사학위논문.

두경자(2002). 시간관리 교육 후의 교육효과측정. *사회과학연구, 15,* 1-14.

박선영(2003). 자기효능감과 자아존중감이 대학생활적응에 미치는 영향. 숙명여자대학교 교육대학원. 석사학위논문.

박수경(1998). ARCS전략을 적용한 구성주의적 수업이 과학개념 획득과 동기유발에 미치는 효과. 부산대학교 대학원. 박사학위논문.

박수경, 김영환, 김달상(1996). 동기유발을 위한 ARCS을 적용한 수업이 지구과학 학업성취도와 학생 태도에 미치는 영향. *한국과학교육학회지, 16*(4), 429-440.

박용현(2014). STAD와 Jigsaw 협동학습모형 비교를 통한 수업 및 평가방법 최적안 도출: 학업성취도 및 과학수업에 관련된 태도 변화분석. 연세대학교 교육대학원 석사학위논문.

박해빈(2016). 중학생의 인지 및 메타인지 전략이 학업 성취에 미치는 영향: 저소득층과 비저소득층 간 비교. 한양대학교 대학원. 석사학위논문.

배기연(2007). 개념도를 강조한 식물분류 학습전략이 초등학생의 과학탐구능력과 학업성취도에 미치는 영향. 부산교육대학교 교육대학원 석사학위 논문.

변영계, 강태용(2003). 학습기술. 서울: 학지사.

변창진(1998). 학습기술 검사 매뉴얼. 서울: 중앙교육진흥연구소.

봉갑요(2004). 자기조절학습 프로그램이 독해부진아의 자기효능감과 독해력 향상에 미치는 영향. 서울여자대학교 박사학위논문.

서정혜(2016). 성취목표지향과 인지전략 및 학업 성취의 관계: 평가 환경 및 문항 유형에 따른 차이를 중심으로. 한국교원대학교 대학원. 석사학위논문.

송순옥(2004). ARCS 동기 모델을 적용한 수업 전략이 초등학교 아동의 학습 동기 및 학업자아개념에 미치는 효과. 한국교원대학교 대학원. 석사학위논문.

송연숙(2006). 개념도 학습전략이 예비유아교사의 과학교수효능감과 과학교수에 대한 태도에 미치는 영향. *교육과학연구, 37*(3), 131-154.

송종숙(2017). 개념도 기반의 성찰 활동 유형과 지원 전략 제공 여부가 개념변화에 미치는 영향. 한양대학교 박사학위논문.

신동로(1998). 교수-학습이론과 연구의 교육현장 적용과 과제. *교육심리연구, 12*(1), 57-68.

신민희(1998). 자기조절 학습이론 (Self-regulated Learning Theory): 의미, 구성요소, 설계원리. *교육공학연구, 14*(1), 143-156.

안부금(2003). 구성주의 관점의 협동적 개념도 전략이 예비유아교사의 과학적 지식과 태도에 미치는 영향. *유아교육연구, 23*(3), 111−130.

안은경(2001). 수준별 교육과정 운영에서 협동학습이 학업성취도와 학습부진아의 계산 능력 신장. 현장교육연구보고서.

양경화, 강옥려(2013). STAD 협동학습을 적용한 수학학습이 초등학교 수학학습부진아의 연산능력과 수학학습태도에 미치는 영향. *한국초등교육, 24*(3), 195−212.

양명희(2000). 자기조절학습의 모형 탐색과 타당화 연구. 박사학위논문, 서울대학교.

양용칠(2004). 웹기반 학습환경에서 학습자의 자기조절 학습기능 습득을 지원하는 교수설계 전략의 효과. *교육공학연구, 20*(4). 3−23.

엄미리(2008). 문법교육에 적용한 개념도 활용의 교육적 효과. *국어교육연구, 43*, 105−136.

오긍연(2001). ARCS 동기유발 전략을 적용한 탐구수업이 과학적 태도와 산과 염기 개념 형성에 미치는 효과. 한국교원대학교 대학원. 석사학위논문.

유경호(2004). ARCS 모델기반 자기조정학습 수업전략이 학습동기, 자기효능감, 학업성취에 미치는 효과. 고려대학교 대학원. 박사학위논문.

유상은, 손홍찬(2016). Jigsaw 모형을 적용한 수학수업이 특성화고 학생의 정의적 발달에 미치는 영향. *한국학교수학회논문집, 19*(3), 309−328.

이경배(2008). 시간관리를 중심으로 한 자기조절 학습전략 프로그램이 시간관리 능력 및 학습동기에 미치는 효과. 대구대학교 재활과학대학원 석사학위논문.

이경애(2013). 팀 보조개별(TAI)협동학습이 학습부진아의 수와 연산 능력 및 수학학습태도에 미치는 효과. 대구교육대학교 석사학위논문.

이규녀, 최완식(2007). e−러닝에서 학습참여도와 만족도에 영향을 미치는 자기조절학습 요소 연구. *한국기술교육학회지. 7*(3). 210−223.

이명규(2001). 자기조절학습능력향상 프로그램이 학습성취와 학습동기에 미치는 영향. 전북대학교 석사학위논문.

이수영(2001). ARCS 戰略을 適用한 授業이 初等學校 學生들의 科學關聯 動機誘發에 미치는 效果. 한국교원대학교 대학원. 석사학위논문.

이승원, 유형근, 권순영(2012). 초등학교 미성취 영재의 자기조절 학습능력 신장을 위한 집단상담 프로그램 개발. *교원교육, 28*(2), 165−187.

이승원(2012). 초등학교 미성취 영재의 자기조절 학습능력 신장을 위한 집단상담 프로그램 개발. 한국교원대학교 식사학위논문.

이인숙(2005). 시간관리전략의 활성화를 촉진시키는 교수설계기반의 e−Learning 교수모형 탐색. *교육공학연구 21*(4). 101−121.

이재근, 김연진, 하영애, 김성식, 김한주, 권연지, 윤경진, 김동민, 붕선아, 박연경(2015). 대교 초등학교 5학년 교과서.

이종두(1997). 구조화된 협동학습 전략과 집단보상 제공이 학업성취에 미치는 효과. 서울대학교. 석사학위 논문.

이하선(2011). 자기관리기술향상 집단상담 프로그램이 초등학교 학습부진아의 자기주도적 학습능력 및 학습습관에 미치는 영향. 한국교원대학교 석사학위논문.

이효숙(2004). 협동적 개념도 경험이 예비유아교사의 음악적 개념도의 구성과 특성 형성에 미치는 영향.

유아교육연구, *24*(4), 331-349.

임미정(2007). 개념도(Concept Map)를 통한 지리개념 학습에 관한 연구 : 중학교 1학년 '분지'개념을 중심으로. 제주대학교 석사학위논문.

전화춘(1998). 초등학생의 학습기술활용과 학업성취도와의 관계. 부산대학교 석사학위논문.

정다원(2012). 인지전략을 활용한 영어수업이 초등학생의 영어 읽기능력에 미치는 영향. 중앙대학교 교육대학원. 석사학위논문.

정문성(1999). 연구논문/중학교 교실에서 협동학습구조가 사회과 학업성취에 미치는 효과 연구-협동적 논쟁 수업 모형을 중심으로. *시민교육연구, 28*, 121-150.

정문성(2002). 협동 학습의 이해와 실천. 서울: 교육과학사.

정선영(2007). 예비교사들의 학습스타일과 협력적 개념도 작성이 문제해결에 미치는 영향. *교육공학연구, 23*(4), 55-77.

정인옥(2004). 초등학교 영어수업의 효율적인 동기유발을 위한 ARCS모델적용. 경북대학교 교육대학원. 석사학위논문.

정진원(2011). 음악영재교육과정 모형개발을 위한 이론적 기반에 관한 연구. *음악교육연구, 40*(1), 1-31.

조수진(2012). 기억처리과정의 이해. *청능재활, 8*, 1-8.

조현진(2010). STAD 협동학습을 통한 과학과 학습 부진 학생의 지도 효과. 공주교육대학교 교육대학원 석사학위논문.

최경자(2001). 인지학습전략 수업이 언어학습 동기 및 학업성취에 미치는 효과. 고려대학교 대학원. 석사학위논문.

최수임(1993). 체계적 접근을 통해 본 기혼 여교사의 시간갈등, 시간관리전략, 생활만족도. 고려대학교 석사학위논문.

최희경, 변혜원, 이현미, 이소영, 김소영, 이미화, 윤지영, 박경희, 박현주, 최와니(2009). 초등학교 영어 5. YBM.

https://vocabularymaps.com/
www.education.com/worksheets

Ausubel, D. P. (1968). *Educational psychology: A cognitive view*. New York: Holt, Rinehart and Winston.

Bacon, S. M. (1992). The relationship between gender, comprehension, processing strategies, and cognitive and affective response in foreign language listening. *The Modern Language Journal, 76*, 160-175.

Beyerbach, B. A. (1986). *Concept mapping in assessing prospective teachers' concept development*. New Orleans: Educational Research Association. (ERIC Document Reproduction Service No. ED800887).

Bowman J. E. (1981). Prediction of achievement behaviors from self-evaluations in four academic skills areas among more and less traditional black students. The University of Michigan, DA 8125074.

Boxtel, C., Linden, J., Roelofs, E., & Erkens, G. (2002). Collaborative concept maping: Provoking and supporting meaningful discourse. *Theory into practice, 41(1),* 40−46.

Brown, J. M., & Miller, W. R. (1993). Impact of motivational interviewing on participation and outcome in residential alcoholism treatment. *Psychology of addictive behaviors, 7*(4), 211.

Chamot, A. U., Barrueta, M., Barnhardt, S., & Küpper, L. (1990). *Learning strategy instruction in the foreign language classroom: listening.* Interstate Research, McLean, VA.

Corno, L. (1993). The Best−Laid Plans: Modern Conceptions of Volition and Educational Research. *Educational Researcher, 22*(2), 14−22.

Corno, L., & Mandinach, E. B. (1983). The role of cognitive engagement in classroom learning and motivation. *Educational psychologist, 18*(2), 88−108.

Cranney, A. G., Kirby, A. F. (1980). Time Management in College.

Esiobu, G. O., Soyibo, K. (1995). Effects of concept and vee mappings under three learning modes on students' cognitive achievement in ecology and genetics. *Journal of research in science teaching, 32(9),* 971−995.

Flavell, J. H. (1979). Metacognition and cognitive monitoring: A new area of cognitive-developmental inquiry. *American psychologist, 34*(10), 906.

Gall, J. P., & Gall, M. D. (1990). Outcomes of the discussion method. Teaching and learning through discussion: The theory, research and practice of the discussion method, 25−44.

Gallenstein, N. L. (2005). Never too young for a concept map. *Science and children, 43*(1), 44−47.

Gibson, F. (1980). Managing Organisational Behaviour. Homewood IL: Irwin.

Green. J. M., & Oxford. R. L. (1995). A closer look at learning strategies, L2 proficiency, and gender. *TESOL Quarterly, 29*(2), 261−297.

Hibert, T. S., & Renkl, A. (2008). Concept mapping as a follow−up strategy to learning from texts: What characterizes good and poor mappers? *Instructional science, 36*(1), 53−73.

Johnson, D. W., & Johnson, R. T. (1974). Instructional goal structure: Cooperative, competitive, or individualistic. *Review of educational research, 44*(2), 213−240.

Jonassen, D. H., Reeves, T., Hong, N., Harvey, D., & Peters, K. (1997). Concept mapping as cognitive learning and assessment tools. *Journal of artificial intelligence in education, 8(3),* 289−308.

Jonassen, D., Beissner, K., & Yacci, M. (1993). *Explicit method for conveying structural knowledge through concept maps.* Mahwah, NJ: Lawrence Erlbaum Associates.

Keller, J. M. (1983). Motivational design of instruction. In C. M. Reigeluth(Ed.), *Instructional−design theories and models : An overview of their current status.* Hillsdale, NJ : Lawrence Erlbaum Associates.

Keller, J. M. (1987a). "Development and use of the ARCS model on motivational design". *Journal of Instructional Development, 10*(3), 2−10.

Kinchin, I. M., Hay, D. B., & Adams, A. (2000). How a qualitative approach to concept map analysis can be used to aid learning by illustrating patterns of conceptual development. *Educational research, 42*(1), *43−57.*

Lawson, M. J. (1984). *Cognitive strategies and educational performance.* New York: Academic Press.

Leopold, C., & Leutner, D. (2012). Science text comprehension: Drawing, main idea selection, and summarizing as learning strategies. *Learning and Instruction, 22*(1), 16−26.

Lewalter, D. (2003). Cognitive strategies for learning from static and dynamic visuals. *Learning and Instruction, 13*, 177-189.

Lewin, K. (1935). *A dynamic theory of peronality.* New York: McGraw−Hill.

Markow, P. G. & Lonning, R. A. (1998). Usefulness of concept maps in college chemistry laboratories: students' perceptions and effects on achievement. *Journal of research in science teaching, 35*(9), 1015−1029.

Mayer, R. E. (1996). Learning strategies for making sense out of expository text: The SOI model for guiding three cognitive processes in knowledge construction. *Educational Psychology Review, 8*, 357−371.

McCombs, B. L. (1986). The role of the self−system in self−regulated learning. *Contemporary Educational Psychology, 11*(4), 314−332.

McKeachie, W. J. (1986). Teaching and learning in the college classroom: A review of the research literature (Vol. 86). University of Michigan Press.

McKeachie, W. J. (1988). The need for study strategy training. In C. E. Weinstein, E. T. Goetz, & P. A. Alexander (Eds.), *Educational psychology. Learning and study strategies: Issues in assessment, instruction, and evaluation* (pp. 3−9). San Diego, CA, US: Academic Press.

Mussano, F. (1977). The Correlation Between Study Skills and General Academic Achievement for Freshman Dormitory Residents.

Novak, J. D. (1990). Concept maps and vee diagrams: Two metacognitive tools for science and mathematics education. *Instructional Science, 19*, 29−52.

Novak, J. D. (1991). Clarify with concept maps: A tool for students and teachers alike. *The science teacher, 58*, 45−49.

Novak, J. D. (2002). Meaningful learning: The essential factor for conceptual change in limited or appropriate propositional hierarchies (LIPHs) leading to empowerment of learners. *Science Education, 86(4)*, 548−571.

Novak, J. D. (2003). The promise of new ideas and new technology for improving teaching and learning. *Journal of cell biology education, 2*, 122−132.

Novak, J. D., & Gowin, D. B. (1984). *Learning how to learn.* Cambridge, UK: Cambridge University Press.

Novak, J. D., Gowin, D. B., & Johansen, G. T. (1983). The use of concept mapping and nowledge vee mapping with junior high school science students. *Science education, 67*(5), 625−645.

Nyikos, M. (1991). Prioritizing student learning: A guide for teachers. In L. Strasheim (Ed.), *Focus on the foreign language learner: Priorities and strategies* (pp. 25−39). Lincolnwood, IL: National Textbook.

O'Malley, J.M. and Chamot, A.U. (1990) *Learning Strategies in Second Language Acquisition.* Cambridge: Cambridge University Press.

Okebukola, P. A. O. & Jegede, O. J. (1989). Students' anxiety towards and perception of difficulty of some biological concepts under the concept mapping heuristic. *Research in science and technological education, 7*(1), 85—92.

Oxford, R. L. ,& Crookall, D. (1989). Research on language learning strategies: Methods, findings, and instructional issues. *The Modern language Journal, 73*, 404—419.

Ozgun—Koca, S. A., & Sen, A. I. (2004). The development of a qualitative analyzing method for concept maps, *Hacettepe University J. Educ., 27.* 165—173.

Passmore, G. J. (2004). Extending the power of the concept map. *Alberta journal of educational research, 50*(4), 370.

Patrick, H., Ryan, A. M., & Pintrich, P. R. (1999). The differential impact of extrinsic and mastery goal orientations on males' and females' self—regulated learning. *Learning and Individual Differences, 11*(2), 153—171.

Pintrich, P. R. (2000). Multiple goals, multiple pathways: The role of goal orientation in learning and achievement. *Journal of Educational Psychology, 92*(3), 544—555.

Pintrich, P. R., & DeGroot, E. (1990). Quantitative and qualitative perspectives on student motivational beliefs and self—regulated learning. In Annual Meeting of the American Educational Research Association, Boston, MA (Vol. 128).

Ploetzner, R., Dillenbourg, P., Praier, M., & Traum, D. (1999). Learning by explaining to oneself and to others. In P. Dillenbourg (Ed.), *Collaborative learning: cognitive and computational approaches* (pp. 103—121). Oxford, England: Elsevier.

Prather, H. (1983). Notes to myself: My struggle to become a person. Bantam.

Pressley, M. (1998). *Reading instruction that works: The case for balanced teaching*. New York: Guilford.

Rao, N., Moely, B. E., & Sachs, J. (2000). Motivational beliefs, study strategies, and mathematics attainment in high—and low—achieving chinese secondary school students. *Contemporary Educational Psychology, 25*(3), 287—316.

Roger, T., & Johnson, D. W. (1994). An overview of cooperative learning. Creativity and collaborative learning.

Roth, W. M., & Roychoudhury, A. (1993). The concept map as a tool for the collaborative construction of knowledge: A microanalysis of high school physics students. *Journal of Research in science teaching, 30*, 503—534.

Rubin, J. (1994). A review of second language listening comprehension research. *The Modern Language Journal, 78*, 199—221

Schmelzer, R. V., Schmelzer, C. D., Figler, R. A., Brozo, W. G. (1987). Using the critical incident technique to determine reasons for success and failure of university students. Journal of College Student Personnel.

Schunk, D. H. (1984). Self—efficacy perspective on achievement behavior. *Educational psychologist, 19*(1), 48—58.

Schunk, D. H. (1991). Self—efficacy and academic motivation. *Educational psychologist, 26*(3—4), 207—231.

Sharan, S. (1980). Cooperative learning in small groups: Recent methods and effects on achievement, attitudes, and ethnic relations. *Review of educational research, 50*(2), 241−271.

Slavin, R. E., Leavery, M., & Madden, N. A. (1982). Combining cooperative learning and individualized instruction : Effects on student mathematics achievement, attitudes, and behavior, *Elementary School Journal, 84,* 409−422.

Slavin, R. E., Madden, N. A., & Leavey, M. (1984). Effects of cooperative learning and individualized instruction on mainstreamed students. *Exceptional Children, 50,* 434−442.

Thombs, D. L. (1995). Problem Behavior and Academic Achievement among First−Semester College Freshmen. *Journal of College Student Development, 36*(3), 280−88.

Tolman, E. C. (1949). *Purposive behavior in animals and men.* Berkeley: Univesity of Califonia Press.

Walter, T., Siebert, A.(1981). Student success: How to do better in college and still have time for your friends(2nd. ed. p. 11). New York: Holt, Rinehart and Winston.

Weinstein, C. E., & Mayer, R. E. (1986). The teaching of learning strategies. In M. Wittrock(ed.), *Handbook of research on teaching* (pp. 315−327). New York : Macmillan.

White, R. & Gunstone R. (2002). Prediction−observation−explanation. In R. White & R. Gunstone (Eds.), *Probing understandig* (pp. 44−64). London: The falmer press.

Yeh, Y. C. (2004). Seventh graders' academic achievement, creativity, and ability to construct a cross−domain concept map−a brain function perspective. *The journal of creative behavior, 38,* 125−144.

Zimmerman, B. J. (1986). Becoming a self−regulated learner: Which are the key subprocesses?. *Contemporary educational psychology, 11*(4), 307−313.

Zimmerman, B. J. (1986). Positive accounting theory, 318−352.

Zimmerman, B. J. (1989). A social cognitive view of self−regulated academic learning. *Journal of educational psychology, 81*(3), 329.

Zimmerman, B. J. (1990). Self−Regulated Learning and Academic Achievement: An Overview. *Educational Psychologist, 25*(1), 3−17.

Zimmerman, B. J., & Martinez−Pons, M. (1988). Construct validation of a strategy model of student self−regulated learning. *Journal of educational psychology, 80*(3), 284.

Zimmerman, B. J., & Pons, M. M. (1986). Development of a structured interview for assessing student use of self−regulated learning strategies. *American Educational Research Journal, 23*(4), 614−628.

저자 소개

김동일 교수

서울대학교 사범대학 교육학과 교육상담전공 교수 및 대학원 특수교육전공 주임교수, 서울대학교 교육행정연수원 원장, 서울대 학생상담센터 센터장, 장애학생지원센터 상담교수, 서울대 특수교육연구소 소장으로 재직하고 있다. 서울대학교 교육학과를 졸업하고, 교육부 국비유학생으로 선발되어 미네소타대학 교육심리학과에서 석사, 박사학위를 취득하였다.

Developmental Studies Center, Research Associate, 한국청소년상담원 상담교수, 경인교육대학교 교육학과 교수, 한국학습장애학회 회장, 서울대 사범대 기획실장, 한국교육심리학회 부회장, 국가청소년보호위원회 위원, BK21 미래교육디자인연구사업단 단장 등을 역임하였다. 국가수준의 인터넷중독 척도와 개입연구를 진행하여 정보화역기능예방사업에 대한 공로로 행정안전부 장관표창 및 연구논문/저서의 우수성으로 한국상담학회 학술상(2014−2/2016)을 수상하였다.

현재, (사)한국교육심리학회 회장, 한국아동청소년상담학회 회장, 한국인터넷학회 부회장, 여성가족부 학교밖청소년지원위원회(2기) 위원, 국무총리실 사행산업통합감독위원회(중독분과) 민간위원 등으로 봉직하고 있다.

<지능이란 무엇인가>, <학습장애아동의 이해와 교육>, <학습상담>을 비롯하여 50여 권의 저·역서가 있으며, 250여 편의 등재 전문학술논문(SSCI/KCI)과 30여 개 표준화 심리검사를 발표하였다.

한국아동청소년상담학회 상담학시리즈 1
학습전략-증거기반실제 프로그램

초판발행	2019년 8월 23일
지은이	김동일
펴낸이	노 현
편 집	배근하
기획/마케팅	노 현
표지디자인	조아라
제 작	우인도·고철민
펴낸곳	(주) 피와이메이트
	서울특별시 금천구 가산디지털2로 53 한라시그마밸리 210호(가산동)
	등록 2014. 2. 12. 제2018-000080호
전 화	02)733-6771
f a x	02)736-4818
e-mail	pys@pybook.co.kr
homepage	www.pybook.co.kr
ISBN	979-11-89643-08-9 94370
	979-11-90151-37-5(세트)

* 잘못된 책은 바꿔드립니다. 본서의 무단복제행위를 금합니다.
* 저자와 협의하여 인지첩부를 생략합니다.

정 가   22,000원

박영스토리는 박영사와 함께하는 브랜드입니다.